親愛的以色列，我為妳做過最勇敢的事，
就是把關於妳的故事，說給大家聽。

目錄

第一章　最近這場以哈戰爭

第四章　現代以色列人與以色列

第一章 最近這場以哈戰爭

1 黑色星期六

我從來就沒有想過，以色列發生戰爭時，我會是一個住在耶路撒冷的台灣人。

二〇二三年十月七日早上，一如往常的，我家五個月大的寶寶 Joshua 在早上六點多起來要喝奶。我把他的尿布換完以後，決定再來補眠一下。大概是早上八點多，隱隱約約聽到了巨大的警鈴聲，我有一點懷疑，還搞不清楚狀況時，我的先生 Kenny 立刻抱起了躺在床上的寶寶。

「這是練習嗎？」我問。

「我不覺得是。」我的先生回答。

我們家的防空洞，其實就是我們預備給客人住的房間。平常是放寶寶的衣服和平常用不到的東西。之前，我們都會開玩笑的對客人說：「你們是住在我們家最安全的房間，如果發生戰爭的話，你們完全不必擔心。」

真想不到，竟然會有這麼一天，這個房間真的成為了我們的防空洞。

我們躺在床上，趕緊跟家人和朋友聯繫報平安，同時也在新聞上找資訊，看看到底發生了什麼事。

「我們需要待幾分鐘才能夠離開？」我問。這是我第一次在耶路撒冷聽到防空警報聲，我的先生住在耶路撒冷十年了，這也是他的第一次。我們的朋友告訴我們，聽到爆炸聲後，待十分鐘就可以離開。

我在房間裡，並沒有感覺到害怕，但警報聲又響了，這讓我們開始感覺事情可能比我們想像得嚴重。接著，我們聽到從天空中傳來的爆炸聲，那就是代表鐵穹系統[1]已經把從加薩走廊發射過來的火箭炮攔截了。

◇◇◇

許多人來到以色列旅遊時，會被這裡的物價嚇到，包含我們住在這裡，也總是聽到當地人抱怨物價越來越高。我記得一對退休老師跟我說：他們去餐廳只會點咖啡，然後吃自己帶的三明治。「一份沙拉要 78NIS[2]?如果再喝咖啡和服務費，至少要 100NIS！」

但以色列長期面臨安全威脅，二〇二二年的國防預算高達二百二十四億美金，在GDP

中的比例約為百分之四．五。維持這套鐵穹系統，對國家是很重的經濟負擔，為了打一顆哈瑪斯土製火箭炮，以色列的鐵穹系統，一枚攔截砲要花五萬元美金（約台幣一百五十萬）！

哈瑪斯與以色列之間的戰爭，並不是傳統上那種戰爭，而是「抵抗」。只要能夠抵抗以色列、消耗以色列的資源，或是極端化以色列社會，就能達到他們的目的和獲得選票。

這些自製火箭炮、買武器、挖隧道綁架以色列士兵等等的攻擊，是拿了伊朗資金，為了要殲滅以色列，哈瑪斯把軍事基地建在居民區、把武器藏在學校下方，意思就是拿平民當人肉盾牌，讓以色列無法下手。而不管以色列如何反擊，總是有平民會受到波及，這時就會遭到國際媒體的譴責。更甚至，新聞會讓人覺得靠著鐵穹系統，以色列完全不怕被打，甚至國際還用以色列出奇低的死亡人數，來控告以巴之間的軍事力量「不平等」，彷彿以色列沒有死很多人，就不能夠防禦自己。但其實，鐵穹攔截率也不是百分之百，可能只有百分之八十五。哈瑪斯已經發現，只要針對一個點在短時間內猛發射火箭炮，就會降低鐵穹攔截率，總是可以成功炸到什麼……

◇◇◇

直至二〇一九年，哈瑪斯以無差別方式向以色列平民發射了超過一萬三千枚火箭炮攻擊，包含幼稚園或孩子遊戲區，炸到什麼就算什麼。這也是為什麼除了有鐵穹系統外，以色列人還是要跑到防空洞避難。

◇◇◇

之前在新聞上常看到斯代羅特（Sderot）的居民飽受加薩走廊火箭炮攻擊，因此靠近邊界的車站、火車站、遊樂場都是防彈的安全規格。哈瑪斯不同火箭炮有不同的射程，最常使用的是「卡桑」火箭炮（Qassam），在斯代羅特的居民聽到警鈴聲只有十五秒可以逃，而我們在耶路撒冷，雖然比較遠，也只有一分半的時間必須進到防空洞。

這真的是一個哈瑪斯玩很久的遊戲。

我覺得很遺憾，哈瑪斯恨惡以色列多過於他們愛自己加薩走廊的巴勒斯坦人民。若真的是為了自己百姓的利益，應該先照顧好加薩的巴勒斯坦人的需要。而火箭炮射往以色列，也是哈瑪斯為了轉移目標，只要攻擊以色列，人民對哈瑪斯政權的不滿就不會繼續升溫。反而以色列為了保護生命，花了很多錢做防禦。我想，經過這一次，我從此以後不再抱怨以色列物價了！

◇◇◇

我們開始為以色列禱告，輕輕的唱起一首希伯來文的詩歌：「保護以色列的也不打盹，也不睡覺。」（Hineh Lo Yanum v'loyeshan shomer Yisrael.）

也許是寶寶還小，也許是我們都很冷靜，也許更多是上帝的保守，我們和寶寶都沒有受到什麼驚嚇。總之，感謝上帝，感謝以色列國防軍ＩＤＦ，感謝鐵穹系統。

我的先生是新加坡人，我是台灣人。我們平常吃早餐的習慣就是咖啡和煎蛋，但是在這不尋常的早上，我的蛋才剛煎好，竟然警鈴聲又響起了。我的先生抱起寶寶，而我卻必須在熱呼呼的蛋和咖啡之間做選擇，然後在最短的時間內，趕緊躲進防空洞。

「碰。」我用力的把防空洞的門關起來，瞬間覺得很安全，還有蛋可以吃。

今天本來是安息日，也是歡慶妥拉日，是住棚節的第八天，是以色列神聖的一天。我們今天下午和晚上本來邀請兩組朋友來我們家吃飯，但還是取消了。雖然有點不好意思，但誰知道還有多少個火箭炮要飛來耶路撒冷，還是安全第一吧。

當我們又從防空洞出來後，破天荒地，我們決定在早上決定吃泡麵，吃飽了才有力氣跑防空洞。結果連煮個泡麵，都因為要泡防空洞得分三次才煮完。一直到十一點多，我們來來回回跑了防空洞總共九次，很不容易，但是更難想像那些家裡沒有防空洞的居民，他們上上下下跑樓梯有多辛苦。

我在已經經營七年的《以色列美角》臉書粉專分享：

「以色列總理已經宣布以色列進入戰爭狀態，這跟之前的感覺很不一樣。哈瑪斯恐怖份子跑進來以色列領土，我在群組裡看到有人說了很難過的事情。如果是真的，就真的很恐怖，但到時候在新聞上應該就會出現了。五十年前的此時，以色列發生了損失慘重的贖罪日戰爭。請為以色列ＩＤＦ士兵、鐵穹系統、以及境內所有居民的平安禱告。

詩篇121 上行之詩

1 我要向山舉目。我的幫助從何而來？
2 我的幫助從造天地的耶和華而來。
3 祂必不叫你的腳搖動，保護你的必不打盹。
4 保護以色列的也不打盹，也不睡覺。
5 保護你的是耶和華，耶和華在你右邊蔭庇你。
6 白日，太陽必不傷你；夜間，月亮必不害你。
7 耶和華要保護你免受一切的災害，祂要保護你的性命。
8 你出你入，耶和華要保護你，從今時直到永遠。」

在新聞還沒有報導之前，我們已經在群組中聽說這次的攻擊並不只是火箭炮而已。有人說很多恐怖份子跑進來，他們殺了以色列人，還有人說有幾個家庭被綁架到加薩走廊作為人質。

這怎麼可能？

以色列人怎麼會在自己的家被哈瑪斯恐怖份子殘忍的殺害？我並不想要相信這些消息。

我只希望這是一個普通的星期六。

但新聞開始證實了，至少一千兩百名以色列人遇害，至少兩百四十一名以色列人與外國人被抓去當人質[3]，其中包含老人家、婦女、孩童、嬰兒。

◇◇◇

以色列情報局在十月六日晚上有從埃及收到一些情報，那天剛好是一九七三年贖罪日戰爭的五十週年，可是情報局沒有收到實質的情報，認為只是哈瑪斯的演習。

早上六點半，哈瑪斯向以色列個城市發射了火箭炮，以及向邊境城市發射砲彈。在同一時間，狙擊手射爆了邊境的攝影機，並投放一百四十個無人機炸彈在邊境所有的前哨站，幾乎在五分鐘之內，哈瑪斯成功的為突破加薩邊境鋪路，他們非常清楚這次行動的目標，同時派出了三個部隊。

第一個部隊，他們衝破了圍牆，殺害了已經被炸過的坦克，殺害士兵並把屍體拖拉回加薩走廊。

第二個部隊，他們的目標是靠近加薩邊境的以色列城鎮，他們非常清楚哪裡有以色列的軍哨及每個學校和幼稚園的位置[4]。至少一千兩百名哈瑪斯武裝的恐怖份子和八百名加薩平民，通過被攻破的圍牆衝進來殺害以色列人。這些恐怖份子已經做好要當聖戰士的必死決心，甚至在他們的車上發現了古柯鹼、也在地上發現有人帶了ISIS的旗幟。這些恐怖份子跑到以色列人的家裡，有些人在臥室裡被殺，有些孩子看著自己的父母被殺，有些人被帶到另一個房間，與其他人質一起被綁起來，再槍斃。

以色列房屋內的防空洞是不能上鎖的，有些躲在防空洞的以色列人等不到軍隊的救援，被哈瑪斯恐怖份子活活燒死，他們的屍體已經無法辨認[5]。

負責辨認屍體的ZAKA單位從被燒的屍體上，辨認出來有一個家庭在客廳裡，先被折磨才被活生生燒死。他們手上都被反銬、父母背部中彈，用自己的身體保護他們的孩子。父親沒了眼睛，母親的胸部一邊被割下來，約七歲的兒子手指被切斷，約四歲的女兒腳被切斷。

還有多少人受到了這麼恐怖、如此慘忍的折磨？

甚至有許多嬰兒不是被砍頭就是被燒，身體完全是黑色且扭曲的。有成年人的屍體因為被截肢，在裹屍袋裡看起來就跟一個嬰兒差不多大。

本來溫馨的家，不再是避難所，而是變成屠場，留下血跡斑斑和凌亂的痕跡。哈瑪斯恐怖份子甚至是幾度回來掃射，要確認沒有留下活口。

恐怖份子拿死者的手機打給在加薩的爸媽，興奮的說：「我親手殺了十個猶太人！」而爸媽回覆：「願神保護你。」

恐怖份子也到一對預備要結婚的情侶 Neta 跟 Iren 的家裡。其實防空洞只能防火箭炮跟地震，這個房間甚至沒有鎖，因為這不是用來防恐怖份子跑進來的房間。這些恐怖份子先是掃射再丟手榴彈，第三顆手榴彈幾乎就在他們躲藏的防空洞外面，於是 Neta 為了救他的未婚妻跳向那顆手榴彈。Iren 藏在他的屍體後面，直到下午才被營救。

另一個家庭是父親和未成年的兒子，一起為了保護家人，拿著槍枝準備跟恐怖份子拼命，但他後來說，當時他已經聽到他們在倒汽油，如果要抓他們去加薩的話，那他已經想好了「馬薩大」的選項，因為寧願死，他們也不要被抓去當人質。

有些年輕女孩是被強暴後再被槍殺。透過以色列後來抓到的恐怖份子的口供，他們的目的是要先玷污她們，也就是強暴這些無辜的以色列女孩。活下來的倖存者，也證實了恐怖份子進行的強暴。

這些無辜且手無寸鐵的平民在自己家中被屠殺。不只是對以色列人，這場暴行的對象也包含外國人，特別是泰國農民。也有為了陪伴自己照顧的老人的菲律賓護士，也因此喪命。

這些恐怖份子做的事情，比恐怖電影的情節還恐怖，他們是一間間檢查有沒有留下活口，連幼稚園年紀的孩童和嬰孩都不放過。他們甚至利用社交媒體直播他們的罪行，要全世界知道他們的邪惡。

第三個是傘兵部隊。他們的目標是參加 Rave/Nova 音樂祭的年輕人，至少有三千名參加者，十五名不同國家的外國人。這個音樂季是一種「自然派對」，概念是要在沒有文明設施的大自然裡，音量開到最大聲，從晚上十點跳舞到隔天晚上六點。

音樂季的地點通常會保持神祕，直到前一晚才會公布。其實哈瑪斯恐怖份子是當天早上透過無人機偵測才看到這群在邊境為和平跳舞的年輕人，並不是事先知道。而音樂季的地點本來其實是在北方，只是主辦單位聽說北方不安全，才臨時改到 Re'im，雖然靠近加薩，但附近有軍營和奇布茲，所以這個活動是有得到相關單位的允許，當天也有警察。誰知道反而成。只能說是有太多的不巧在這場悲劇當中。當他們聽到砲彈聲，早上六點二十九分，音樂停下來，年輕人跑向他們的車子企圖離開活動現場。哈瑪斯恐怖份子在路中間放了路障，使車隊塞住之後，掃射在車子裡的每個年輕人。同時哈瑪斯恐怖份子也用摩托車去圍困跑到田野中的年輕人後，殘忍的向他們開槍掃射。哈瑪斯也不放過那些躲到臨時公共廁所的年輕人。哈瑪斯甚至還再度對屍體開槍，要確保這些人確定死亡，有些屍體還被完全的截肢。恐怖份子也強姦了許多女性[6]。

有些以色列人是被殺害，再當成戰利品帶回加薩走廊去遊街展示。可怕的是我在新聞看到，加薩當地百姓在慶祝哈瑪斯殘忍的罪行，他們慶祝殺害了猶太人（同一天，還是有猶太人在慶祝「歡慶妥拉日」，也就是上帝的話語）。

哈瑪斯還有一個目的，就是要抓人質。包含老人、婦女、嬰幼童，其中被抓走的還有大屠殺倖存者。根據後來的口供，哈瑪斯承諾這些哈瑪斯的恐怖份子每人一套公寓以及一萬元美金的獎賞。

混血女孩 Noa 被抓走的路上，哭著說：「不要！」；德國女模 Shani Louk 被當成以色列女兵，被當街羞辱和展示。

在這場襲擊中，四十一個國家的人成為人質或是已被殺害。

哈瑪斯發動火箭炮其實只是一個掩護，他的目的是炸毀觀察崗，突破加薩走廊與以色列之間的圍牆，跑進來殺害與綁架人質。甚至跟 ISIS 一樣（IDF 後來在現場發現了哈瑪斯帶了 ISIS 的旗幟）直播犯罪行為，目的就是加添恐懼，出動傘兵也是為了加添恐懼。

照片和影片在網路上越傳越多，許多人透過新聞向以色列政府呼籲協助找尋聯絡不上的家人。我很難想像這些人的家庭要怎麼樣度過這個晚上，我的心好痛，我多麼希望他們可以平安回來，再一起過很多快樂的住棚節（我事後知道，我以色列朋友的國中同學和女友也有去參加音樂節，幾天後他們的屍體被發現，確認已被謀殺）。

下午，我們開始陸陸續續聽到朋友被徵召去當預備兵。我的以色列朋友很激動的說：「下午的時候，我看到我兒子回來穿軍服和道別，我的兒子才剛結婚三個月，聖經說新婚第一年不用當兵[7]，但是在這個情況下他必須去當兵，請為他的平安禱告。」

看著以色列勇敢的士兵，保家衛國的身影，我好想跟他們說：「一切都會沒事的。」

我不能為以色列打仗，但是我知道要盡力的為以色列打氣，於是才有了「我們與以色列站立」的影片，在這個困難的時刻，鼓勵他們一定會贏得勝利。在短短時間裡，來自台灣、香港、中國、新加坡、馬來西亞的網友一起加入了聲援的行列。

---

1 「鐵穹」系統（Iron dome），是二〇一一年以色列國防軍與以色列國防工業公司（Rafael Advanced Defense Systems）合作發明的防禦系統。它能夠檢測、追踪、攔截並摧毀這些通常是哈瑪斯恐怖份子從加薩走廊射來的火箭炮。

2 78NIS 大約是台幣七百元，在以色列是很正常的餐廳價格，而 100NIS 大約是台幣九百元。

3 大約是事發後第四天，IDF 才收復這些藏匿著恐怖份子的以色列村莊，所以死傷人數是慢慢地上升，只是爲了讓大家理解，才直接把最後已知的數字在本篇分享出來。

4 IDF 後來在現場有發現地圖。

5 直至十月十五日，九百一十九具屍體只有五百三十五具能夠辨識，這個數字不包含被殺害的以色列士兵。

6 在網路上能找到哈瑪斯性對婦女進行性暴力，如強姦、殘割生殖器等的五十七分鐘紀錄片，稱爲《Screams before Silence》。

7 「新娶妻之人不可從軍出征，也不可託他辦理甚麼公事，可以在家清閒一年，使他所娶的妻快活。」（申命記 24:5）

2 醒不了的惡夢──以色列版911

我們在防空洞的臥房醒來。起床第一件事情就是看新聞，這場惡夢想醒也醒不來。人質還在哈瑪斯那邊，而且遇害的人數不斷增加，也越來越多影片和照片流傳在網路上。這些可怕的情節，應該只能出現在電影中，但它卻是以色列人的現實生活。

911事件是恐怖分子摧毀美國的世貿中心，大約有三千人被殺，但若用一樣的人口比例，以這天以色列的黑色安息日來說，就好比是一天之內有五萬美國人被殺，這是一個很恐怖的數字。

我們前天還那麼快樂的在慶祝住棚節，世界怎麼會變成這樣？

我們仍然在震驚之中，以色列從來沒有發生這樣的事。

突然之間，全世界的焦點都在以色列和哈瑪斯，大家都想要知道以色列發生了什麼事情。在以色列的人也是，人們需要解釋，到底發生了什麼事情？但是目前首要任務是打敗敵人。

耶路撒冷的空襲警報聲沒有再響起，但是許多以色列人已經去當預備兵了，包含我們的朋友。我們一週前的安息日才在朋友家吃飯，而不到一週，他卻要去為以色列打仗。

以色列動員三十六萬預備兵。以色列的團結是最大的武器，就連數百數千個在海外旅遊的以色列年輕人，放棄自己的旅行，刻意回來當預備兵，加入他們戰場上的兄弟。他們不會想說：「好險我在國外，逃過一劫。」而以色列前總理 Naftali Benett 也加入了預備兵的行列，捍衛以色列。

在以色列不分男女十八歲都要當兵，男生三年，女生兩年。但是退役之後，每一年男生都會回去當幾天或是幾週的預備兵，就是為了應付這種不樂意見到的戰爭情況。這也是為什麼在以色列很少看到胖子，因為他們隨時都要保持可以戰鬥的體態。

在我認識的人中，有行動不便的人也回去當情報兵、有人回去當拉比、有人被徵召到前線去出任務，更甚至有人到 Kibbutz Be'eri。就是在那裡，看到了四十個被砍頭的嬰孩。這些去當兵的朋友，有人剛結婚，有人留太太獨自在家，有人是家裡有剛出生的嬰孩，有人是有好幾個孩子。所謂的以色列防衛軍 IDF，其實就是我們認識的人，或是朋友的朋友。

有個六度理論，意思是我跟某個陌生人僅是隔了幾個人的關係，我聽說在以色列只需要四度。舉例來說，我只要找到朋友的朋友，就可以找得到任何一個以色列人，就算是總理納坦雅胡。聽起來很不可思議，但我們確實有朋友認識在納坦雅胡身邊工作的以色列人，我們也有朋友是納坦雅胡哥哥的童年玩伴，那個年代的耶路撒冷，世界又更小了。

以色列真的不是很大的國家，你可以把它想像成一個大家庭，如果是住在這裡，一定有朋友的朋友的朋友是這場人間悲劇的受害者之一。上戰場的不是某人家的兒子，就是某人的鄰居，他們為了自己的「國」，不得不先放下了自己的「家」。

許多商店暫停營業，就連餐廳也關門。我知道以色列仍有不少旅行團和散客，包含有許多基督徒是來參加住棚節大遊行的。看來，他們的行程只能暫停了，這是大家都無法預料的事。世界亂了，計劃都變了。

好像又回到疫情時期一樣，沒事別出門，還要囤糧、囤水。

我們平常其實是很少去超市買東西的，主要的原因是以色列人的購物習慣是一次買一大車，彷彿東西不用錢一樣，導致排隊都要等很久。通常我們都是網路購買日常生活用品，只有臨時需要東西或是來不及湊到免運費的訂單時，才會去家裡附近的超市。也許，在以色列人的潛意識裡面，已經知道要隨時備戰，家裡一定要有足夠的食物。所以他們平常購物的時候就像是碰到戰爭的時候，反而就沒有什麼食物短缺的問題。

我們家只有兩個人和一個寶寶，其實也不需要太多食物，再加上因為餐廳用餐費用太高，在以色列的生活形態就是在家吃飯，平常冰箱都已經準備了許多好吃的。所以，我們並不需要額外採購太多的東西，只要再買一些罐頭食物還有罐裝水。

我們身邊有提早結束以色列行程的台灣朋友，他們把剩下的食物留給了我們，裡面有沒開過的鷹嘴豆泥。在戰爭時期，我的老公還是不喜歡這種超市賣的鷹嘴豆泥。我笑笑的跟他說：「欸，是在打仗耶，你要對鷹嘴豆泥好一點。」

我們從原來的臥室搬到防空洞去住了。

◇◇◇

在以色列，法律規定在每一個住家都需要有防空洞，所以如果是一九九三年之後蓋的新房子，大多數人的住家裡面，都有一間防空洞（mamad）。這個房間特別堅固，同時也有特別的鐵窗、鐵門及空氣孔。碰到緊急事故，包括飛彈和火箭攻擊、地震、火災時，就不需要特別跑到公家的防空洞，而是跑到這間又近又熟悉的房間，心理負擔不會那麼大，這間房間平常也仍然可以作為臥室或書房使用（戰爭常常打的是真槍實彈，也同樣是心理戰）。

蓋一個防空洞其實非常昂貴，政府只能撥預算給一九八〇年以前蓋的舊房子，用來整修和升級他們的房子蓋防空洞。但是一九八〇年到一九九三年蓋的房子，目前是沒有防空洞的，所以空襲警報響起時，居民也只能跑到共用的樓梯間。

我有一個朋友，當空襲警報響起時，整棟公寓只有兩戶的人跑出來，都是年輕人，而其他住戶的老人，可能是坐在輪椅上因此不方便逃出來。也就是說，其實以色列被攻擊的時候，是有一群人沒有安全措施的。但以色列人還是很樂觀的說，每次跑防空洞時剛好可以跟鄰居互相認識，也是蠻好的。

為什麼以色列人的家裡會有防空洞呢？這是因為一九九一年發生了第一次海灣戰爭（First Gulf War）。伊拉克侵略科威特時，以色列也成為伊拉克飛彈襲擊的目標，遭受了四十三枚飛毛腿飛彈攻擊。由於擔心伊拉克可能使用化學或生物武器，以色列實施了嚴格的民防措施，包括要求民眾隨時攜帶面具和氣罐。

那時以色列人很害怕，政府還發了面具。我們的鄰居就開玩笑說：「我們也不知道空氣裡是不是有毒氣，所以就看我們家的兩條狗，牠們還活得好好的，我們就可以樂觀的說：『到目前為止，一切都好。』」

隔年，以色列有了新的法規，規定每棟建築必須包含標準的防空洞[7]，因此每個一九九三年之後興建的住家，都會有一個防空洞。但也不是所有的房屋都有防空洞，像我之前住在耶路撒冷 Mechane Yehuda 市場的 Nachlaot 社區，那邊是耶路撒冷的蛋黃區，但那裡的老房子就沒有防空洞，窗戶也沒有鐵窗。

◇◇◇

我們的鄰居告訴我們，一定要有一台收音機，因為如果真的被斷電的話，我們需要有得到消息的方法。很難想像，竟然還有可能需要使用到收音機的一天，上一次用收音機可能是二十年前的事了。收音機一台約台幣一千八百元，不知道算不算便宜。

為了買收音機，Kenny 去了超市一趟，當然只有他去，我和寶寶留在家裡面。在戰爭期間，安全至上，沒有必要的出門就盡量避免。我們也幫朋友一併買收音機和食物，例如牛奶和雞蛋，目前是戰爭的第五天，但是物資充足，沒有人囤貨。

歌聲從我們家樓下鄰居傳來。這首歌是每年逾越節時，猶太人會唱的禱告詞，叫做「祂站在我們身旁」（Vehi She'amda）。意思是：

「正是這個（妥拉）一直支持我們的祖先和我們。

因為不只一個（敵人）起來攻擊我們並毀滅我們，

但每一代人都會起來毀滅我們。

但聖者，願頌讚歸於他，將我們從他們手中拯救出來。」

〈將我們從他們手中拯救出來〉這首歌的旋律烙印在我的心上。猶太人在歷史中，特別是在遭受迫害和困難時，上帝總是保護和拯救他們。從西元前約一四四六年出埃及的時候，上帝拯救希伯來民族脫離法老的手，或是西元前五世紀在波斯帝國，上帝透過以斯帖皇后拯救猶太民族免受滅族的威脅。又或是在近代一九三九年至一九四三年的大屠殺，希特勒本來的計劃是殲滅一千一百萬歐洲猶太人，但最終這邪惡計畫在納粹殺害六百萬猶太人時被終止了。

這是猶太人的信仰，他們知道他們能夠依靠上帝的幫助和保護。我朋友的小孩看到天空中的白雲，很天真的說：「這是不是上帝放在梯子，讓天使下來幫助我們？」
以色列延後開學了。因為許多學生和教職人員也被徵召上戰場。當以色列動員起來的時候，團結的力量是很大的。當他們呼求神的時候，祂會垂聽的。

7 防空洞的房間必須使用鋼筋混凝土牆，且需要一直延伸到建築物的地基。房間的大小需大於九平方公尺（約二．七坪），高度則需介於二．五公尺到二．八公尺之間。

3 用命換來的國家

以色列每年有三個最重要的節日。秋天最重要的節日就是住棚節（Sukkot），這是一個慶祝七天的節日，但在第八天的時候還要額外慶祝歡慶托拉日（Simchat Torah），根據聖經利未記23章的教導，現在的以色列人仍會這樣子的慶祝。猶太人會在聚會時拿出寶貴的希伯來文經文卷跳舞，並且從這週開始重啟一年新的讀經計畫。

但竟然就是在這一天，以色列被攻擊[8]了。

在住棚節開始的前一天，我和寶寶出去買要用的住棚節四寶，我回來的時候剛好在樓梯間碰到鄰居，上次碰到她是一個多月前了。她是獨自住在公寓裡的老奶奶，今年已經七十三歲了。

「這完全不公平啊！為什麼我只有在這種情況下才看得到寶寶？」她感嘆。我可以看得出來她真的很愛寶寶，就跟大部分的以色列人一樣，一部分的原因是因為聖經的誡命是要「生養眾多，遍滿全地」，另一個理由則是下意識的要把大屠殺被殺害的六百萬猶太人口補回來，因為也許又會有另一場屠殺，也許需要能夠有足夠的人的為國打仗（我朋友的爸爸在經歷六日戰爭後決定結婚，用生小孩來貢獻國家，那年他才剛滿十八歲）。

我記得，我從醫院生完寶寶回來的隔天，突然有人按電鈴，這非常的奇怪。我一開門，竟然是一個老婦人，她馬上衝進來，恭喜我生寶寶了。她很滿足的抱著我的寶寶說：「歡迎你，你是以色列的寶寶。」並且對我說：「妳不能把她帶走，他是我們以色列的寶寶。」

那是我第一次見到她本人，以前只有從陽台聽到她的聲音，我從她的聲音認得她是我的鄰居。

我答應她，等到住棚節過完，等到她從以色列北部回來以後，我會帶寶寶去見她。

戰爭爆發的第三天晚上，我聽見她在唱歌。其實不是唱歌，而是希伯來式的禱告。她開著電視，跟著節目做了整整三個小時的禱告。我告訴她，我們也在為以色列禱告。

第四天早上，我們帶寶寶和一些水果去探望她。今天的她看起來很憔悴，不像以前一樣有精緻的妝容，但是如同對比一般，她手上還留著在戰爭爆發以前就做好的美甲，我們離正常生活不過才三天前的事。

她仍然開心的問我為什麼來？我說：「因為我們有約定啊。」

「對不起，我的家一團亂。我真的沒有心思整理。謝謝你們來，這真的是太好了。」

我們的話題不免談到了以色列目前正在經歷的戰爭。她馬上激動又難過的說：「他們都是那麼好的人，是家庭、老人、婦女和孩童，他們是多麼的無辜。」我不知道我能做什麼，在我的心裡也是一樣的流淚，但流淚又能做什麼呢？我只能抱抱她。

「我經歷了幾乎是所有的戰爭！六日戰爭發生的時候，我才十七歲。接著是贖罪日戰爭，那時我帶著兩個孩子住在奇布茲，而我的先生去打仗。現在，我的孫子在當救護人員的志工。」

當兵，是以色列人的共同回憶。戰爭是這麼真實，敵人又是那麼險惡，如果沒有向心力，那就沒有國家了。

◇◇◇

一九四八年的第一次中東戰爭，也就是獨立戰爭。一九五六年的第二次中東戰爭，是在蘇伊士運河打仗。當年的參謀長摩西．戴揚的悼詞中，強調以色列年輕人所承擔的重大責任，為了國家的安全和繁榮而犧牲自己：「羅伊．羅特伯格（Roi Rotberg），那位離開特拉維夫前來在加薩的大門旁建立自己家園，為我們建立屏障的纖弱金髮少年。他心中的光芒使他的眼睛失明，他未看見刀刃的閃光。對和平的渴望使他的耳朵聾了，他未聽到躲藏的兇手的聲音。加薩的大門對他來說太重，把他壓垮了。」

羅伊被殺的地方，也是這次以色列人被哈瑪斯殺的地方——Nahal Oz奇布茲。這份敵人的威脅從未止息過。以色列人依舊面臨著民族存亡的挑戰。

一九六七年是六日戰爭，接著是一九七三年的贖罪日戰爭，也是第四次中東戰爭。跟這次一樣，敵人選在以色列人在放假時偷襲。為什麼歷史一直在重複？一年一度的贖罪日是以色列最神聖的節日，當時以色列女總理 Golda Meir 說：「阿拉伯人以為在贖罪日攻打我們，會讓我們措手不及，但我們早就知道了。」事實上，政府根本不知道。在戰爭開始前，以色列毫無防備。這次也一樣。贖罪日戰爭在以色列人心中留下了深深的傷疤，因為以色列喪失了兩萬七千名戰士，最後只剩九台能用的坦克。花了九十天，贏了一場不可能贏的戰爭。以色列發現，離失去一整個國家，離滅族，是那麼的近。以色列人渴望和平，不要有像這樣的戰爭。

接著是一九八二年的黎巴嫩戰爭，第五次中東戰爭。一九八七年和二〇〇〇年有兩次巴勒斯坦大起義，二〇〇六年又有一次黎巴嫩戰爭……但是這一次的戰爭，是贖罪日戰爭以來最嚴重的一次。贖罪日戰爭是軍隊對軍隊，這次是恐怖份子跑進以色列國土屠殺以色列平民，綁架老人、婦女、孩童作為人質，強姦和羞辱他們。

沒有人知道什麼時候戰爭才會結束，而以色列又要付上什麼樣的代價。

「這一切不應該發生的，我們就是一直都沒有行動，才讓哈瑪斯有機會做出這麼可怕的事。哈瑪斯跟納粹一樣，這是從大屠殺之後，猶太人第一次在一天之內有這麼大的屠殺。」即便哈瑪斯是一個恐怖主義組織，宗旨就是消滅以色列，但是礙於國際輿論，以色列國防軍要抓恐怖份子，卻為了要降低巴勒斯坦百姓傷亡，因此只能夠防禦，不能主動出擊。這就是以色列的軟肋。

◇◇◇

我們的鄰居老太太，已經準備好足夠的水、也買了收音機和手電筒，我們的到來，剛好可以教她使用。

「我從來就沒有用過防空洞的門，我還需要請鄰居的兒子來幫忙。但是我裡面的東西還需要有人幫我來整理，這樣才會比較像一個家。」

當時我不知道防空洞的門不能鎖，因為這不是為了反恐而蓋的防空洞，而是為了擋火箭炮。如果真的有恐怖份子來的話，只能一直緊緊抓住門把。這也是為什麼哈瑪斯恐怖份子要對防空洞的門不斷開槍，直到裡面的人中彈和鬆手後，就可以殺害裡面的人。我看到一個故事是有一個丈夫讓妻子和寶寶躲在防空洞的衣櫥裡，他負責抓門把，這樣至少當恐怖份子真的攻下了防空洞的門，可能會以為防空洞裡只有他一個人，而轉移到下一間房子。」

還好我當時不知道這些事情，因為知道防空洞防不了恐怖份子只是加添恐懼。我問鄰居奶奶，會不會考慮先離開以色列一陣子？畢竟她是一個人住，多少都會有一些不方便。

「不可能！這裡是我家。我的父親是大屠殺倖存者，他經歷了兩次集中營，他活了下來，帶我們到了這個地方。我的家人都在這裡，我不會離開。為什麼我要離開？我的家在這裡。」

這裡是猶太人好不容易建立起來的猶太家園，不論代價是什麼，他們都要留在這裡。有一句希伯來文說：「就算燒起來了，它還是家。」總理 Golda Meir 也說過：「我們猶太人有一個秘密武器，是阿拉伯人沒有的，就是我們無處可逃。」

通常碰到戰爭，一般人想的可能是盡快撤離，但是猶太人只有這一個家，他們不會離開。

◇◇◇

我去過靠近加薩走廊的一個城市，叫做 Netiv HaAsara。這裡從英國託管時期的巴勒斯坦，到聯合國分治案都是劃分給猶太人的地，這是最沒有政治爭議的以色列土地，卻受到最多攻擊。

那裡有一個叫做「往和平的道路」（Path to Peace）的機構，這個機構透過彩色的手工馬賽克磁磚以色列於加薩之間的圍牆，表達人們對於和平的渴望。

創辦者是個叫做 Tsameret Zamir 的藝術家，從結婚前、加薩走廊衝突還沒開始之前，她就住在這裡。當以色列在二〇〇五年撤出加薩後，這裡變成了邊界的前線城市，甚至哈瑪斯就在旁邊挖了三個隧道。這次十月七日的攻擊，哈瑪斯恐怖份子也跑到她的小鎮，殺了超過二十個人。

我在二〇一九年拜訪過她的訪客中心時，她說二〇一八年七月十四日，火箭炮打中她的鄰居。在這裡許多人有持續性的精神創傷。

「妳不害怕嗎？」經常有人這麼問她。

她當然怕。警鈴一響，她只有十五秒鐘可以跑進防空洞。許多人聽到尖銳的聲音，就會陷入恐懼和精神創傷中。但她不認為自己要搬家，這裡就是她的家，或許對方眼裡有仇恨，但是我們可以創造希望。

「為什麼要讓妳的孩子在這種環境長大？」這是另外一個常被問的問題。她說，或許這是錯誤的決定、也或許他們是很糟的父母，但他們自己的父母就是大屠殺倖存者，從小就是學習要堅強。而這裡一直是孩子的家，大部分的時候其實是個寧靜和有鳥語花香的世界，那就選擇堅強吧！然後現在孩子長大了，他們說喜歡這裡的生活，這裡是家，所以也搬回來了。

「如果我們從這裡逃跑，我們到哪都會一直逃跑。」（If we run from here, we'll be running from everywhere.）

這是一場光明與黑暗的戰爭，而光明中終究要得勝。

8 事後有在奇布茲的拉比回憶，從加薩走廊來的巴勒斯坦農夫曾經問過他，猶太人在這天會做什麼？原來這些拿工作證的人民，也都在當哈瑪斯的間諜。

4 要離開以色列嗎？

戰爭第六天，接到台灣駐以色列的辦事處溫暖的來電。他們已經開始協助安排台灣人撤離的計劃，有幾個撤離的方案，包含後天晚上可以為我們包機到某歐洲國家。真的很感謝他們，甚至連我的配偶和寶寶都可以一起搭飛機。當然，他們尊重我們的意願，並不強迫我們離開，像是辦事處的人也還是需要繼續待在以色列為國人提供服務。

在得知這個消息之前，我完全沒有想過要離開。因為我們在耶路撒冷的住家很安全，每個窗戶都有鐵窗，我們也有足夠的食物，緊急照明設施和收音機也都買到了。這個突如其來的消息，使我有點百感交集。我們應該離開嗎？好多人都說戰事會升級，最好趁可以離開時離開。

我的心好糾結。

也許離開是更合理、更簡單的選擇，畢竟我不是辦事處的工作人員，我也不是以色列人的配偶，那我確實沒有一定要留下來的理由。可是，我們不覺得一定要離開，為什麼我們其他以色列朋友都在為以色列奮鬥，然後我們卻要離開？

我們的心與他們在一起。

我們捨不得，我們人走了，心也還是會在這裡。我們忘不了以色列。

「耶路撒冷阿，我若忘記你，情願我的右手忘記技巧。我若不記念你，若不看耶路撒冷過於我所最喜樂的，情願我的舌頭貼於上膛。」（詩篇 137:5–6）

這段經文的背景，反映了猶太人在被擄到巴比倫期間的心情。西元前六世紀，當時巴比倫國王尼布甲尼撒攻佔了耶路撒冷，並將猶太人流放到巴比倫。在異地流亡時，猶太人沒有忘記他們的家鄉，沒有忘記對耶路撒冷深刻愛慕和思念。我的心情真的如同這段聖經的經文所寫的，對耶路撒冷充滿了不捨的感情。

每一個人都有使命，我愛以色列，我愛這塊土地。我們留下來一定能做什麼……以色列在打仗，我不能夠很實際的在戰場上為以色列做什麼，但是在媒體的戰場上，也許我們可以從以色列境內，透過網路很真實的為以色列發聲。我們渴望能夠與以色列一同站立，同甘苦共患難。

我不知道會不會後悔沒有搭撤離的班機，但是我們相信，我們留在這裡，將和以色列人一起看見得勝的日子。網友很關心我們一家，留言說：「帶寶寶回新加坡或台灣吧！」我心裡的吶喊，是我們其實因為被以色列保護得很安全，但是那些被綁架到加薩走廊的以色列嬰孩怎麼辦呢？那些孩子才是真正需要大家幫忙和關心的。

我哭著寫下我的心情，然後辦事處那邊傳來消息，因為住在以色列有離開意願的台僑人數十分有限，原本預定的包機計劃只能取消[9]。我想，很多人和我一樣，因為愛這塊土地和我們所愛的人，有離開的機會卻選擇留下來。

我相信，我們會一起看見以色列的勝利。

「我相信以色列會獲勝的。」我對以色列朋友說。

「在戰爭中，沒有人是贏家。」她回答。而這個回答我覺得表達了許多以色列人的心聲。他們不是好戰，而是別無選擇。

「至少這次打贏吧。」

「我們不希望有下次，但是現實卻不是這樣。」

「當以色列人好難，犧牲那麼多就只為了能存在。」

「很不幸的是這樣，但我也不想要在其他地方。」

---

9 十月二十日的包機有成行，九名國人搭機撤離，另有一百三十七名國人要留在以色列。之後辦事處又有提供第三次成行得撤離，是搭乘日本大使館提供的軍機飛往東京。事後知道好像有媒體錯誤報導，說辦事處都不關心國人，但事實上並不是這樣。

5 支持哈瑪斯的平行世界

隨著以色列的反擊，在網路上，越來越多挺哈瑪斯的聲浪。他們認為哈瑪斯對以色列的攻擊是完全合理的，因為哈瑪斯代表巴勒斯坦人民，在抗爭對以色列的佔領。

開始有輿論（假消息）說哈瑪斯沒殺平民、婦女、小孩，說以色列沒有真的死一千二百個人，說沒有殺嬰孩、沒有把人綁起來活活燒死，說都是以色列在自導自演，給自己一個很好的理由來佔領加薩土地和血洗巴勒斯坦人。

我非常不能理解，當時不就是哈瑪斯自己直播殺人和虐待人的影片嗎？這是什麼扯邏輯。但神奇的就是，這種活在平行世界的人，不只是在網路上，而是在以色列境內。

我們趁著停火日時，辦完一些事後在外面吃飯。這間餐廳是Kosher的，意思是得到拉比協會的認證，是猶太人可以吃的餐廳，因此主要客源還是猶太人。我們剛好又碰到同一位工作人員，是我們之前見過兩次面的阿拉伯人，他記得我們。我們也記得他，因為他會講希伯來文、英文、還有阿拉伯文，他跟猶太客人的互動都很自然，我記得我第一次知道他不是猶太人而是阿拉伯人時，有小小的驚訝。從外表上看起來，他很帥氣迷人，腳上穿的白色球鞋一點污垢都沒有，看起來生活都還不錯。他的存在，讓我對以巴和平多了一點信心。我對我自己說：「其實這樣是最好的，阿拉伯人與猶太人一起共存，一起賺錢，一起生活。」

這次又看到這個阿拉伯人，我問他，最近的戰爭，他有什麼感受？

「嗯，很困難，希望很快就結束了。」他說。

我們可以感覺得到，當人有「好」的生活時，大家都很忙，就不會是像加薩走廊那些願意為哈瑪斯賣命的年輕人。那些人生活已經沒有盼望，很容易就被有極端思想的人利用，以為他們沒有什麼好損失的，殊不知生命才是最寶貴的。

「我可以抱他嗎？」這位阿拉伯帥哥想要跟我家寶寶玩。

「你知道怎麼抱寶寶嗎？」

「當然啊，我有六個侄子耶。」他抱起我家的寶寶，他做鬼臉逗寶寶笑，寶寶也笑，順便摸摸他的鬍子。

「他沒有看過這種鬍子嗎？」他輕輕的用鬍子搔癢寶寶。

Kenny 突然想問他對哈瑪斯的看法，我們想知道一個住在以色列的普通阿拉伯穆斯林，在他們的心中，是怎麼看待這場衝突。

其實，哈瑪斯也殺了穆斯林。在音樂節上，有一個叫做 Awad Darawshe 的二十三歲穆斯林醫護員，當時他在搶救被哈瑪斯傷害的年輕人，結果自己被殺害，救護車還被搶走。Awad 有個堂兄在一個促進阿拉伯人與猶太人共存的以色列國家教育機構（Givat Haviva Center for Shared Society）。很難想像，他的生命被可能跟他年紀差不多的穆斯林奪走；以色列也有一個主播是阿拉伯人，她強力的譴責哈瑪斯。

所以我本來以為，這位阿拉伯帥哥內心會有些拉扯，可能在感情上覺得要站在阿拉伯兄弟那邊，但是理智或許會告訴他，哈瑪斯所做的是違反倫理。

「作為穆斯林，我必須說，哈瑪斯是在為我們打仗，因為以色列佔領了我們的土地。」

「但是你怎麼看待哈瑪斯殺嬰孩、殺婦女和殺平民？」

「哈瑪斯沒有殺平民，他們只會殺士兵。」

「但是我們都有看到照片啊。」

「你們的資訊來源是哪裡？兄弟，那是以色列為了要合理化自己要佔領加薩走廊，所以在演戲。我給你們看一個檔案，我有很多檔案，你看，根本是假裝被攻擊。」

他給我們看的是記者們趴下來，可能還說了一些話。這個影片不是當天哈瑪斯在殺人時所做的直播影片，比較像是戰爭過了好幾天以後，記者去看哈瑪斯恐怖份子留下來的殘骸與犯罪現場。

「這個影片是記者採訪，不是哈瑪斯殺害平民那天。」

「那都是演戲的，是假新聞，以色列哪有那麼多人被哈瑪斯殺？哈瑪斯不會殺平民。而且戰爭中綁架平民作為人質也是很合理的手段。」

「那你有看到 Kibbutz Be'eri 發生的事情嗎？」

「你們有讀歷史嗎？你們有看到加薩人民怎麼了嗎？我們世世代代住在這裡，他們是一九四八年才從歐洲來的猶太人。他們佔領了我們的土地。」他說。

一個居住在以色列的普通阿拉伯人，竟然看不見哈瑪斯的邪惡和殘忍。他只想要相信他相信的，看見他所看見的，就跟許多支持巴勒斯坦人和哈瑪斯的人，他們想要相信伊斯蘭教是一個和平和不會發動聖戰的宗教。他們對以色列的憎恨，使得他們相信哈瑪斯正義，卻看不到事實。如果以色列真的要種族清洗的話，為什麼以色列境內還會有兩百萬阿拉伯人？為什麼西岸地區跟加薩走廊的巴勒斯坦人口持續在增加？猶太人的名字裡面就已經證明他們是來自「猶大地」的人，這塊土地，特別是耶路撒冷，也一直有猶太人居住，甚至因為耶路撒冷是聖地，大多時候耶路撒冷猶太人的人口是多過於阿拉伯人的。兩方都住在這塊土地上，而這塊土地一直有不同的殖民者。

讓事實說話吧。

他看的是半島電視台，我也上去看了。主持人問哈瑪斯的發言人：「殺平民有理嗎？」他說：「沒有發生這些事，以色列說這些事情，來殺巴勒斯坦人。我不知道有沒有平民被殺，這是以色列人自己說的。」

我懂了，難怪以色列政府的社群媒體不得不分享一些較為血腥的照片，因為總是有一群人，一定要看到血腥照片或影片才會相信以色列人被大屠殺。

以色列國防軍ＩＤＦ，在十月二十三日邀請了兩百名國際新聞工作者，首度曝光長達四十三分鐘哈瑪斯組織攻擊行動紀錄片，包含從恐怖份子身上配戴的GoPro及奇布茲社區的攝影機留下的影片。阿拉伯裔以色列社會運動家Yoseph Haddad說比他過去兩週看過的影片都還要可怕，他看到一個父親帶著兩個小孩要逃跑，哈瑪斯恐怖份子在小孩面前先開槍處決了他們的父親。其中一個小孩眼睛受傷，恐怖份子把小孩拉回屋內，自己在廚房喝冰箱的可樂時，其中一個不到十歲的小孩呼喊著：「殺了我吧，為什麼我還沒死掉呢？」

有許多屍體都沒有辦法被以色列的國家醫療法醫協會辨認。除了被燒，這些屍體還被截肢。除了這一千二百具屍體，影片、照片、被破壞的房屋、血跡、彈孔、倖存者的口供，都在證實所發生的事，當以色列擊斃了哈瑪斯恐怖份子時，發現了一本《戰士指南—聖戰版》（The Warrior's Guide-Jihad Version）。以色列總統艾薩克·赫爾佐格總統拿著這個證據，裡面野蠻的內容就是在指示哈瑪斯恐怖份子如何闖入奇布茲和以色列人的家，要如何製造混亂和恐嚇、脅迫和蒙住俘虜的眼睛、折磨他們，並殺害任何可能構成威脅或分散注意力的人。他們要抓俘虜，在必要時將他們用作人盾，不分宗教、種族或性別，還要直播他們的屠殺行為。

以色列總統說：「我們面臨一個極其殘忍、不人道的終極敵人，我們必須毫不留情地將哈瑪斯剷除。」

◇◇◇

哈瑪斯是明處的敵人，跟真主黨一樣。很多人只知道加薩有兩百二十萬巴勒斯坦人，以及西岸地區有約三百萬巴勒斯坦人，但他們不知道以色列境內也有兩百萬巴勒斯坦人，佔以色列人口的百分之二十一！

老一輩的以色列人通常還是習慣稱這些一九四八年以色列建國時留下來的阿拉伯人[10]為阿拉伯人，這些阿拉伯人拿以色列護照並具有投票權，他們可能有親戚在黎巴嫩、加薩或西岸地區的城市，但是他們仍然是以色列公民。

但隨著巴勒斯坦的民族意識抬頭，越來越多以色列的阿拉伯年輕人會稱自己為巴勒斯坦人而不是阿拉伯人，當然要看上下文才知道「巴勒斯坦」的意思是在指文化、政治立場或是單純區分他們是來自巴勒斯坦地區的阿拉伯人。例如曾經去過台灣還住過總統府的出名 Youtuber Nas Daily，他就稱自己為以色列的巴勒斯坦人。以及在學術圈或是左派猶太人的習慣中，會稱以色列境內的阿拉伯裔以色列公民為巴勒斯坦人，這點讓我挺意外，因為我在希伯來大學唸研究所時，至少七成的教授都是這樣使用這個詞。甚至在特拉維夫大學，也有拿巴勒斯坦國旗的學生。在以色列拿巴勒斯坦國旗不會有生命危險，這都是言論自由的一部分，但反過來要在加薩或巴勒斯坦自治政府管理的地方拿以色列的國旗，那可能會被民眾群毆，之前就有一個天真的遊客做了這件事，結果是靠巴勒斯坦警察把他救出來。

這些以色列的阿拉伯人，在各個領域卓越，包含以色列的大法官是阿拉伯人，在娛樂圈、音樂圈、藝術圈、新聞圈也都有阿拉伯人。以色列的政黨之中，也有阿拉伯政黨。這些都是新聞不常報導出來，屬於族群融合的一面。

這樣怎麼會是種族隔離呢？

有些猶太人聽到阿拉伯文會害怕，但大部分以色列猶太人願意視阿拉伯人為以色列的一分子，就像是以色列境內的德魯茲人，不是猶太人也必須當兵，但是目前法律不會強制阿拉伯人當兵，主要也是會害怕有部分極端思想的阿拉伯人拿槍。但是以色列邊境警察，大多是以色列的貝督因人或是阿拉伯人。

◇◇◇

戰爭爆發之後，以色列的內部壓力比以前更大，沒有人知道這兩百萬以色列境內的阿拉伯人，會如何看待這次的戰爭？我有朋友是嫁給以色列人，她住在以色列超過二十年，以前都會去耶路撒冷大馬士革門那邊買肉。就連第二次大起義時，她都沒有像這次害怕的感覺，怕突然有極端的穆斯林無差別攻擊，所以過去十幾天她都不敢去買肉。

從唸研究所開始時，我就習慣向阿拉伯超市網購日常生活用品，當時我已經很驚嘆，我的男友（現在的丈夫）當時來找我的時候，警衛要看證件、抄下證件號碼和電話號碼等，然而這些阿拉伯人送貨到學生宿舍時，只要學生去門口接，警衛就不會要求看外送員的身份，也沒有打開貨車看裡面裝什麼，這真的是很特別也很珍貴的信任。戰爭爆發後的第二天，他們還是可以像之前一樣進到我住的大樓，把我訂的東西放在公寓門口，但戰爭後兩週後我再訂的時候，他們說：「現在這個情況，你們還是下來自己拿吧。」阿拉伯人也怕被誤會。[11]

但如果他們可以頂住周遭國家阿拉伯國家穆斯林兄弟給的壓力，選擇不參與抗議、不認同哈瑪斯，那在經歷這次戰爭後，以色列猶太人與阿拉伯人的關係會更緊密。

我想要看見的以色列其實就是這樣，在國防安全上是保守右派，但是移民和文化上可以更包容多元族群。這是屬於猶太人的國家，但也尊重願意與以色列一同站立的阿拉伯人，甚至歡迎外國人的以色列。

---

10 還有一群人是一九六七年六日戰爭後東耶路撒冷的阿拉伯人，他們大多是拿以色列的永久居民，不具有投票權。

11 不過只有一次，戰爭第二個月後，就恢復跟戰爭前一樣了，超市的東西還是直接送到門口。

6 加薩人民很可憐，可是……

在網路上，會很聳動的說加薩走廊是世界最大的人間監獄，兩百二十萬人被困在這裡，沒有醫療、沒有教育、沒有稱得上是生活的生活，巴勒斯坦的普通老百姓是這場衝突中最大的犧牲者，特別當我們從新聞上看到被轟炸過的加薩走廊時。

但是，是誰囚禁著巴勒斯坦人民？

很多人不知道，巴勒斯坦人民也有著自己的「民主」制度，巴勒斯坦人民透過選舉，親自選擇了哈瑪斯作為他們的執政黨，而不是較為溫和的法塔赫。是巴勒斯坦人民自己選擇了哈瑪斯代表他們。

在以色列和巴勒斯坦之間的長期衝突中，巴勒斯坦內部存在多個派系和政治組織，最主要的兩個是法塔赫（Fatah）和哈瑪斯（Hamas）組織。法塔赫成立於一九五九年，一開始的目標是透過武裝鬥爭來實現巴勒斯坦的獨立。亞西爾・阿拉法特（Yasser Arafat）是法塔赫的創始成員之一。法塔赫是一九六四年巴勒斯坦解放運動（PLO）[12]中的一個主要組織，他們通常代表著相對溫和的政治立場，從一九八〇年開始承認以色列的存在，主張通過和平談判解決以巴衝突。

哈瑪斯（Hamas）起初是一個激進的伊斯蘭組織，其名稱「Hamas」在阿拉伯語中意為「伊斯蘭抵抗運動」，由艾哈邁德・亞辛（Ahmed Yassin）於一九八七年第一次巴勒斯坦民族起義開始成立。哈瑪斯本來是埃及穆斯林兄弟會的分支，以伊斯蘭為出發。它看不下去巴勒斯坦人在經濟上越來越依賴以色列，以及在態度上太過溫和，哈瑪斯的初衷是抗爭對抗以色列占領巴勒斯坦，目標是「把以色列從地圖上消除」，手段是以武力殲滅以色列，建立包括從地中海東岸到約旦河西岸的「全巴勒斯坦」式的伊斯蘭共和國。在哈瑪斯的公開憲章寫著「神是哈瑪斯的宗旨，神的使者是它的楷模，《可蘭經》是它的律法，聖戰士它的道路，為神犧牲是它最崇高的願望。」對哈瑪斯來說，一直以來法塔赫跟以色列談判是無效的，一定要用激進的手法，才能夠逼到以色列。在一九八八年哈瑪斯的傳單上，便要加薩的巴勒斯坦人「拿起石頭、刀子、彈弓，到屋頂上呼喊真主偉大。」

哈瑪斯在一九八八年就抓住齋戒月的機會，宣布齋戒月為聖戰月。哈瑪斯的策略，包含鼓勵年輕人去挨家挨戶搜集給聖戰士（恐怖份子）家庭的奉獻、每周日要表達對巴勒斯坦囚犯的支持、禁止喝以色列進口的飲料等；每週五清真寺講道的主題則環繞聖戰、征服麥加、當聖戰士殉道……甚至也鼓勵大家拜訪和送禮物給聖戰士的家庭。一九八九年的齋戒月，哈瑪斯更是有策略的策劃一系列活動，包含為聖戰士禱告、拜訪聖戰士的家庭、在哪兩天要對以色列發動攻擊、在哪一天要上街抗議等等。

對加薩人民來說，哈瑪斯有了更多的宗教合理性。不只是為了民族獨立，更是為了伊斯蘭信仰，彷彿哈瑪斯是建立巴勒斯坦的唯一希望，而武力抵抗以色列是唯一手段。哈瑪斯的暴力行為和手段，包括對無辜平民的襲擊，使得被美國、歐盟和日本等多個國家和國際組織視哈瑪斯為恐怖組織，就像是ISIS、塔利班或蓋達組織等。但如同ISIS，極端主義在近年來受到年輕人的青睞，這也是為什麼哈瑪斯能夠號召到許多上街抗議和造成動亂和恐慌的年輕人，甚至是住在耶路撒冷的阿拉伯人（也許他們稱自己為巴勒斯坦人）。

二〇〇四年，法塔赫領導人亞西爾・阿拉法特逝世，在二〇〇六年，巴勒斯坦舉行了具有歷史意義的立法委員大選。這是巴勒斯坦人民有史以來第一次民主投票，原本預計哈瑪斯可能頂多贏得十至三十個席次，然而結果卻出乎眾人意料，哈瑪斯竟然贏得了七十四席，超過了法塔赫的四十五席。人民當時投票的心態，就是對現狀的不滿。法塔赫長年貪腐，官員住在豪華住宅，而阿拉法特還開著最新款的賓士，這些現象讓人民感到厭惡。因此他們選擇了激進的哈瑪斯作為新的領導者，哈尼亞（Ismail Haniyeh）成為了巴勒斯坦總理，二〇一七年後由葉海亞・辛瓦（Yahya Sinwar）繼任[13]，他就是這次十月七日大屠殺的主謀之一。

法塔赫和哈瑪斯雙方都在爭取巴勒斯坦人民的領導權，而當哈瑪斯開始要「擺脫」在加薩地帶那些溫和的法塔赫成員，法塔赫的領導者馬哈茂德・阿巴斯（Mahmoud Abbas）宣布進入國家緊急狀態，並解散哈瑪斯政府。阿巴斯試圖維持法塔赫的影響力，但只留住了西岸地區，而哈瑪斯則是持續在加薩地帶擁有政治和軍事權力，也殺害了許多法塔赫成員。

這是媒體很少會提到的，關於巴勒斯坦內部的政治與衝突。法塔赫在西岸地區掌握著巴勒斯坦自治政府的權力，而哈瑪斯在加薩地帶擁有政治和軍事權力。

加薩走廊，目前是由哈瑪斯約兩萬成員統治。哈瑪斯上台後，他們推翻了之前與美國和以色列簽署的和平協議，並開始兌現當初的「選舉諾言」，以武力對抗以色列，包括挖掘隧道以綁架以色列士兵。哈瑪斯選擇了向以色列發動戰爭，從二〇〇一年開始不斷發射火箭炮，光是這次的戰爭，射向以色列的至少一萬三千枚火箭炮，那些經費浪費在武器，而不是人民的醫療、教育、基礎建設。

巴勒斯坦人摩薩・哈珊・約瑟夫（Mosab Hassan Yousef），他的父親是哈瑪斯的創辦者之一，他也是《哈瑪斯之子》（The Son of Hamas）自傳的作者，他在監牢裡，親眼看見巴勒斯坦人折磨巴勒斯坦人。

他在二〇一七年在聯合國控訴巴勒斯坦自治組織：「巴勒斯坦人是你們最不在乎的，你們綁架巴勒斯坦學生，並折磨他們。你們折磨你們政治上的敵人。巴勒斯坦人的苦難，是你們自私的政治利益的結果。你們才是巴勒斯坦人最大的敵人！如果沒有以色列，你們就沒有對象可以怪罪。你們要為自己的行為負責，你們煽風點火，靠衝突來維持權力，還利用這個平台來誤導各國來認為你們製造的問題，是以色列的錯。」

在這次的戰爭後，他在CNN的訪談上說：「哈瑪斯不在乎巴勒斯坦人民的性命，或是以色列人、或美國人的生命，他們也不在乎自己的生命，因為他們的聖戰是對神的敬拜。今天我看加薩走廊的孩子，我知道他們沒有選擇，因為他們從五歲就接受哈瑪斯的思想。像我，我離開了哈瑪斯，但是我失去了一切。哈瑪斯並不要共存，他們要的是征服和毀滅以色列，但那不是他們的終點，他們最終的目標是摧毀所有的文明，建立伊斯蘭帝國。」

當哈瑪斯恐怖份子跑到以色列土地上，他們呼喊的不是「解放巴勒斯坦」而是「真主至上！」當他們殺害了無辜以色列平民時，說的不是「我們要建立一個國家」而是「我們殺了猶太人。」

加薩的孩童從幼稚園就開始拿假槍，練習憎恨和攻擊猶太人。他們看的兒童電視節目也是在說長大的夢想是要殺光所有的猶太人。他們的孩子未成年，就已經被訓練成為哈瑪斯的魁儡，而其實哈瑪斯領袖根本不在乎這些人的死活，所以當新聞說加薩多少孩子死掉時，也包含了已經會使用槍枝並且要殲滅猶太人的未成年青少年。

支持哈瑪斯的人會說，十月七日的屠殺，是以色列人自找的，這就是好像是對美國人說，九一一的恐怖攻擊是美國人自找的。他們不願意接受哈瑪斯是恐怖組織，也不願意說邪惡就是邪惡。

巴勒斯坦人難道不知道，如果哈瑪斯屠殺以色列平民，以色列一定會這樣強烈的反擊？但是哈瑪斯就是在等以色列反擊，然後用巴勒斯坦平民的死傷，讓國際來譴責以色列。哈瑪斯太清楚要怎麼讓西方國家站在他們這一邊。

老實說，以色列真的要屠殺巴勒斯坦平民，難道會是這樣死傷的數量而已？如果以色列真的要屠殺巴勒斯坦人，那為什麼巴勒斯坦穆斯林的數量，反而越來越多？以色列一直很清楚的說目標只有剷除哈瑪斯跟拯救人質，如果要屠殺平民，就不用提早通知，即便加薩人只有二十四小時可以離開加薩北部（後來延期了一週），但是，一千兩百名以色列人被哈瑪斯屠殺的時候，連二十四秒都沒有。同樣，如果以色列真的要土地，那大可在敘利亞內戰時趁虛而入，或是向黎巴嫩發動戰爭。

加薩人民，需要清醒過來。

加薩人民活在哈瑪斯給他們謊言之中，被當成人肉盾牌和人質。今天的問題不是以色列，而是哈瑪斯。

加薩人民比西岸地區的巴勒斯坦人民還要慘，失業率高達百分之六十五，年輕人的失業率更高達百分之九十。貧窮也是一個問題，在加薩走廊，一天工資就只有30NIS[14]。除此之外，加薩地帶的電力供應不穩定經常成為當地人民生活的一大挑戰，最糟的時候一天只有四個小時的電，這對當地的基礎設施、醫療、教育和其他生活必需品都造成嚴重的影響。當污水沒有辦法處理，百分之七十至八十的廢水直接進入海洋，還會有蚊子帶來的嚴重衛生疾病。

加薩人民要認同哈瑪斯的政治及宗教理念，還是在這場戰爭結束後，去選擇一個世俗但是會為人民福祉努力的領導人？就像在埃及爆發了同樣的革命，埃及選擇了世俗的政府，塞西成了埃及的總統。

前伊拉克小姐 Sarah Idan 說加薩人民應該起來反抗：「為什麼加薩人不幫助以色列軍隊打敗哈瑪斯？沒有人殺害伊拉克人民，像伊拉克人民殺害伊拉克人民一樣多，內戰殺死了我們，激進的伊斯蘭教殺死了我們，這就是我所看到的巴勒斯坦人正在發生的事情。」薩達姆・侯賽因統治伊拉克時，利用她的學校作為藏武器的人盾，她說：「在伊拉克，我們有薩達姆・侯賽因，他很殘暴，伊拉克人無法對抗他，但美國一來，他們就推倒了他的雕像，慶祝勝利。」

這場「民主」選舉已經是將近二十年前，之後再也沒有選舉，哈瑪斯的行為不能代表整個巴勒斯坦百姓[15]。當加薩走廊的人民越來越苦、失業率越來越高時，人民對哈瑪斯政權的不滿一直升溫，有些加薩人民甚至上街頭反對哈瑪斯。有民調顯示，哈瑪斯在十月七日的大屠殺，一千二百三十一名在西岸地區的巴勒斯坦人，有百分之八十二的人認為哈瑪斯是正確的，而四百八十一名加薩人之中，只有百分之五十七的加薩人認為哈瑪斯是正確的。這似乎透露出，加薩人民比西岸地區的巴勒斯坦人，更清楚哈瑪斯是什麼模樣。

「從約旦河到地中海，巴勒斯坦要被解放！」（From the River to the Sea, Palestine must be free!）這是挺巴勒斯坦或護衛哈瑪斯的人最常說的口號，但其實，這根本不是要和平或兩國分治，他們要的與哈瑪斯一樣，是整塊土地都成為一個沒有猶太人的巴勒斯坦土地。

就像一九三六年耶路撒冷阿拉伯領袖 Haj Amin Al-Husseini 說的：「巴勒斯坦沒有地方可以容納兩個種族。猶太人在兩千年前就離開了巴勒斯坦，讓他們前往世界其他地方，那裡有廣闊的空地。」也跟希特勒要的「土地上沒有猶太人」（Judenfrie）一樣，這個口號其實是「我們不要有猶太國家」，他們也沒有想過以色列七百萬猶太人要去哪裡。

為什麼以巴沒有和平？因為如果讓哈瑪斯選擇，是要與以色列和平共處，還是要殺光猶太人？他們會選後者。他們要的和平是沒有以色列人在裡面的。

我的以色列朋友在哈瑪斯成立之前，還會去加薩的海邊餐廳吃飯，但現在當然不可能了，光是想到猶太人去加薩，就覺得是個很危險的畫面。

巴勒斯坦人對以色列人的認識，只有在邊境的接觸，也就是軍隊。只有少部分的人能得到在以色列工作的機會，但是他們的個人影響力，也不太能影響到巴勒斯坦人對以色列人根深蒂固的憎惡。特別是每週五在加薩走廊的清真寺，穆斯林在禮拜時會聽到向猶太人發動聖戰的言論。

以色列人其實不憎恨巴勒斯坦的人，以色列會攻擊加薩，是因為以色列人需要保護自己和拯救人質，他需要讓居住在以色列的人感到安全，面對邪惡，不能姑息養奸。加薩走廊的人口密度很高，再加上在戰爭時期，無論如何都有傷害到平民的風險，就連以色列都有誤殺到自己人的例子。

以色列為了和平，曾經做出讓步，二〇〇〇年，以色列總理埃胡德．巴拉克（Ehud Barak）願意給巴勒斯坦人很多土地。二〇〇八年以色列總理埃胡德．奧爾默特（Ehud Olmert），也願意給巴勒斯坦人更多的土地以求和平，同樣被拒絕了。

二〇〇五年以色列總理阿列克斯．夏隆（Ariel Sharon）將加薩地帶Gush Katif約八千六百名猶太居民以及相應的軍事基地撤離。夏隆的撤離政策引起抗議，以色列社會分成了兩個顏色，反對被撤離的加薩的猶太居民以橘色布條為他們的顏色，而支持撤離的則用藍色。支持撤離的猶太居民和他們的支持者認為這是對以色列的妥協，而反對撤離的人則擔心這可能將加薩地帶變成恐怖組織的據點。但這個政策還是實施了。

如同以色列退出西奈半島，換取與埃及的和平，以色列退離加薩走廊，也是期待和平。如今，十八年過去了，加薩走廊境內並沒有所謂的「屯墾者」，但加薩人民的生活有比較好嗎？以色列有因此得到期待的和平嗎？並沒有。因為哈瑪斯的存在，就是要以武力殲滅以色列，除非將哈瑪斯斬草除根，否則以色列人和加薩走廊的巴勒斯坦人，就不會有和平的一天。一個邪惡的恐佈主義，它可以滲透，從以色列到世界的其他地方。這不只是以色列面臨的挑戰，而是全世界的挑戰。

12 巴勒斯坦解放運動是從一九六四年就開始了，這是在以色列發生六日戰爭和拿下耶路撒冷西岸地區的領土之前。也就是說，所謂的「解放巴勒斯坦」，不只是要回西岸地區和耶路撒冷，也不只是一九四八年聯合國兩國分治案的提議，而是整個巴勒斯坦。

13 Yahya Sinwar 因爲殺害兩名以色列士兵而被判處在以色列服刑二十四年。然而，他曾罹患腦部腫瘤，是靠以色列醫生的手術，才得以存活。他在二〇一一年的人質交換中被釋放，這次交換是以色列釋放了一千〇二十六名巴勒斯坦恐怖份子，以換回一名以色列士兵的人質。Sinwar 對以色列人的特性非常瞭解，因此他深知這次行動必須要綁架以色列人質。（https://www.businessinsider.com/hamas-gaza-leader-survived-tumor-operation-israel-reports-2023-10）

14 相同的其實在西岸地區一天只有 50NIS，因此許多巴勒斯坦人會希望來到以色列工作。

15 加薩走廊的巴勒斯坦人民當中，並不是所有的人都是穆斯林，按照網路資料，目前只剩下一千三百名基督徒。我先生的教會其實跟加薩走廊的十三個基督教家庭有聯繫，但是從戰爭開始後，當然就失聯了。也有某牧師在加薩走廊的基督徒同工被殺害。

7 我們在路邊躲火箭炮

戰爭第十一天，以色列終於準備進攻加薩走廊，不這樣做，拿不回人質，也沒有辦法將哈瑪斯斬草除根。我們的朋友的兒子，就在前線準備進入加薩。我為他們擔心和難過，因為他們不可能全部都平安回來，有人會為了保家衛國而犧牲。這不是打電動，不是下線以後，戰爭就會結束，這也不是一場惡夢，醒了就沒事。有人會流血，有人會永遠的與愛他們的人離別。

表面上看起來社會已經逐漸恢復「正常」，猶太鄰居也終於找到時間拆掉住棚節的棚子了，但許多家長的心都在擔憂。

我問一個年紀比以色列還要大的爺爺，這次的戰爭跟贖罪日有什麼不一樣？

他回答：「贖罪日戰爭是軍隊和軍隊打，這次是哈瑪斯攻擊平民，並且是精心策劃的屠殺猶太人。」

這也是為什麼，以色列人被逼到了，不解決哈瑪斯不行。

我們在辦事時，回家的路上，突然聽到像是空襲警報的聲音，可是不是很明顯，而且其他車輛沒有停下來。我不確定是空襲警報的聲音，還是救護車的聲音。接著，我們看到有一小群人已經躲在電線桿下面的水泥柱旁邊。我的先生馬上煞車，那一刻我知道，這是空襲警報的聲音，我們要在路邊躲火箭炮了。

我趕緊下車，沒有時間多想，車門也沒有關，到另一側把寶寶從汽車安全座椅拿起來。我的手沒有顫抖，寶寶也很冷靜，但我把他抱起來的時候，撞到了車頂一下，他也沒哭。我們跟人群一起躲在水泥柱旁，Kenny 把寶寶用他的身體擋住，我在另一邊擋著。但我感覺，這一點也不安全。雖然這是駕車時聽到空襲警報的標準動作，也就是離開車子，使身體盡量貼近地面，以及手抱頭，但是這種方法應該是蠻沒用也蠻沒有意義，要是鐵穹系統沒有攔截好，或是有什麼掉下來的碎片，又或是因為震動有碎片射向我們，那我們還不是一樣會受傷。

我們才就位，就聽到「碰」的一聲從天空傳來。好大一聲，感覺好近。警鈴聲還沒解除，又有「碰」的一聲。我們不確定是否結束了，我們要在路邊等多久呢？有些車輛根本沒停，就繼續在馬路上開。有一輛車停下來，有幾個女孩加入我們，但大概不到一分鐘，她們又選擇離開。

我們也趕緊離開。

寶寶沒有哭，但我真希望我們是在防空洞裡。

為什麼我們剛好在開車呢？

為什麼我們需要躲火箭炮呢？

我的心，一個作為母親的心，我討厭我自己。

我對寶寶感到好抱歉。

如果戰爭沒有結束，那我們就一直要躲在防空洞裡。我們不能出門，因為外面不安全。這裡是猶太人的家園，但也是寶寶從他來到我肚子的第一天，直到現在，至少對他來說，這是他的世界，也是他的家。

我好抱歉，這是以色列現在的狀況，我好抱歉，現實是這樣。

我知道寶寶好喜歡坐車子，喜歡看不一樣的人，但現在就連最基本的享受——出門看看這美麗的國家，卻都沒有了。

我好抱歉。

這不是正常的生活，這一點都不正常。

回到家，我覺得好累，只想睡覺。

在我心裡，我知道我們應該留下，做更多有意義的事。

但是我還是先睡一下。

隔天，我們又出門了。

我沒有昨天的緊張，或許因為我開始懂了，這就是戰爭之中以色列人生活的常態。我們需要與火箭炮攻擊共處。

奇妙的是，我們也有平安。

對我們家來說，在上帝要我們在的地方，我們會有平安。

戰火中的耶路撒冷，路上有不少插著國旗的車輛，還有不少學開車的阿拉伯人，公車有行駛（司機通常都是阿拉伯人），在公車站也有在等車的人們，外送員也上班了。城市的廣告換成大大的以色列國旗，鼓勵著居民，以色列加油。這就是以色列團結的樣子。

街道很乾淨，路上有老人、帶小朋友的大人、工作的人、阿拉伯人、宗教猶太人、衣索比亞猶太人，在散步、曬太陽、聽音樂。

我都忘記耶路撒冷原來這麼美麗。

園丁細心照顧路邊的小花，很難想像這叫做在戰爭中的國家。

這是一個熱愛生命的國家。

我想起來，在希伯來大學時，教授說以色列人的歷史寫照就是：「他們想要殺我們，我們贏了，好了，來吃飯吧。」也有以色列人開玩笑：「在歷史上，每次敵人要殲滅猶太人，我們就會多一個節日來紀念得勝（例如逾越節、普珥節、光明節），所以好啊，他們又要攻擊我們，那我們又會多一個節日。」

不知道這場仗會打多久，但是，日子還是要過。

學校恢復上課了，有兩個朋友新生的孩子都在第八天受割禮了，日子還是要過。

戰爭第十五天，我不知道還要不要繼續算下去。

每天早上六點半，如果我剛好醒來在餵寶寶的話，我都會心裡揪一下，因為十月七日那天早上也是這樣。寶寶醒來了，我餵奶，幫他換尿布，在客廳玩了一下，然後我們兩個都累了，回去床上睡回籠覺。誰能想像，那麼平凡的一個早上，在幾十公里外，以色列的家庭卻正在被屠殺。

我們的朋友從軍營回來了，他過去這兩週協助了接近四百場葬禮。以色列從來沒有在一天內死去這麼多人，為了運送屍體，軍方還需要跟超市借冷凍卡車。雖然屍體都是包起來的，但他看見沒有頭的屍體……

我的教授說過，錫安主義１０１就是要給猶太人一個安全的猶太家園，但他沒有想過，以前以色列的猶太人可以在反猶事件的悲劇發生後，跟那裡的猶太人說：「回歸以色列吧！這裡才安全。」而如今在以色列境內，這個應該要提供安全的國家，卻沒有為猶太人提供一個安全的家，他們在自己的家裡、自己的床上被謀殺。軍隊在哪裡？大屠殺不是發生在異國他鄉，而是在猶太人辛苦建立的猶太家園。

以色列人愛國，所以他們參加戰爭，因為他們只有這個家。但是以色列人在堅強的背後，吞下了失望、傷痛和恐懼。

以色列的社會，就算看起來恢復正常，也是居民們為了要表現出生命的韌性做出的努力，就算以色列打了勝仗，也留下了極大的心理創傷。不是只有受害者的家庭，整個以色列不會再一樣了。

戰爭第十四天，以色列還沒進入加薩，我們去當預備兵的朋友也還沒回來。我們幾乎每天都會在天空中聽到噴射機的聲音，提醒我們以色列還在戰爭中。我很驚訝，商場有許多婦女、老人、嬰兒，在吃東西、逛街、聊天，跟一週之前的氣氛已經差很多，學校也陸續開學。目前以色列的貨幣，已經從一新舍克勒兌換八．五台幣貶值到八了[16]，真希望戰爭快點結束。如果像六日戰爭一樣只打六天的話，戰爭早就結束了。

我們和鄰居一起過生日，和其他猶太人一起說：「敬生命！」（L'chaim）其實平常乾杯時都是說這句話，只是在戰爭時期聽起來格外有意義。我的鄰居跟我說，要我一定要多生好幾個寶寶。我想起教授說過，在以色列人的潛意識裡面，要多生孩子，補回大屠殺之前猶太人的數量。

「不管妳是不是猶太人，我都一樣愛妳。」鄰居奶奶說。

戰爭第十六天，以色列人彼此團結，為士兵做飯、烤安息日麵包、點心等。

在路上多了人質的海報，到現在人質都還沒回來。

以前在家裡很少聽到清真寺的叫拜聲，我想應該不是世界變安靜了，而是穆斯林把喇叭聲音量調高了。

戰爭第二十天，到目前為止，只有四個人質被釋放，還有至少兩百個人質在加薩走廊，也不知道是死是活。

我不小心在群組裡看到了被哈瑪斯殺害，沒有頭的嬰孩的照片，那個寶寶的身體已經完全被燒黑了。

我連續兩個晚上做了噩夢。第一個晚上，在夢裡是傍晚，是住棚節的最後一天，我很著急的要把住棚節的棕梠樹枝還給一個猶太人，他通常會在路口，但是他不見了，他的棕梠樹枝也不見了。我在夢裡一直找一直找，卻找不到他的棕梠樹枝，也找不到他。接著我的夢到了晚上，我走在路上，天空下了雨，但其實不是雨，而是人的血。路上很混亂，大家走在路上，都很小心保護自己的頭，不要被砍。

第二個晚上，我的噩夢是在耶路撒冷舊城散步時，有個猶太家庭帶著好多小孩，還有三輛嬰兒推車。男主人示意我幫忙推其中一輛，我才剛幫忙推幾步，突然身邊匆匆經過兩個以色列軍人，接著我們聽見槍聲。我趕緊跟寶寶一起找掩護，但我卻看到我們周遭已經埋伏了十幾個恐怖份子，他們有很多的武器，我在夢裡覺得很錯愕，也有很深的無助感。

即便我不是以色列人，但是我感受得到那種無助感。軍隊在哪裡？

我很認同一個退休軍官說的話：「以色列人跟以色列軍隊有一個約，以色列人願意自己把孩子送去當兵，為的就是軍隊會來保護，但是十月七日時，當軍隊沒有出現時，這個約被毀壞了，以色列如果不把哈瑪斯趕盡殺絕，人民對軍隊的信心不會恢復，那這樣就沒有以色列了。」

世界怎麼可以叫以色列停火？以色列人怎麼可能在哈瑪斯就在隔壁的情況下（例如五百公尺的距離），回到自己的房屋？如果沒有除掉哈瑪斯，還有黎巴嫩真主黨，他們的實力比哈瑪斯還要厲害，十月七日的大屠殺可以明年再發生，而這次敵人可能做得更「好」。

我也不敢相信約旦皇后 Rania 到現在還說沒有證據說哈瑪斯砍嬰兒的頭，她想表達的是以色列在謊報消息嗎？她想說哈瑪斯其實沒有以色列人說的那麼邪惡嗎？這也難怪以色列要公佈那麼多的證據，因為這個世界需要。

我想起來十一年前，我當時對政治不是很了解，純粹覺得約旦人很愛國，到處都會看到約旦國王的照片，我跟約旦國王的照片拍了一張照片，然後用這張照片做我沙發衝浪網站上的大頭貼。那時候我來以色列玩，都有透過這個網站找到願意接待我的以色列人，但其中一個人告訴我，他本來有猶豫要不要接待我，我問他為什麼要猶豫？他說：「因為妳的照片裡有約旦國王，我不知道妳是不是挺巴勒斯坦，但就算是，我還是願意接待妳。」

這就是以色列人，這就是民主的肚量。

我不知道反過來，若一個亞洲女生支持以色列和猶太人，在加薩會不會找到願意接待她的巴勒斯坦人？

---

16 但沒過多久又漲回去了。

8 來自以色列戰爭中的真實聲音

戰爭第二十一天，以色列持續轟炸哈瑪斯的軍事基地，也發現哈瑪斯的總部在醫院底下，這實在是太懦弱了吧！

以色列為什麼還不進入加薩？我想，一方面是要得到美國的支持，因為周遭敵人太多，同時也要先減弱敵人勢力、蒐集情報、整頓軍隊，還要撤離那些住在邊界的居民。目前北方六十三個村的居民已經撤離下來了，他們不是只有猶太人，還有阿拉伯人、德魯茲人和切爾克斯人（Circassians）。

這真的不是猶太人和穆斯林的戰爭，這是光與黑暗的戰爭，是價值觀的戰爭。

戰爭爆發後，我們終於第一次回到舊城，奇妙的是完全沒有陌生的感覺。

在雅法門的門口，有大大的以色列國旗，象徵以色列的團結和決心。

在那裡，我遇到一個以色列士兵。在戰爭之前，他是股票市場分析師，在戰爭爆發的第三天，他就被徵召回去當預備兵，暫時離開他的工作，暫時離開他的家庭。每週只會放假一天，也沒有什麼個人娛樂。他決定來舊城走走，但即便是放假，他也是穿著軍服和帶著槍，以防萬一。對於個人的犧牲，他不覺得有什麼偉大，而是應該盡的義務。

「十月七日的兩天後，我接到了軍隊的電話，然後我馬上去找我的老闆，我告訴他我必須去，他擁抱了我，說祝你好運，照顧好自己，照顧好家人，那一刻非常感傷。因為我不知道我會去哪裏，有很多不確定因素，我知道我必須做這件事，為了那些在十月七日失去生命的人，也為了我的家人、我自己和我的同事的未來，這是我的職責，除了我去參軍，沒有別的答案。我們不能向極端分子投降，我不能考慮到我自己，我必須把社會放在自己前面，這是猶太人的家園，如果我們不加入軍隊來保護這個地方，沒有人會為我們這樣做。

我理解為什麼有人說以色列是處於強勢，但我認為以色列不僅是一個猶太國家，也是一個民主國家。在這個民主國家，至少百分之二十的人口都不是猶太人，他們是穆斯林，他們可以成為任何他們想成為的人，這就是區別。這就是為什麼對我來說，保護一個代表這些價值觀的地方很重要，它不僅是猶太人的家園，也是自由的家園，尊重每一種宗教、每一個人的家園。

因為我們是民主國家，我們必須保護這個民主國家不受恐怖主義的侵害，不受殺害平民的激進分子的侵害。他們對平民、對婦女、對兒童毫不留情，在新聞中，我們看到他們正在威脅這個國家的平民，不管他們是不是猶太人，不管他們是不是基督徒。在這個國家一個猶太人可以和一個穆斯林學生住在同一所大學裡，但在加薩走廊，如果我試圖去加薩走廊，我不確定我是否會回來。我必須保護這個地方，因為這個地方象徵着我的價值觀，人民的自由、猶太人的自由、每個人的自由。

一些人支持哈瑪斯的所作所為，因為他們覺得以色列是強大的一方，而巴勒斯坦則是弱小的一方。但以色列正在遭受這種恐怖主義，你不能用軟弱來打敗恐怖主義，為了保護國家免受恐怖主義襲擊，我們必須儘可能強大。

我們不恨巴勒斯坦人，我們甚至沒有仇恨，但我們必須保護這個國家免受恐怖主義襲擊。我們看到的影片和照片太可怕了。保護這個國家不受這些人的侵害是我們的責任。仇恨，是對恐怖主義的仇恨，但不是對每一個巴勒斯坦人的仇恨。我是一名醫護兵，我們向我們的士兵，也向巴勒斯坦人提供醫療服務。

多年來我們一直對和平持開放態度，我們與埃及和約旦都有和平協議，但如果巴勒斯坦人選擇恐怖主義，那麼這會扼殺和平的想法，你必須阻止恐怖主義，才能讓和平的理念在這個國家再次活躍起來。

如果巴勒斯坦人民，他們的領導人在未來將改變他們的運動，他們將努力走向和平的方向，也許在未來，和平將是可能的。但根據我們在十月七日所看到的情況，現在我們對另一方，希望和平的假設要悲觀得多。我希望也許在未來我們會有希望再次升起，但根據現在我看到的情況，我不像過去那麼樂觀了。」

戰爭第二十四天，以色列進入了加薩，還救回了一個人質。被拯救的人質是個以色列女士兵 Uri Magidish，她的家人每天為她禱告，甚至把象徵神同在的妥拉卷帶到她的房間，呼求神帶她回家。我不知道究竟為什麼她成為第一個被救出來的人質，但是從她的臉上，竟然看不到恐懼。

現在耶路撒冷市政府廣場上多了很多的空床，有嬰兒床、有普通的床，其實就跟很多城市有類似的藝術活動一樣，都是一種心中的吶喊，要世界上的人記得，哈瑪斯恐怖份子綁架了二百五十三個人質，包含五十幾個是老人，還有很多的嬰幼兒，他們都是平民。這就是恐怖攻擊，沒有「可是……」。

以色列開始有士兵戰死在加薩的行動，我開始感覺到那份壓力，跟前幾週不一樣。我的朋友的先生被召回去靠近加薩的前線當兵，因為那邊還有農民在採收農作物和居民在生活，所以軍人在保護這些人。到目前，以色列還是遭受哈瑪斯的火箭炮攻擊，這些靠近邊境的城市更是經常遭受到攻擊。雖然居民可以跑防空洞，但是軍人不可以跑，因為他們在防哈瑪斯再次像十月七日一樣，用火箭炮當掩護，派恐怖份子跑進以色列殺害平民。因此士兵不能夠到防空洞避難，若是真的很不幸被火箭炮打到士兵所在的位置的話……我的朋友她很害怕看到陌生地話號碼打電話來，她怕接起來的另一端是要告訴她關於她先生受傷或戰死了的壞消息。在很大的壓力下，她說：「我總是告訴大家要為我先生禱告，但坦白說，在這種情況，我不知道還可以跟上帝說什麼。」

是啊，哈瑪斯、黎巴嫩真主黨、外加葉門也射導彈打以色列，但已經有很多人忘記以色列為什麼被捲進這場戰爭。

前幾天，聯合國第十屆緊急特別會議譴責所有針對巴勒斯坦和以色列平民的暴力行為，呼籲立即實行持久和持續的人道主義休戰。一百二十個國家投下贊成票，只有十四個國家投下反對票，包含以色列、美國、奧地利、克羅埃西亞、捷克和匈牙利。

如預期般輿論開始導向加害者，以色列明明才是受害者，卻被要求停火、卻被貼上了「為什麼說要消滅恐怖組織，可是又在轟炸難民營？」的標籤。

以色列轟炸的對象不是平民，但是哈瑪斯是恐怖組織，他們殺的不只是以色列的平民，而是拿自己的平民當人肉盾牌。以色列能怎麼做？以色列的軍人也是肉做的啊。哈瑪斯甚至把軍事基地蓋在醫院底下，哈瑪斯發射的火箭炮，百分之十五會發射失敗和殺死自己的平民，哈瑪斯甚至阻止要撤離的人，而哈瑪斯的領袖自己住在卡達。這些加薩平民的血，並不是說他們不可憐，而是這些血要算在哈瑪斯手上。

以色列和哈瑪斯當然知道，在加薩裡人民的苦難，以及那些以色列的人質是這場戰爭的籌礙。當國際不去譴責哈瑪斯，而在為難以色列的時候，這對加薩人民和以色列人都沒有幫助。

以色列的惡鄰居是這樣的哈瑪斯，這場戰爭是哈瑪斯引起的。以色列有權自衛，加上人質根本都還沒有釋放，更別說是哈瑪斯恐怖份子跑到平民家，不分年紀的將他們殺死。如果有這樣的裝置藝術，把血淋淋的床、血淋淋的衣櫃、有彈孔的傢俱、被燒掉的車拿來做裝置藝術，是不是世界上的國家就不會那麼輕鬆的說：「應該要停火。」

重點是世界的人願不願意相信以色列是盡量把平民的死傷降到最低，而這點是支持以色列的人願意相信的，特別是其實以色列軍隊裡的人，就是以色列人民，就是我們身邊的朋友。但是世界上很多人也會直接同情弱勢，認為軟弱是一種美德，所謂「被壓抑的人」就好像比較正義。再加上原來就有的反猶主義，使得社交媒體上，把強大、和平的以色列妖魔化。從學生呼喊「解放巴勒斯坦」，到模仿哈瑪斯的穿著，到巴黎有人在猶太人家噴上大衛之星，到在俄羅斯的機場，暴民要攻擊從以色列抵達的飛機。

甚至我知道也有人開始說，基督徒不需要幫以色列人說話，雙方都有錯之類的言論。我覺得，這種假裝中立的立場令人擔憂。如果真的中立的話，應該是沒有意見，因為說雙方都有錯本身就是一種立場了。很多對以色列有各種譴責的人，可能根本沒有以色列朋友，也沒來過以色列，更不懂以色列的為難，但是也有基督徒真的想知道該怎麼看待這場戰爭，於是我訪問了我們在耶路撒冷教會的牧師 David Pileggi，問他覺得基督徒在以巴衝突之間的立場是什麼？

牧師說：「毫無疑問，我們必須為和平而努力，我們必須為和解而努力，在每一場衝突中我們都應該是鹽和光，新約並不禁止自我防衛。正如路加福音所記載的，彼得對耶穌說，我有兩把劍，這樣夠嗎？耶穌說足夠了，那麼我們該如何理解呢？兩把劍肯定能夠保護他，讓他可以活下來，可是彼得沒有一千把劍，也沒有軍隊。但在一個非常非常墮落的世界裡，保護人類生命、保護我們自己是必要的，自衛戰爭是正當的，但要在一定限度內。我們現在的這場戰爭，在以色列和哈瑪斯之間的衝突，確實是一場自衛戰爭，然而，在哈瑪斯被擊敗後，我不認為以阿衝突或以巴衝突的解決方案，可以用 F-16 戰鬥機或坦克來解決，需要某種和解。需要有一個外交的、政治的解決方案，許多猶太人和阿拉伯人，需要改變內心的想法。

我們在中東的衝突，以色列對巴勒斯坦人，以色列對阿拉伯／伊斯蘭統治，不僅僅是土地、領土或難民的衝突，除了是一場政治衝突，也有宗教因素。

我們需要為以色列祈禱，希望它以非常道德和倫理的方式行事，我們可以告訴我們的以色列和猶太朋友，我們確實支持他們，但與此同時，我們期望他們在打敗哈瑪斯的戰爭時，傷害最少的無辜平民，即巴勒斯坦平民。

我們需要拒絕伊斯蘭教的意識形態和任何伊斯蘭極端組織，但與此同時，我們不能仇恨穆斯林，我們應該非常小心地區分那些具有狂熱的伊斯蘭意識形態的人，以及那些可能僅僅是穆斯林的人，我們需要像愛和關心猶太人一樣愛他們。」

戰爭第二十七天，我們出門時剛好看到對門鄰居。她們家在住棚節之前，才把一些小孩的玩具和嬰兒推車送給我們。從戰爭開始，我們只見過他們一次，那次女主人告訴我們有什麼需要都可以跟他們說。而今天早上，女主人跟我們沒看過的一對母女一起要出門，應該是她的親戚。我們打招呼後問她們今天要去哪裡？結果她說，她的媽媽在貝里（Kibbutz Be'eri）長大，她的舅舅也是住在貝里，他被哈瑪斯恐怖份子謀殺，她的舅媽還在失蹤中，所以她們現在是要去參加舅舅的葬禮。

我不敢相信，以色列真的就是這麼小，那些被謀殺的數字，就是我們鄰居的舅舅。我好難過，我也不知道說什麼，只能抱抱我的鄰居，結果她說：「非常謝謝妳，對不起，讓妳難過了。」

為什麼她不早點告訴我們呢？若不是我們問，我們真的不知道。而她又有什麼好抱歉的呢，該抱歉的是我吧，這麼殘忍的悲劇發生在她的親人身上，而且是在以色列人自己的國家，在自己的家。

戰爭中的以色列，彷彿恢復正常。有人在賣蔬菜水果，有人賣二手衣服，商店和餐廳幾乎都恢復營業，在路上可以看到喝咖啡和買東西的人，唯一的差別應該是走在路上的軍人和警察變多了。

但是，那只是以色列人外表看起來很堅強，因為他們必須表現出生命的韌性，如果真的去問以色列人他們好嗎？以色列是很小的國家，每個人幾乎都有認識的人被殺害，或是正在當兵。

他們不想要向恐懼低頭，如果不去好好的活著，就輸給恐怖份子了。所以他們不僅要活得好，也要連著那些被謀殺的人的份，活得更好。

我在路上拍影片時，突然有三個路人很開心的入鏡，然後友善的問我們是從哪裡來的、可不可以讓他們跟寶寶照相？我們家的寶寶不怕生，於是他們輪流跟寶寶拍照。又是獨照和合照，突如其來的場面很歡樂，我們擋到本來就很擠的路，但這就是以色列的樣子，馬路就變成客廳了。有人要借過時，抱著我們家寶寶的路人的回應是問那個人要不要跟寶寶照相？那個人也沒有被冒犯，還說寶寶很可愛。

我先生問他們是不是住在耶路撒冷？他們笑笑的說，他們來自奧法基姆（Ofakim），現在暫時住在耶路撒冷的亞伯拉罕青年旅館（Abraham Hostel）。

他們沒有再多說什麼，我當下也沒有反應過來，因為我們本來就趕時間，但是我後來意識到，他們就是來自奧法基姆的難民啊！奧法基姆就是哈瑪斯十月七日跑去殺害平民的以色列村莊之一。以色列現在境內有很多難民，有些是十月七日屠殺之後的倖存者，在哈瑪斯被打敗之前，他們不可能回到原來的家，而且他們的家可能也毀了。另外也有靠近黎巴嫩北邊六十四個村莊的居民受到政府指示，為了安全先撤離到以色列其他地方。

以色列是很小的國家，但是我真的沒有意識到有多小，而且我真的很想問以色列人，你們為什麼不一見面就跟我們說你們的苦難呢？

隔天，我們去耶路撒冷舊城。我們並沒有到阿拉伯區，只在猶太區走走。

猶太區的胡瓦廣場上，我喜歡的咖啡店正常營業，我們吃完早餐後，有一大群猶太家族來到這間咖啡館來慶祝。我問一個到處找空椅的老先生：「你們在慶祝生日還是成年禮？」一問之下，原來他是外公，他在慶祝孫子在過成年禮的四十天之前，人生第一次戴上禱告用的護經匣（tefilin）。

猶太人在十三歲的時候會過成年禮（Bar Mitzvah），意思是誡命之子，從此以後他就會是宗教上的成人，要為自己的信仰負責任。在早上晨禱的時候，猶太人會使用護經匣，目的是完成聖經中的誡命。

畢竟現在國家在戰爭中，理論上來說應該要把安全納入重要考量。如果是過成年禮，我會覺得算是合理，畢竟這是人生中很重要的一天。但是讓我驚訝的是連「第一次守使用護經匣的誡命」猶太人都這麼看重。老先生補充說：「我孫子的爸爸的爸媽，是從美國特地過來，戰爭之前就已經訂了這個機票。這是很難得的場合，兩邊的家人都來了，平常很難，畢竟家族之間也有政治，像是逾越節應該在哪個家過？是在外公外婆家，還是在祖父祖母家？但今天大家都來了，在吃東西的就是我的孫子，其他小孩是他的同學，他們也來了。」

我對於猶太民族的勇氣，真的很佩服。但讓我更佩服的是這個民族，對信仰、對傳統、對身份的堅持。

接著我們回到猶太區的 Cardo 大街上，全部的店都關門，只有 Blue and White 這間畫廊有開，就像是一個燈塔一樣。老闆 Udi 看到我們來，送每一個人一幅畫，鼓勵我們在戰爭還敢來以色列、還敢出門的勇氣。

Udi 的畫作很特別，全部都是跟聖經有關。

他剛好在畫石榴和西牆重疊的畫，因為這是他的祈禱，希望石榴象徵的上百種祝福可以臨到這個地方。

我們覺得拿他的畫很不好意思，因為戰爭一定影響到他的生意，應該是說，現在根本沒有生意。

他說不是為了賺錢，而是因為這是他的呼召，要在黑暗的地方做燈塔。

我們聊了一個多小時，由我先生訪問，而我在旁邊顧寶寶。訪問內容很棒，Udi 也沒有欲言又止，完全就是話語中充滿了智慧以及對神的敬畏，但是我總覺得好像還有故事……

「戰爭開始後，你跟鄰居的關係有改變嗎？」我問。

「我還是會打招呼。另外我的裁縫師是阿拉伯人，我知道他大概不會有生意，所以我戰爭開始時給他三百元，讓他可以有一點錢，我跟他說這是預先付之後縫衣服的錢。」他接著說，「但是我當然不會去期待阿拉伯人要支持我們，他們有他們的立場。當然他們可能會變得激進，但是我的呼召是要繼續開我的藝廊，不是為了賺錢，而是因為總是有人需要問路，要怎麼去聖墓教堂、要怎麼去哭牆，甚至是廁所在哪裡。這是我的呼召，那上帝祂會負責的。」

「你真的覺得安全嗎？你一個人開店，你也沒有武器。」

「是的，我確實感到安全，但這甚至不是安全的問題，我開店是在履行我的職責，就是做『光』。

妳必須明白，現在的戰爭不是針對巴勒斯坦，巴勒斯坦人只是一個代理人，今天的戰爭是對抗伊朗。伊朗為這場戰爭準備了四十年，他們應該從北方和南方同時進攻，為什麼哈瑪斯突然首先從南部發動襲擊呢？他們知道以色列有一個音樂季，在加薩邊境有三千多人，這是殺害猶太人和劫持人質的絕佳機會。這就是為什麼他們在這一天發動襲擊，不是在前一天，也不是在晚一天，他們選擇在十月七日發動襲擊。

他們謀殺的第一個人是一個男孩，叫 Keshet。他本應該娶我的第二個女兒，他只是來參加一個音樂節，然後被槍殺了，許多人被綁架。恐怖分子進入了附近的一個村莊，我妻子的表弟，他的妻子、兒子和兩個女兒住在那邊，恐怖份子們讓兒子敲鄰居防空洞的門，鄰居開門後，恐怖份子就開槍，也殺了這個兒子。我的表弟和他太太在被帶去加薩前被殺死，死掉之前還被折磨。兩個女兒八歲的艾拉和十五歲的的達芙娜仍被扣為人質。

我知道很多人說：『好吧，哈瑪斯襲擊了以色列，但你們的回應太多了。』我和你分享《聖經》中有一個故事，他們來到亞伯拉罕面前，說五個國王襲擊了其他國王，他們把你的堂弟羅得作為囚犯，當天晚上亞伯拉罕做了什麼？攻擊那些國王並釋放羅得！這是做這件事的方法。亞伯拉罕可能沒有去聯合國，他沒有檢查這在道德上是否正確，如果人被抓走，如果有人攻擊你，這是聖經的反擊方式，要去救那些人質。這正是我們所做的。

如果有人想譴責我們或者來評判我們，我想提醒他，耶穌說過不要第一個扔石頭。你想第一個扔石頭，你坐在桌邊，不知道該喝普通可樂還是健怡可樂，這就是你生活中的問題。你要在道德上評判我們，是因為不是你的孩子有危險，是因為他們沒有殺害你的孩子，是因為他們沒有殺你女兒的男朋友，你可以坐在家裡評判我。對我們來說，這是一個關乎生命的問題，我們根據聖經的方式回應，不管你喜不喜歡，這就是我們的方式。」

我聽了不敢相信，我覺得很痛苦，有很多的想法同時湧上來，例如為什麼猶太人為了能住在自己的國家，要付上這麼大的代價？或著為什麼哈瑪斯這麼邪惡，世界卻不讓以色列為自己防衛？為什麼哈瑪斯直播犯罪行為，隔週卻很可笑的想要撇清說自己沒有殺平民和小孩？

但我問的第一個問題是……「我跟你聊天一個小時了，還有兩個小時之前我們也有聊天，為什麼你現在才告訴我，你的親戚被殺，還有親戚現在在加薩當人質？」

「因為妳沒問啊！」

「但我沒有看到痛苦，我看到的是你的微笑和對我們的熱情，在這樣的時候你怎麼還能保持快樂和平靜呢？怎麼會……我感覺不到你的憤怒和痛苦？」

「我只是覺得，即使我行過死蔭的幽谷，也還是得走，我們的工作是『行過』死蔭的幽谷。愛因斯坦十歲的時候，他的老師說在生命的本質中是光明與黑暗，愛因斯坦舉手說：『不是！是光和缺乏光。』我們看到黑暗，不是因為黑暗，而是因為缺乏光。我敢肯定，作為一個基督徒，妳知道耶穌說祂是光，妳跟隨光，這是我們的責任。很遺憾的，我們要在缺乏光的世界做光。所以我在給我的亮光，我盡力，如果妳看這裡的任何一盞燈，他不會坐在那裏抱怨，『哦世界好黑暗喔。』他就做自己該做的。」

9 耶路撒冷基督徒眼中的以巴衝突

很多人看待以巴衝突時，只有兩個面向，就是阿拉伯人和猶太人。其實我可以理解這是為什麼，因為人民真正的心聲，是不會公開的講給媒體聽的。這點應該不難了解，因為實際生活是一回事，但如果公開的話，每個族群就好像一個部落，都有自己需要代表的「意識形態」。例如，有人希望我能夠在 YouTube 頻道也採訪穆斯林和基督徒，但就連只是在我的頻道，要找到願意公開分享自己真實的政治立場的穆斯林和基督徒受訪者有多難。其實這塊土地上的族群很多元之外，種族之間不衝突才是常態。這點可能需要大家親自走訪，甚至住在這裡才能夠體會。

戰爭第二十八天，我們到朋友家吃晚餐，朋友是住在以色列的基督徒，在以色列是少數族群，我也同樣為了要保護我的朋友，不可能把他的名字和特徵告訴大家。他的祖父母輩是在土耳其發生種族大屠殺時，從土耳其逃難到耶路撒冷的敘利亞基督徒，更甚至他是亞蘭人，他的母語是阿拉伯文和亞蘭文。因為住在以色列，他也會講流利的希伯來文和英文。

基督徒和穆斯林在以色列是不用當兵的，但如果他們自願去當兵的話，政府給他們的福利多過於一般猶太公民，主要是因為他們有強大的語言優勢。你可以說這是一種「歧視」，大家都住在這個國家，生為猶太人就有義務保護這個國家的安全，但如果是基督徒或穆斯林的話，卻有選擇權和更好的福利。

我的朋友沒有去當兵，主要是因為他還有很多親戚住在西岸地區，像是伯利恆、希伯崙，他如果去當兵的話，會非常為難。雖然他的立場不能去當兵，這不代表他不支持以色列軍隊必須存在。

老實說，我一開始也不是很確定他的立場是支持以色列還是中立，因為少數民族不管在哪個國家，都因為歷史或是政策的關係，一定會有委屈和苦難。我也不想要為難他，畢竟，我是外國人，我沒有經歷到他或是他的家族所經歷的，但是我願意去聽。

以色列建國時，他的祖父母在戰爭爆發前，逃到舊城裡的教會去避難。戰爭後兩個星期，他們回家去拿金子，卻發現在馬米拉（Mamilla）的房子被以色列軍人佔走。馬米拉位在西耶路撒冷，建國時就變成了以色列。這個房子因為是在西耶路撒冷，他們逃走就代表放棄，也就沒有賠償。

這個故事跟很多阿拉伯穆斯林，或著說所謂的巴勒斯坦人的故事是一樣的，這也是所謂以色列建國是他們的「災難日」的由來。有七十萬阿拉伯人被迫或因為害怕而逃離自己的家，成為了難民。只是說這個故事不只發生在穆斯林身上，也發生在其中的基督徒少數族群當中。

我知道如果我明知故問，可能會冒犯到他，但是我強調我想要知道他的感受，我想知道這樣的不公平待遇，會不會讓他對以色列這個國家有苦毒，更甚至，會不會當我們討論軍隊時，會不會讓他反感。

但他說：「首先，我們是基督徒，我們只能原諒。再來，這已經是過去的事了，不然怎麼辦？我知道我們損失了一個房子，但是這個國家同樣給了我們未來。」

我知道這是事實，但是我知道他能夠有這樣的釋懷，是有多麼不容易。看到他能客觀的看待歷史，並且把自己的生活過得很好，我的心裡感覺到，真的只有從神來的愛，可以化解歷史中的委屈，以及給他力量，成為一個給予者。

其實，他是在耶路撒冷舊城出生長大，但是他到目前為止還是拿約旦護照和黃色的卡片。

◇◇◇

歷史是這樣，英國託管時期結束時，聯合國在一九四七年通過兩國分治案，讓巴勒斯坦的猶太人和阿拉伯人各自建國，但是阿拉伯領袖拒絕了。為什麼要讓猶太人有自己的國家？埃及、約旦、伊拉克、敘利亞、黎巴嫩、沙烏地阿拉伯、葉門聯合攻擊剛宣佈建國的猶太人，但是這些國家非但沒幫巴勒斯坦的阿拉伯人打贏，更甚至自己瓜分了土地。埃及拿走了加薩，而約旦拿走了東耶路撒冷以及約旦河以西的土地，因此稱為「西岸地區」。

東耶路撒冷和西岸地區的居民，就被給予約旦國籍和護照，但是埃及沒有給加薩的難民國籍。據我朋友的說法，埃及只想要土地，但不想要巴勒斯坦人成為公民，干預到埃及的政治。

一九六七年六日戰爭，以色列又即將被埃及、約旦、伊拉克、敘利亞、黎巴嫩、沙烏地阿拉伯、科威特攻打，但這次以色列也打贏，並拿走了約旦的土地。

在約旦統治東耶路撒冷和西岸地區時，這塊區域是一個猶太人都沒有的，但也依然沒有一個巴勒斯坦國家。以色列打贏了戰爭，當然會想要保有土地，但有一個很棘手的問題是這塊土地上有很多居民，以色列不可能趕走這些居民，但也不可能讓他們從約旦公民直接成為以色列公民。這中間太複雜了，畢竟本來對方是敵人，且以色列需要一直是個猶太人為多數的國家。

於是以色列的解決方式就是讓這些人保有約旦護照，但是給予他們居民權，如果他們想要成為以色列公民的話，那再來申請。

◇◇◇

我的朋友從小到大都住在耶路撒冷，他的約旦護照跟約旦人的護照一樣，只差在沒有約旦的身分證字號，如果他住在約旦，才會有這個號碼。他們家的人大多是保有約旦護照，包含他，因為這可以讓他比較方便去阿拉伯國家工作，好處多過於壞處。但他現在在考慮申請以色列護照，因為如果他要保有以色列居民權的話，不能離開以色列太久，需要證明他住在以色列。可是如果成為以色列公民的話，反而想要離開以色列多久都可以。

他告訴我，其實西岸地區有很多人都擠破頭想要來以色列工作，但這也是不能公開講的事情，以色列這邊有工作機會，薪資是在西岸地區的三倍，當然要啊！

以色列不只是給西岸地區的人機會，也給加薩的人工作機會。從西岸地區和加薩來到以色列工作的人，大約有十五萬人，這遠超過哈瑪斯恐怖份子的數量。也就是要和平、要生活的普通老百姓，比這些極端份子多太多了，但這些人的聲音卻很少透過媒體被知道。

我們的朋友有認識加薩的基督徒，因為他們偶爾可以得到許可，來耶路撒冷過聖誕節或是其他原因。現在以色列的反擊，嚴重影響到他朋友的教堂，他們很擔心以色列會不小心炸錯。但是，同情巴勒斯坦人的基督徒可能會很意外，這些住在加薩的基督徒根本不喜歡哈瑪斯，他們能夠離開到海外的早就走了，至於還留在加薩的人，是因為加薩有中東最古老的教堂之一，這是他們的家，為什麼他們要離開？

這真的是哈瑪斯利用人民當飯票，向以色列發動的宗教戰爭，再清楚不過了。

我的朋友住在耶路撒冷的北邊，那一區都是猶太人為主，在我朋友房子的對面是西岸地區的A區，也就是巴勒斯坦自治政府管理的地方。名稱上是巴勒斯坦難民營，不過實際上是有水有電的房子，不是亂七八糟的帳篷和雜草那樣。難民營裡面有清真寺，有時候喇叭很大聲，我的朋友的鄰居想知道穆斯林伊瑪目到底那麼激動的用阿拉伯文在講什麼，答案是每週五都在說：「加入哈瑪斯，殺光以色列人。」

聽了真的很沮喪。

我的朋友還看到以色列軍隊在兩週前，進去對面的村莊逮捕一個年輕人，因為那個年輕人在耶路撒冷做外送，可是他卻要在每個外送的袋子畫上納粹符號。他有以色列的居民權，但是討厭猶太人。我不知道這個男生後續怎麼樣，但無奈的就是年輕人得到的教育，該要怎麼看待以色列或猶太人，真的是意識形態。

不只有在加薩、對面的難民營（正常的房子）還有我們在耶路撒冷去的購物中心，也都有支持哈瑪斯恐怖主義的阿拉伯人，這也是為什麼這場戰爭不只是實體戰，也有包含媒體戰。

我覺得媒體最可怕的，是用二分法過分簡化立場。其實政治、歷史和政策是很複雜的。

當然有好的、有正面的例子，但大家不一定有機會知道。希望一場戰爭，反而可以讓世界看到以色列真實的不容易，以及在有限選擇下的努力。

10 為什麼加薩沒有成為新加坡？

作為一個在以色列生寶寶的外國人，我必須說，醫院是在媒體上看不到且真實呈現以色列族群共存的畫面。我們家最近的醫院，是一間守安息日和吃潔食的猶太醫院，甚至連Netflix裡的《謝迪瑟之家》（Shtisel）影集裡面，主角之一也是來這家醫院看心臟病。很多人自以為了解以色列或以色列人，尤其是在以巴衝突期間，外媒記者一下子就成了以色列專家。但事實是，以色列是一個複雜的社會，你不能將一個擁有如此多「部落」的國家過於簡單化或概括化。

我每次來這間醫院產檢，都會看到很多的穆斯林。其實靠近希伯來大學那邊也有兩間阿拉伯醫院，但原來有這麼多的阿拉伯人，他們根本不介意猶太醫生，因為他們也想要最好的醫療。醫生也一樣，毫不在乎對象是猶太人、阿拉伯人還是外國人，他們存在的目的就是救人或是協助給予生命。我記得我剛生完寶寶時，醫院有個打掃的阿拉伯奶奶，還很熱心的直接把手按在我的胸上，要教我這個新手媽媽擠奶。

寶寶出生之後，是到「一滴奶中心」（Tipat Halav）打免費的疫苗和做成長評估。中心裡有醫生和護士，而且所有的文件都是希伯來文跟阿拉伯文，有時候會有英文。我們家這區並不是以阿拉伯人為主的社區，但是挺出乎意料的，打掃的人是阿拉伯人、櫃檯是阿拉伯人、護士奶奶應該是德魯茲人，而醫生也是跟我年紀差不多的阿拉伯人。猶太媽媽也照樣帶猶太孩子去這裡打針，沒有人說什麼。

有次因為寶寶過敏，我們帶他去地方診所，在那裡也是有猶太人和阿拉伯人。他們辯論的主題是，到底寶寶比較像我還是像他爸爸。

這種氣氛是多麼和諧，種族不衝突才是常態，包含我們家旁邊的藥妝店，所有店員都是阿拉伯人。他們前一秒還講阿拉伯文，當猶太顧客問問題時，又立刻轉換成流利的希伯來文。

耶路撒冷很多的公車司機都是阿拉伯人，查票的也是阿拉伯人，他們穿上了制服就有權力，就連帶著槍的以色列士兵，碰到查票的人也是乖乖地拿出證件，沒有誰會因為歧視阿拉伯人就不配合。在輕軌上，也會看到猶太婦女坐在穆斯林婦女旁邊。

但這樣的畫面太沒有話題性，不是媒體想要報導的。所以我更喜歡在 YouTube 頻道上分享這些事。

◇◇◇

然而，每一個阿拉伯人的差異也是挺大的。有些阿拉伯人覺得沒有問題，他們覺得自己從一九四八年起就留在新成立的以色列國家，那就也是公民。這些阿拉伯人對以色列的認同度很高，甚至高到參與政治。例如目前以色列國會中有四個阿拉伯政黨，代表阿拉伯以色列公民的利益。拉阿姆黨（Ra'am）黨主席曼蘇爾．阿巴斯（Mansour Abbas）是阿拉伯人，他說：「在十月七日的恐怖襲擊中，哈瑪斯殺害了二十名阿拉伯以色列人。我呼籲以色列的阿拉伯和猶太公民都應遵守法律、維護公民秩序，不要被暴力行為激怒，在社交媒體上發表的一切都要小心，尤其是那些違反法律或引起情緒的內容。」

但也同樣的，也有些阿拉伯人的「巴勒斯坦」意識形態很強，包含我們之前在購物中心碰到的一個阿拉伯經理，甚至認同哈瑪斯的所作所為。像 Youtuber Nas Daily 位是戰爭之後才改變了想法。他說他先是以色列人，才是巴勒斯坦人，因為他覺得最終以色列這個國家才代表他所相信的價值觀，他一點都不想要活在巴勒斯坦自治政府底下，只是很遺憾需要一場戰爭才可以讓他明白這件事。

◇◇◇

我們的醫生，在戰爭前做例行檢查時，就問過我們對以巴衝突的看法是什麼？因為我們是外國人，所以就有機會跟她講我們的觀點，她也比較願意聽。當戰爭開始後，其實我不意外她會再討論到戰爭。她是來自盧得的阿拉伯人，家族中沒有人在西岸地區，也沒有人在加薩，但是即便她是拿以色列護照的公民、是一個受過非常高等教育的醫生，她心裡還是比較認同巴勒斯坦人，甚至她還是稱以色列是一個侵佔者。

當然，以色列左派猶太人也是這樣批評以色列政府，在這個民主國家裡，每個人都有言論自由，不會因為她是阿拉伯人就不能有這份自由。

我們的醫生說，這場戰爭不是十月七日才開始，而是七十五年再加這一個月。言下之意，是以色列佔領巴勒斯坦土地，才有這場戰爭。

於是我的先生，跟她講有關新加坡的故事。

◇◇◇

一九六三年，英國退兵馬來西亞，有兩年的時間，新加坡其實是跟馬來西亞在一起。馬來西亞大部分的種族是馬來人，他們是穆斯林，在新加坡大部分的人口是華人。新加坡的第一個首相，叫做李光耀，他很希望新加坡跟馬來西亞在一起，因為他相信新加坡沒有一個靠山，是不可能生存的。

李光耀的家庭背景是馬來人與華人混血家庭，所以馬來語是他的母語，不是華語。他又是一個很聰明的人，在劍橋唸法律。他的國籍從英國、變成日本、又變回去英國，然後變成馬來西亞人，所以他知道政治是很重要的一件事。當新加坡跟馬來西亞還在一起的時候，他會去馬來西亞的首都吉隆坡，在國會提倡每個民族都應該平等。

可是問題是馬來西亞是大部分是馬來人，他們的信仰主要是伊斯蘭教。所以當他們擁有一個土地，他們認為這個土地是永遠是屬於伊斯蘭。作為土地的王，馬來人不想給華人平等的對待[17]，李光耀的口才又特別好，於是惹了很多馬來西亞人的討厭。兩年後，馬來西亞把新加坡切割出去。

李光耀哭着在電視上面說：「這是一個政治上的笑話。」他知道新加坡沒有什麼自然資源，這麼小的國家要怎麼活下來。

新加坡在一九六五年八月九日從馬來西亞獨立，當時面臨著一系列的問題，包括與馬來西亞的政治矛盾、種族問題、經濟不確定性等。

新加坡從馬來西亞被迫獨立的時候，就想盡各種的辦法，讓自己可以真正的獨立。當時新加坡還是依靠馬來西亞供應水，每當兩國之間有一些的衝突時，馬來西亞就會威脅把水斷掉。

在以色列，每個人都在説，加薩本來應該要成為新加坡。

新加坡人一直向前看，並沒有用受害者的心態困住自己，沒有用極端主義取代人民的未來。在面對這些挑戰時，新加坡透過制定明確的國家建設策略，注重經濟發展、國防和多種族共存。透過開放經濟政策、吸引外國投資，以及發展高效的政府體制，成功實現了經濟轉型和國家建設，今年新加坡購買力平價的人均GDP達到十五．七三萬美元，是世界第一！

新加坡政府的清廉、嚴格、高效率，是全世界有目共睹的，在十一月五日，李光耀的兒子李顯龍主動宣布要將職位交棒出去，因為他說新加坡不應該有超過七十歲的總理。每個國家政府的都可能有貪腐的官員，但是新加坡政府為了吸引優秀人才，並且讓他們不需要貪腐，都給這些「人民的公僕」非常優渥的薪水，包括總理、內閣部長和國會議員，我認為這是非常厲害的決策。

其實被穆斯林國家包圍的新加坡也有優秀的軍隊，因為是以色列訓練的，但新加坡卻能做到和平的與周遭國家相處，成為許多國家羨慕的對象。

加薩最大問題，其實是領袖的問題。

以色列希望加薩走廊可以變成新加坡，二〇〇五年以色列單方面從加薩地帶撤軍時，已經有一個區塊被規劃成為加薩的新加坡，計劃在那裡生產Levi's牛仔褲和其他產品。同樣，加薩曾經有一個重要的貨物關口，即卡爾尼口岸（Karni）。然而，哈瑪斯並不要和平，當他們有機會給予自己的人民一個更好的未來時，哈瑪斯馬上派刺客攻擊以色列，導致六名以色列工人喪生，卡爾尼口岸正式關閉，加薩走廊變成一個恐怖分子的溫床。

我曾經跟旅行團在加薩走廊的邊境，在那裡碰到從汗尤尼斯（Khan Younis）和某個加薩城市來的巴勒斯坦人。一個路人是去以色列買稻草的商人，另一個則是出口蔬菜的商人，其中一位說：「我們想要和平與和好，不要有更多戰爭。」

而透過導遊特別安排的 Skype，我們跟加薩青年委員會（Gaza Youth Committee）負責的加薩年輕人 Manar al-Sharif 和 Rami Aman 會談，他們是在巴林長大，特地回來加薩想為年輕人更好的未來努力，令人佩服。他們說：「在二〇〇五年之前，加薩人沒有邊界但有電力，現在有了邊界卻沒有電了。為了邊界，我們少了教育機會和玩耍的機會，但問題不是金費，而是哈瑪斯政權不用被問責（no accountability）。我們希望有更好的、真正為加薩人民福祉努力的領袖。」

跟新加坡的領袖不一樣，加薩的領袖哈瑪斯，從頭開始就沒有打算要治理，或是提高加薩人民的生活水準。他們唯一的目標，就是要把以色列殲滅。哈瑪斯的發言人說：「我們根本不想要去管水、管電的這種小事，我們最重要的是發動聖戰。」甚至他們認為保護加薩人民是聯合國的責任。

加薩的領袖缺乏的不是錢，而是沒有為父的心，他們沒有要照顧自己的百姓。在戰爭之前，有六百個百萬富翁住在加薩，加薩領袖都住在卡達的飯店，身價比川普還要高，哈瑪斯組織的預算每年超過好幾億美金。

◇◇◇

十月十七日，巴勒斯坦伊斯蘭聖戰組織的火箭炮發生失誤，這本來就不是很精準的武器，射向以色列平民的火箭炮，至少有百分之十五會落在加薩走廊。但儘管如此，這些所謂的反抗組織，在勞民傷財以及對自己百姓構成生命危險的情況下，還是要攻擊以色列。這次的火箭炮就不小心掉落在加薩醫院的旁邊，可能造成幾百個人傷亡。

以色列人創造了鐵穹系統來保護人民，這是對生命的看重。這也是為什麼以色列希望當他們轟炸加薩和拯救人質時，能將加薩走廊的人民死傷人數降到最低，這不只是不希望國際輿論的批評，而是對生命的尊重。以色列在回應哈瑪斯攻擊時，目標是哈瑪斯的軍事機構，還會先傳簡訊給居民說要炸哪裡，也用阿拉伯文傳紙條警告居民快點離開等等，他們用有名的「敲屋頂戰術」，讓加薩平民知道快點離開。

然而哈瑪斯是利用人民當作人肉盾牌，來保護他們的火箭炮。恐怖份子不只是將武器藏在醫院底下或民房之中，更甚至哈瑪斯自己的總部就建立在希法醫院底下，這不只是偷國際人道救援的電與資源而已，而是直接拿醫院的四千人作為人肉盾牌。

國際支援加薩的錢，去哪裡了呢？變成了武器。國際捐贈來蓋房屋的水泥，去哪裡了呢？變成了作戰、藏武器和綁架人質的地下隧道。在以色列境內發現聯合國給的緊急醫療包，被哈瑪斯恐怖份子用來處理自己的傷口。加薩的人民很可憐，他們需要清醒過來，當他們在抱怨沒水沒電時，要先看到哈瑪斯恐怖份子拿水管去做成火箭炮，並且是哈瑪斯破壞了電塔。

巴勒斯坦的苦難，成為了一種貨幣、一種生意、一種武器。

大多以色列人，包含所有我認識的以色列人，沒有哪一個人會說希望要殺死巴勒斯坦人（這並不是說以色列境內完全沒有極端思想的人，每幾年都還是會有，但他們也在國家律法之下得到審判）。以色列人希望的，只是巴勒斯坦人能夠擁有好的領袖，是真心要幫助人民，而不是利用人民來使自己得利。

我們的醫生聽了之後算是同意，她不知道原來新加坡那麼小，只比加薩大兩倍，但這樣的國家卻這麼成功。不過她還是堅持，以色列的領袖也有問題。

---

17 李光耀在馬來西亞國會提倡的法案主要涉及土地政策，旨在促進馬來人的經濟進步。具體而言，這與新經濟政策（NEP）的實施相關，NEP是一項旨在減少馬來人和其他族群之間經濟差距的政策。NEP包括土地重新分配和土地利用規劃，以確保馬來人有更多的經濟機會，特別是在農業和土地擁有方面。這些舉措可能涉及將土地分配給馬來人，以提高他們在經濟中的地位。這些土地政策是為了實現更平等的經濟機會，但有時也引起其他族群，尤其是華人，對於在土地方面可能受到不公平對待的不滿。

11 誰犯下了「戰爭罪」？

戰爭第三十六天，我看到某位來自台灣的無國界醫生從加薩逃出來的採訪，看完之後，有種很奇怪的感覺，好像是以色列在報復加薩的人民，「只是」因為哈瑪斯的關係，卻要被連帶懲罰。特別是有一句話：「他們（以色列）說醫院底下有哈瑪斯，我不知道下面有什麼，但全世界都明確知道：醫院上面有醫生、護士、病人。」

奇怪，全世界都知道，哈瑪斯在醫院下面挖地下隧道，五百公里的隧道！

以色列軍方在民宅裡，發現哈瑪斯的隧道出口藏在小孩的床下面、在醫院旁邊、在學校旁邊。恐怖份子藏在下面，半島電視台在醫院直播時，也「不小心」在醫院拍到哈瑪斯恐怖子，醫院、住宅、學校還是清真寺，都是哈瑪斯藏武器的地方。後來以色列甚至在邊境四百公尺的距離，發現哈瑪斯的隧道。

這是以色列面對的敵人。

哈瑪斯不只綁架以色列二百五十三個人質，還藏在平民之間，用兩百多萬的加薩人作為人肉盾牌。

或許是因為以色列軍隊進入到加薩，給人民敢說話的聲音，我看到好幾部影片。有在醫院的人，看到哈瑪斯不讓舉白旗想要逃到南加薩的人離開醫院，在影片中聽到了三個槍聲，然後這些平民在驚恐與倉促之中逃回醫院。也有影片是哈瑪斯開槍去搶救濟平民的食物，有平民在影片哭喊著要哈瑪斯離開加薩人民、或是責怪哈瑪斯是製造苦難的問題來源。也有醫院的護士幾乎崩潰的說哈瑪斯偷走了醫院的藥品給哈瑪斯的人，她沒有麻醉藥可以給五歲小孩用。

逃離加薩的加薩人也上了以色列的節目（即便是住在歐洲，也只能匿名上節目），分享自身的經歷。加薩人在二〇一七年和平抗議哈瑪斯，人民想要電，結果出乎大眾的意料，哈瑪斯向平民開槍。

加薩人民很可憐，真的很可憐，但今天加薩的敵人，跟以色列的敵人一樣，是哈瑪斯。哈瑪斯自己的領袖也曾經說過，他們沒有要管加薩人民有沒有水、有沒有電，最重要的是發動聖戰。

大家都在說巴勒斯坦人不全都是哈瑪斯，這點以色列很清楚，因此並不像哈瑪斯無差別的攻擊以色列平民，以色列的空襲是瞄準跟恐怖主義有關的建築。但因為哈瑪斯不在乎加薩平民，使得以色列必須慢慢的用地面部隊進入到加薩，才能殲滅哈瑪斯。

戰爭很醜陋，卻仍然會發生。大家都希望好人可以平安活下來，不要在衝突之中被犧牲。然而，國家有責任保護國民和自衛，並不是說殺平民合理，而是這是戰爭的一部分。因此，出於人道主義的考量和試圖減少戰爭的殘酷性，國際上確實存在「戰爭法」。舉例來說，最基本的就是不可以攻擊紅十字（紅新月或相關）的醫護車、不能向已經舉白旗的人員或車輛開火等，當因為投降或得到保護後，就不能夠再從事戰爭活動，諸如此類。

那哪些行為是違反戰爭法？像是故意殺害平民、故意殺害戰俘、對戰俘和平民實施酷刑或不人道對待、劫持人質、性暴力、徵募兒童入伍、種族滅絕和種族清洗、不考慮相稱性和軍事必要性等等。

在網路上，很多媒體直接貼以色列「違法戰爭法」的標籤，但如果仔細看的話，哈瑪斯恐怖份子跑到以色列人的家，去強姦少女，槍殺平民，包含老人、婦女、孩童、嬰孩，躲起來的也都槍殺，還丟手榴彈蓄意把躲在防空洞的人燒死，或是把人綁起來活活燒死，也有孩童的手和腳被截肢、婦女的胸部被割掉或私處被塞東西。哈瑪斯也訓練未成年的人當恐怖份子，甚至教導幼稚園孩童要殺光猶太人，以色列在加薩發現了孩童大小的自殺炸彈帶。哈瑪斯恐怖份子甚至也躲在醫護車裡，因為他們知道世界只會要求以色列要遵守戰爭法。而哈瑪斯有沒有違法戰爭法，幾乎每一項都可以打勾。

在戰爭之中，一個國家殺害到平民是無法避免的，但是造成戰爭罪，必須是「針對」平民攻擊。哈瑪斯除了偷襲之外，很明顯的是攻擊平民。而以色列把攻擊目標和企圖說得很清楚，就是哈瑪斯，更甚至當以色列通知和允許平民撤離，就已經代表是用行動來表示這場戰爭的目標不是平民。

以色列更不可能降低道德標準，去加薩強姦少女、槍殺老人、婦女、孩童、嬰孩，不放過逃走或躲藏的人，再丟手榴彈把躲在防空洞的人燒死，再把人截肢。因為以色列的軍隊有道德倫理，這些違反人類價值觀的事，不能因為一場戰爭就喪失。

相稱性的意思是今天要摧毀某軍事目標，但如果會造成平民的附帶損害，那就要評估這樣的行動是否合理。很遺憾，這部分並沒有一把尺，假設像以色列需要殲滅一個恐怖份子的重要長官，理由是如果不殺他的話，以色列會有更多平民被殺害，如果這位恐怖份子總是躲在難民營或醫院裡面，那以色列在不折損自己的士兵的情況下，勢必理論上只有三個選擇：不殺他、挑他在難民營時殺他（少量平民也會死亡）、或是挑他在醫院時殺他（大量平民也會死亡），我想這樣的舉例，或許大家會比較理解為什麼還是會有平民死傷。

以色列為了道德標準，派士兵冒著生命危險進去加薩作戰，在極高的壓力之下，的確也會發生軍人誤殺的事件，像是連以色列誤殺了三個人質。

我朋友的哥哥從前線回來，他說其實我們在媒體上看到的事情都很片面，關於媒體報導以色列羞辱性的讓加薩男人脫上衣的事情，其實這件事就是發生在他的單位。當時是晚上，在一個戰鬥區，突然有一群人朝著他們走來，大家都很緊張，照理是可以把敵人當威脅而直接開槍，但是長官命令打燈，於是他們看到這群來投降的人中，有男人、有婦女還有小孩，他們安排讓婦女孩童到南部避難，這些人沒有出現在照片裡，而流傳出來的照片已經是天亮的照片了。這些男人沒有穿上衣，是因為要確保他們身上沒有炸彈，這也是很正常的流程之一。最重要的是跟哈瑪斯有關的恐怖份子，不能混在平民中被釋放，而真正的平民要被釋放。

以色列封鎖加薩的事情也是大量的在媒體上被亂講。所謂封鎖的意思不是一滴水或一口食物都沒有，封鎖的意思是「限制」什麼東西可以進出加薩。事實上，不只是以色列，連埃及也封鎖加薩。戰爭之前，加薩依舊每天有五千人進出以色列工作，也同樣有貨物進出口以色列，但哈瑪斯還是用隧道走私了武器和火箭炮。

以色列平民還沒走出傷痛、家園還沒重建、人質還沒被釋放，哈瑪斯還沒停止攻擊以色列。再加上黎巴嫩和葉門都加入攻擊以色列的行列時，聯合國超過一百四十個國家卻要求以色列停火。

不希望再有戰爭發生的人會說，哈瑪斯一定要被剷除，以色列當然不能停火。

12 家人缺席的安息日晚餐

戰爭第四十二天，在以色列的週五晚上，通常是家人或朋友一起相聚吃安息日晚餐的時刻。但我們來到了耶路撒冷郊區的國家公園，參加人質和失蹤者家屬的遊行與聲援活動。這個活動叫做「呼籲釋放人質遊行」（Marching for the hostages），人質的家屬或朋友從特拉維夫，花五天的時間，要走到耶路撒冷總理的辦公室。

他們呼籲釋放這些被哈瑪斯綁架到加薩走廊的人質，他們要更多人來支持和幫助他們呼籲，但活動最主要的訴求對象，其實不是國外的媒體，而是以色列自己的內閣政府。這些家屬沒有沒辦法再繼續空等下去了。

什麼時候可以給家屬一個答案？

我們把車子停在國家公園外面，因為前來聲援的民眾非常多，連找個停車位都很難，甚至很多車子都需要停在高速公路上。我們抵達的時候，有幾個家屬代表在台上說話，而在舞台的另一側，他們擺放了我這輩子看過最長的安息日晚餐餐桌。

每週五晚上，猶太人的習慣都是全家聚在一起過安息日。為什麼安息日很重要？根據聖經：「因為六日之內，耶和華造天、地、海，和其中的萬物，第七日便安息，所以耶和華賜福與安息日，定為聖日。」（出埃及記 20:11）

桌上滿滿的擺著安息日會喝的酒和麵包，但是與一張張空椅子成了強烈的對比，也跟站著的民眾成了對比。

這些是留給人質回來的空椅。

愛他們的家人，還在等他們回來吃晚餐。

四十二天了，從十月等到十一月，已經六個安息日了。

人質還沒回家。

我好難想像那種煎熬。

即便看到這麼多民眾前來聲援，即便我們的出現也給以色列人帶來一點鼓勵，我的心裡感到一點點的溫暖，但是也不擋那份難過、無力感、沮喪，我們都好希望人質快點可以回家。

人質的家屬上台說話，阿比・摩西（Abie Moses）懷孕的妻子和兒子在一九八七年被恐怖分子燒死，但他說：「就算要釋放那卑鄙的兇手，我會說，就釋放吧！讓這些人質回家。」

奧爾．帕克恰茲（Naor Pakciarz）代表 Kibbutz Be'eri 的家人說：「我們如何迎接安息日？我們不知道我們的親人在哪裡。看著我們的眼睛，內閣政府，如果沒有與大家一起坐在一起，你就不能做出決定。」

也有家屬對內閣政府說：「你們現在正在決定國家的命運——可是你們怎麼不在這裡？我們曾經被拋棄過，失去了信心。現在你們還有機會糾正這一點，不要再拋棄我們。直到二百三十八名人質健康完整地回來，直到最後一個人質回來，不然我們沒有勝利。」

接著大家一起拿出手機，開手電筒，唱著以色列的國歌《希望》。

在那一刻，我感覺到以色列人民成為彼此的後盾。這是他們的國家，他們當然可以向自己的政府發聲，他們需要答案，任何答案，任何消息都好。

我透過以色列駐台辦事處，有了「人質與失蹤者家屬論壇總部」（Hostages and Missing Persons Families Forum headquarters）的聯繫方式，他們非常忙，因為大部分的人都是志工，很難安排人質的家屬讓我採訪，所以我才決定拿出以色列精神，直接到現場，看看工作人員能不能幫我找人做採訪，或是我自己現場找願意受訪的家屬。

作為 Youtuber 和部落客，雖然跟正式的媒體工作者設備差很多，還帶著六個月的寶寶，但我感恩的是我有個平台，可以為以色列發聲。

Matan 有個二十二歲表弟埃維亞塔（Evyatar David），他熱愛音樂，所以才會去參加十月七日的音樂節。那天早上，他還有回簡訊說派對取消了、他們準備開車回來了，之後就再無音訊。埃維亞塔的兩個朋友，羅恩・扎法蒂（Ron Zarfati）、依單・哈爾瑪蒂（Idan Harmaty）被謀殺了，有一個朋友在躲藏和逃跑了大約六到八個小時後設法活了下來。埃維亞塔的家人是透過哈瑪斯恐怖份子在當天發布的兩部影片中，才看到埃維亞塔光著上衣，和他的好朋友 Guy Dalal 一起被抓去當人質。

Matan 說，他看到影片中，埃維亞塔和其他人質坐在一輛卡車的後面，加薩的平民無緣無故地攻擊他們。他們完全無助，什麼也沒做不了，只是在躺在那裡，只要車停下來，這些「平民」就會一直揍他們。Matan 激動的說：「我不認為我可以解釋這是什麼感覺，當你愛的人被一個有能力，並願意殺死我們的組織綁架時，這是什麼感覺。」

我想，是極大的無助、恐懼、壓力、悲傷和憤怒吧。

我相信還是有很多平民也討厭哈瑪斯，但不會每個平民都是無辜的。哈瑪斯恐怖份子也有家人，除了他們之外，也有那些在十月七日跑來以色列屠殺平民、趁火打劫、協助綁架人質、傷害人質、藏匿武器或哈瑪斯恐怖活動的「平民」。

Matan 感傷的說：「從那天起，我們就沒有過正常的一天，我們沒有一個正常的夜晚，除了我們，還有兩百三十七個人（人質確切的數字改變幾次，最後公佈的數字為二百五十三人）仍在等待了解他們所愛的人的情況。孩子們、孫子們、祖父母、表親、叔叔，任何你能想到的，他們的家人現在正在被哈瑪斯綁架，沒有人幫助他們。即使是應該幫助和關心人質的紅十字會，也沒有機會去打聽人質的狀況，這讓我們抓狂。我們正在盡我們所能的努力，我們仍然樂觀，我們不會失去希望，我們不會放棄，直到埃維亞塔爾回家，直到所有的人質都回家。因為對我們來說這不僅僅是我們的家庭，我們已經變成了一個大家庭，一個我真的希望我不需要成為一員的大家庭。我們在等他回來，等每個人質回來。」

這是多麼大的悲劇，光是用聽的，我都覺得好難過。

當 Matan 給我看影片時，他善良的提醒我：「畫面很暴力，要注意。」我無奈的說：「我看過很多了。」我把寶寶的臉轉開，他也細心的用手遮著螢幕。讓我很驚訝的是，我之前就看過關於他表弟被綁架的影片，以色列就是這麼小，那就是他的表弟。

當我的先生繼續採訪 Matan 時，其中一個工作人員興奮地宣布：「班尼．甘茨來了！」從口氣中我聽到了一絲驕傲。

班尼．甘茨（Benny Gantz）是藍白黨的創辦人與主席，與總理納坦亞胡以及國防部長約阿夫．加蘭特（Yoav Gallant）一起組成戰爭時的內閣政府。他低調出現，來聆聽家屬的心情和故事。他們站在離我大概只有十公尺的距離，我可以清楚看見家屬崩潰哭泣，我也看見甘茨給予這些家屬溫暖的擁抱。

在還沒有來這個活動之前，我很難想像這是什麼樣的活動，或是會見到誰。

負責外媒的工作人員幾次邀請我們去吃晚餐，他們說食物都夠，不會因為我們吃了，就有人要餓肚子。我們在快要收攤前，去拿了一些安息日麵包、炒蔬菜和炒飯，然後站著吃。我跟Kenny說：「這是一個我們不會忘的安息日。」

有個負責餐飲的工作人員跑來跟寶寶玩。在閒聊時，我很意外發現，這間Louisa餐飲公司都是免費提供晚餐，我很驚訝的說：「那你們怎麼做生意？」她說：「就是靠贊助。」

我很想哭，沒有人想要這個活動發生，因為沒有人想要自己有家人被抓去當人質，但是在危機的時刻，我體驗到了以色列的團結與良善。

十一月的夜晚的耶路撒冷很冷，這些家屬無怨無悔的，連續四晚都在露營中度過。

我看到有一個人，拿著一個綁架人質的牌子，照片中英俊年輕的臉龐，看起來並不像是以色列人。一問之下，比平·喬西（Bipin Joshi）是被哈瑪斯綁架到加薩的尼泊爾學生，他們才來以色列二十天，就發生了這個悲劇。不只是有十個尼泊爾人被殺害，還有泰國人、菲律賓人、斯里蘭卡人跟坦尚尼亞人。

老實說，連我算是很關心人質狀況的人，我也沒有這方面的消息。若不是碰到這位愛尼泊爾的以色列瑜伽教練阿倫（Alon），若不是他參加了這場家屬為人質釋放的遊行，我也不會知道哈瑪斯除了綁架泰國人之外，還綁架了尼泊爾人。

「那你跟比平是怎麼認識的呢？」我問。

「我們其實不認識，但我很愛尼泊爾，我也會說尼泊爾文。我想要為那些沒有辦法來到以色列的人發聲，他的家人沒有辦法來到以色列，所以我在這裡代表他們。而且不只是尼泊爾人，我想要確保所有被哈瑪斯綁架的外國人都有人代替他們的家屬為他們發聲。要是我們有釋放人質的協議，我要他們也被包括在內。因為這是給全世界的一個訊息，這不是以色列或猶太人的問題，哈瑪斯傷害了每個人，哈瑪斯殺死了每個人，哈瑪斯綁架了每個人，不僅僅是以色列猶太人。

世界必須知道這是我們所有人的問題，我們應該站在一起反對哈瑪斯。」

他對尼泊爾的愛，讓他在這困難的時刻，並不是看自己的工作如何被戰爭影響，而是自發性且無償站出來，替這些弱勢的外國人發聲。他和以色列的尼泊爾大使館以及尼泊爾的以色列大使館都有聯繫，一個以色列人默默地為外國人的家屬做了這一切，是出於他對尼泊爾的愛，和人性的善良。這真的很激勵我、感動我。

人的善良，真的好像在黑暗中的一盞明燈，給了人希望和力量。

那天晚上有一對情侶很驚訝地對我說：「哇，妳不是猶太人，妳不是以色列人，謝謝妳願意說出以色列的故事。」我為我們能在戰爭期間留在以色列，為以色列發聲，並且給以色列人鼓勵感到感恩。

在回家的路上，我滑著 Instagram，上傳我今天所看到的事情，同時也看到世界各地的朋友，各種旅遊和吃精緻美食的限時動態。那種生活，感覺是好遙遠的事。

13 三萬以色列人的大遊行

星期六下午，我們繼續加入了為期五天的「呼籲釋放人質遊行」，在最後一天的終點站是耶路撒冷的總理辦公室。因為是假日，反而更多人可以參與遊行。

在來這個活動之前，我不知道要期待什麼，但沒想到現場出現了超過三萬人。包含年輕的家庭、行動不便的人、年長者、年輕女孩、上班族等，這些人代表著這些人質的朋友、親戚、鄰居。他們喊著：「全部釋放，立刻！立刻！立刻！」以及：「紅十字會，做好你的工作！」

大家拿著黃色的氣球，繫著黃色的緞帶，這是代表對戰爭中失蹤或被綁架人質的紀念，他們與這些家屬一同站立。也有人戴著類似軍隊名牌的項鍊，但上面寫著：「我們的心被囚禁在加薩，帶他們回家。」

人們會在這些人質生日時，特別辦紀念會，向天空放黃色氣球，甚至還有生日蛋糕和各種生日祝福，希望這些人質回來時能看到這一切，看看家人為了他們的釋放所做的努力，讓他們知道，他們沒有被忘記，他們的家人和所有以色列人民都非常擔心他們，也正在盡一切努力讓他們可以被釋放。

我們碰到一個拿版子的路人 Nir，板子上是他朋友的侄女 Gali Tarshansky[18] 的照片，在十月七日那天從貝里（Be'eri）奇布茲的家中被綁架。她只有十三歲，而大他幾歲的哥哥就是被哈瑪斯謀殺的人數之一。他們一家人本來躲在防空洞裡，但哈瑪斯放火，要把他們連著房子活活燒死，他們從窗戶逃出來，只有父親設法逃脫。

他告訴我們：「這次遊行是對被綁架者家屬的認同，要求政府、全世界和人道主義組織應該做事，讓他們安全地活著回家，並向紅十字會提出要求。紅十字會本來就是專門為這些需求設立的組織，他們還沒有去探望被綁架的人，所以我們不知道誰還活著、誰病了、誰死了，我們一無所知。每隔一段時間，哈瑪斯就會使用心理恐怖戰發佈影片，來對以色列人心加添恐懼。然而紅十字會對此無動於衷，當全世界都要求以色列照顧巴勒斯坦的無辜平民，但沒有人照顧我們在那裡被綁架的二百四十人。因此這次遊行，是為了支持這些受害者的家庭提高人們的意識，並要求我們的政府和世界各國政府採取行動，讓他們回家。」

即便這次遊行能不能改變什麼，Nir 說：「認同家屬是我們必須做的事，並且說：『同樣的事也可能發生在我們身上。』以色列政府的責任是對其所有公民負責，我們對政府說：『不要再拋棄我們。』因為軍隊沒有做好保護平民的工作。他們被關在防空洞裡好幾個小時，沒有人來救他們，所以我們說不要再拋棄他們了，政府創造了這種局面害他們被綁架，現在政府有責任、有義務去救他們。」

以色列家庭把孩子送去當兵，就是為了能換到一個安全的家園。然而，這代表這些士兵都是誰家的孩子，或是感覺上就是「我們」的孩子，所以以色列政府絕對會盡一切努力去救回士兵，把孩子還給他的父母。

在以色列歷史上，有個飛行員羅恩．阿拉德（Ron Arad），他到現在再也沒有回來。以色列人每個人都記得這些士兵，Nir 說：「在我們的記憶中，在每一個以色列人的心中，都有這些創傷，這些家庭非常擔心他們的家人會被遺忘。所以我們在這裡說，我們不會讓它發生。我們不會允許政府忘記他們、再次拋棄他們。」

在遊行結束後，有路人熱心的告訴我們，有免費的食物和飲料。

這讓我見識到以色列的團結，因為這個遊行就是由普通人組成的「草根運動」（grassroot movement），從基層來影響政府的決策。國家的事，就好像是每個人家裡的事，發生在某個人身上的事，也可能是發生在任何人身上的事。

◇◇◇

以色列是很小的國家，這個社會很「熟」（familiar），人與人之間沒有距離。例如，只要某人曾經聽到你的媽媽用小名稱呼你，整個社會都會一起用你的小名來稱呼你。舉例來說，可能只有在以色列，會用很不正式的小名來稱呼政治人物。像是以色列總理納坦雅胡叫做「比比」（Bibi），或是總統先生叫「布基」（Bougie）。

以色列總統有說過，他每次都跟別人說他叫做以撒・赫爾佐格（Isaac Herzog），但大家在街上還是用他的外婆給他取的小名來稱呼他。他說：「你不能抗拒這點，這是非常以色列的特質，以色列是一個彼此非常『熟』的社會。」

我的以色列教授說過，以色列人是「國家人民」（State people），我不知道該如何翻譯會比較好，但應該是指他們以以色列為榮，積極支持並忠於國家，對國家的文化、歷史和價值觀有很高的認同感，而且非常積極參與社會和政治事務。就是因為整個國家都是熟人，當一個以色列人受傷時，就是自己的孩子受傷，這點讓我非常佩服。

◇◇◇

週六的遊行過後，在隔週週二（十一月二十一日）正式傳出以色列談判釋放人質的消息。這應該算是好消息，有五十個活的以色列人質會被釋放！算是對這些家屬，終於有一個交代。況且要以色列去找這二百四十個人質，根本是海底撈針，而且可能會犧牲到以色列的士兵。

「老實說，我本來很悲觀的，看到這些家屬這麼相信他們家人還活著時，我真希望有人可以告訴他們真相。但我很高興是我錯了，我以為這些人質全部都死了。」一個希望以色列第一天就先做人質釋放談判的以色列朋友坦白的說。

但是，為了這些人質，以色列要付上的代價是四天的停火，哈瑪斯可能會利用這段時間增加自己的實力。而且，除了每天有兩百輛卡車的物資以及四輛卡車的燃料進入加薩之外，以色列還要用一百五十個巴勒斯坦的恐怖份子去換這五十個無辜的人質，這個數字當然不合理。理論上平民根本不該被抓去當人質，這完全違反戰爭法。但更可笑的是，有人問以色列，是不是以色列自認以色列人的命比巴勒斯坦人更寶貴，所以才有三比一的數字，以色列發言人 Elon Levy 的回覆是：「這是個噁心的控告，價格不是以色列定的。」

這是個不公平的停火談判，卻因為以色列看重生命，外加被逼到願意付上任何代價的地步，只要能換回人質，只能冒著風險。以色列在二〇一一年時，用一千個巴勒斯坦囚犯，來換一個以色列士兵吉拉德．沙利特（Gilad Shalit），這已經有先例了。這些巴勒斯坦囚犯之中，包含 Yahya Sinwar，他因為殺了自己巴勒斯坦人和兩名以色列士兵，本來被判了四輩子的無期徒期，而他就是規劃十月七日大屠殺的首腦，他當然知道以色列會為以色列人質付出一切代價。

「但我們需要交換囚犯，這個協議不好。」很快的一個以色列朋友說。

「不理想，但是我很同情這些人質的家屬。我想，這真的是很難的決定。」我說。

「是啊，但是未來會因為這件事又有屠殺。」

這次會放回去的囚犯，不會是跟十月七日有關的恐怖份子，而是之前曾經拿刀刺殺或攻擊以色列的婦女少年囚犯。透過這個交換的協議，他們將被釋放且回到自己原本住的地方，包含西岸地區和耶路撒冷，這真的很恐怖。

為了要救回人質，卻要讓整個社會冒著生命危險，讓恐怖份子能回到社會之中。

這個協議真的不公平，那麼多人都在講「比例」，為什麼現在是用一百五十個囚犯換五十個人質的時候，卻又不說話了？

但是以色列沒有選擇。我只能說：「願神審判哈瑪斯。」我真的感覺到無法靠任何世界組織來帶給以色列該得的正義。

這二百四十個人不是個數字，他們都是故事，都有愛他們的家人在等他們回家。

這個數字裡，可能包含我們鄰居失蹤的舅媽。

這個數字裡，包含 Udi 的親戚的兩個孩子，Dafna 和 Ella。

這個數字裡，包含熱愛吉他的 Evyatar。

這個數字裡，包含來唸書的尼泊爾學生 Bipin。

這個數字裡，包含才十三歲愛跳舞的 Gali。

在這五十個先被釋放的人質中，會有達芙娜、艾拉以及Gali，我為他們的家人、朋友感到有些釋懷，願他們平安回來。然而這個談判不包含已經成年的埃維亞塔，或是尼泊爾學生比平，以及剩下的一百九十個人，所以還要繼續為以色列站立。

18 在十一月二十九日，她在以色列與哈瑪斯的停火協議中被釋放。

14 一百三十六卷妥拉卷，一百三十六個還沒回來的人質

昨天早上，耶路撒冷發生恐怖攻擊。有兩個曾經坐過牢，如今稱自己是哈瑪斯恐怖份子的阿拉伯人，在琴橋隨機向路邊站的猶太人開槍，有四個人喪命，好幾個人受傷。更悲劇的事情是其中一個喪命的猶太人，其實是最早去追恐怖份子的英雄，但卻被後來的士兵當作恐怖份子誤殺了。

雖然有恐攻，我們今天還是按照計劃，特別跑了一趟特拉維夫。耶路撒冷的火車站，其實離琴橋不是很遠，耶路撒冷並不是很大的城市。在路上，我們碰到了一個菲律賓人，她看到我們要去特拉維夫，問說：「你們帶寶寶不危險嗎？」

「但是我們要去聲援人質釋放的活動，這很重要。」我回答。

哈瑪斯用幾個火箭炮和攻擊軍隊的行動，自行結束了一週的停火，但是還有一百三十六個

人質還沒被釋放，包含一百一十四個男人、二十個女人、二個孩子。這些人當中，一百二十五個人是以色列人，其他十一個是外國人，包含八個泰國人。

哈瑪斯在十月七日殺害一千兩百多個平民時，不管對方是什麼國籍、種族、信仰，照殺不誤。被綁架的人質中，包含猶太人、阿拉伯人、外國人，也包含年長者、婦女、孩童。很難想像如果是我自己的外公、外婆，或是寶寶被抓走快要兩個月，卻無聲無息，那種心情有多難受。

我們的目的地是特拉維夫的人質廣場。在路上，我們先是經過了一個帳篷，裡面貼著中以混血女孩 Noa Argamani 的綁架海報，她在十月七日早上，參加 Nova 音樂季時被哈瑪斯綁架到加薩。看守帳篷的是一個中年大叔，他是 Argamani 家庭的朋友，他每天就守在這裡，要經過的路人記得，這個家庭還在等他們的女兒回來。尤其是她的母親得了腦癌，最希望的就是能再見到女兒一面。

人質廣場上，有藝術展示，包含空著的安息日晚餐桌，黃色的衣服、小孩的衣服、還有一些攤位。這裡也是主要聲援活動的場地，人質的家屬，包含那些家人已經被釋放回來的家屬，也繼續聲援要政府和國際去釋放所有的人質，直到最後一個人回來！這裡貼了所有被綁架人質的海報，有些海報放了鏡子，意思就是在提醒民眾，發生在這些人身上的事情，也可能會發生在我們自己的身上。

「失蹤與人質家庭論壇」是民間的草根活動，靠人民自己組織起來的活動，目的就是幫助以色列國內以及外國媒體知道，人質還沒有回來。這一切的經費都是靠人民的捐贈，或是靠販售黃色的花或衣服、吊牌等產品，而人力都是志工。Kadar 基金會捐贈了美麗的黃花，所有的收入都捐給「失蹤人質家庭論壇」，讓他們能繼續這些活動。

我發現，這似乎跟以色列在建國之前，在不存在實體政府的情況之下，猶太社群就非常會組織自己。為了呼應錫安主義的號召，有錢的就捐錢到猶太國家基金會（JNF）的小藍盒，讓他們可以去買地、建立奇布茲。有力就移民當時的巴勒斯坦，去耕耘猶太國家基金會買下的地。這真的是一個社會資本非常高的國家，這個國家，仍然是一個大家庭。

在舞台旁邊，放了一共一百三十六卷妥拉卷，也就是神的話語，充滿神的應許與保護，這些都是由以色列各地的猶太會堂捐出來的。民眾就挨著這些平常只會在會堂出現的珍貴捲軸為人質的釋放來禱告。

這真的是禱告的時候。我在火車上、在路上，即便是在印象中很世俗的特拉維夫，在戰爭期間也是看到宗教猶太人很積極的提供禱告護經匣、禱告詞和蠟燭要民眾禱告（宗教猶太人不用服兵役，但這場戰爭後，有更多宗教猶太人自願去當兵）。

在台上，有人吹號角、有人分享自己心愛的家人的故事、也有以色列的藝人來表演。今天是 Ishay Ribo 來表演，他是我很喜歡的歌手，他的歌詞中〈回家〉（lashuv habaita）唱著：「一切都有可能，但要願意，尋找者都會尋見，即使在遙遠的盡頭。天堂的門永不上鎖，當兒子呼喚，就會得救，天父會出現。」

我之前在火車上有碰到兩個要去聽他演唱會的猶太人，但最遠的票也要至少台幣兩千元，而在戰爭期間，我想他和很多藝人或音樂團體一樣，都是免費的當義工，在以色列百分之四十八．六的人口都在戰爭期間做過義工。

以色列人為了國家，為了人質，為了和平，他們選擇放下自己原來正常的生活，來當志工，或是在能力範圍內盡一份心力和支持。在路上很多戴著「帶他們回家」項鍊，拿著黃色的花，綁著黃緞帶的人，黃色象徵等著士兵和人質平安的回來。

我們買了黃色的鬱金香，一份 50NIS，很合理的價格。幫忙賣花的志工女孩 Noa。戰爭一爆發，她就從美國趕回來當兵，以色列平常號召預備兵的出現率是百分之八十，這次以色列做了史上最大規模的號召，國家號召了三十萬的預備兵，但竟然出現了三十六萬人，出現率是百分之一百二十！以色列人的團結心，真的很感人。

Noa 來自加薩邊緣帶（Kfar Aza），也是被哈瑪斯襲擊的定居點之一，我沒有意料到她會是受害者之一，更沒想到的是她最好的朋友，齊夫．伯曼（Ziv Berman）現在都還在加薩當人質，同時被綁架的還有他的雙胞胎兄弟（以色列太小了，後來才知道我們朋友的弟弟，因為工作的關係，竟然也認識這對兄弟）。

十月七日的早上，齊夫躲在防空洞的房間裡，他說他聽到外面有人在講阿拉伯語，他非常害怕，然後在早上十點半左右，就再也沒有他的消息了。

他的父母住在奇布茲的另一棟房子，奇蹟似的獲救，但是這對兄弟還繼續被哈瑪斯綁架在加薩，他們在家，在應該是最安全的地方被綁架。

這場戰爭，使得以色列人的生活都陷入了停滯，但沒有以色列人抱怨，他們同面對生活中的現實和威脅。

以色列大學延期到十二月三十一日開學。她是一名大學生，但即便她知道她朋友會希望她可以繼續生活、繼續開心，但她感情上做不到。她寧願停下自己所有的生活，直到好朋友回來。而且在這極端的情況下，她也沒有心思或能力坐在教室裡學習這些跟她現實生活差這麼多的事。

「妳做的事情很重要，這是對的決定。」

「你們做的也是。」這是她的回覆和肯定。我告訴她，國家基金會（keren hayesod）的台灣分會選了 Kfar Aza，台灣民眾所有投入國家基金會的捐款，每一美元都會拿去重建她的村鎮。她很驚訝、很感動，但也感嘆的說：「但那也會是之後的事。」

我們都好希望戰爭趕快結束，願以色列平安。

15 Sarah 奶奶傳來的壞消息

今天的清晨，我收到 Sarah 奶奶傳來的消息。

她正在當兵的孫子，昨晚在加薩被殺了。她說：「那真理的審判者是應當稱頌的！我的孫子 Yakir Schenkolevski，二十一歲，今晚在加薩被殺了。我女兒有四個兒子，這是她最小的兒子。」

我認識 Sarah 奶奶快兩年了，她是大屠殺倖存者，今年八十六歲了，在一九七三年贖罪日戰爭爆發後，在光明節時全家從美國移民到以色列，再過兩天就是光明節了。

上個月，當我去拜訪 Sarah 奶奶時，她正在織冬天的毛帽給士兵。她說：「這是給我孫子的，他們在當兵，冬天要到了，會非常冷。妳知道有人跟我要這個毛帽嗎？我說不不不，這是給我孫子的，除非他們不要，那我再給別人。妳知道士兵只能用綠色或黑色的東西嗎？這個毛線是我特別去買的，很多我們這種年紀的奶奶，雖然我們不能上戰場打仗，但我們都用這種方式來支持我們的士兵。」

我當時期盼的是，冬天還沒到，戰爭就結束了。

我也毫無疑問地相信，她所有的孫子都會平安的回來。

Sarah 奶奶很可愛，我剛結婚時，她送給我的新婚禮物，是她親手鉤織的廚房毛巾，還特別解釋她通常都是一次送兩條，因為通常在猶太人的家，廚房奶製品跟肉製品的洗手台是分開的，所以會有各自專用的擦手巾，不過她說我就當有多一條替換的毛巾也沒關係。在我的寶寶還沒滿月時，六月正是夏天，但她趕在她眼睛開刀前，堅持把她剛鉤織好的寶寶裝送給我。她說：「因為我每個孫子或曾孫都有，男生是藍色的，女生是粉紅色的。現在 Joshua 還太小，但他之後可以穿。」

每次我見到 Sarah 奶奶，她都會告訴我她孩子、孫子、曾孫的事情，他們全部都是愛以色列的宗教猶太人，全部都住在以色列。她有一個檔案，紀錄每一個人的生日，最新的一個曾孫在戰爭的第一個禮拜出生，所以每一次我們見面都要重新算到底有幾個孫子和曾孫。

我在新聞網站上看著她孫子的照片，我難過得不知道該說什麼。

我好難過，以後這個數字被提及時，就要減去一個了。可不可以有一個倒帶鍵，讓這一切不要發生？

◇◇◇

我們上次見面時，討論到關於被哈瑪斯綁架到加薩做人質的人當中，也有大屠殺倖存者，而十月七日的攻擊，就好像帶回了大屠殺的創傷。Sarah 奶奶說她沒有經歷過集中營，但是在猶太人的歷史充滿了虐待、大屠殺和襲擊，更可怕的是人們對猶太人的仇恨，並沒有在大屠殺之後就洗心革面。她說，戰後有猶太倖存者回到法國，霸佔房屋的鄰居看到猶太屋主回來，說：「蛤？希特勒沒有殺死你們嗎？」然後一個普通人，竟然開槍殺死猶太人。

這種反猶主義沒有任何解釋，猶太人因為是「猶太人」而被殺害。

Sarah 奶奶繼續解釋，以色列並沒有佔領「巴勒斯坦」，因此當人們說「解放巴勒斯坦」時，根本是胡說八道，她說：「我的祖父母出生在波蘭，但住在德國，一九三三年時，因為希特勒上任政府，他們讀了他寫的東西，他們聽到了他說的話，沒有人預測到大屠殺，但他們和其他許多人一樣，有足夠的動機來到巴勒斯坦，我們收到了他們的信，他們住在海法，信封上的地址是巴勒斯坦的海法，它叫這個名字，但它不是一個巴勒斯坦人的國家。

巴勒斯坦，這個名字被使用的時候，應該是英國人或在英國人之前給的。這是對聖經中『非利士人』一詞的曲解，當以色列成為一個國家時，本．古裏安給了我們一個新的名字，這就是我們的名字──以色列，它來自我們的聖經。

當人們說巴勒斯坦人時，這是一個虛構的名字，從來沒有一個叫巴勒斯坦的國家。

我想問這些巴勒斯坦人，誰是巴勒斯坦的國王？有巴勒斯坦的錢幣嗎？他們寫了什麼書？

阿拉伯人以遊牧民族的身份生活在這裡，那時這裡還不是一個國家，聯合國決定讓猶太人擁有一個國家，而阿拉伯人不同意，所以他們製造了一場戰爭。

五個阿拉伯國家攻擊我們，他們認為自己肯定會贏，他們告訴住在這裡的阿拉伯人：『離開，你們會回來的。』阿拉伯人離開了，但他們不能回來，因為獲勝的國家是以色列。他們不想接受，現在他們想要回一切。如果你知道歷史的話，就會知道有多荒謬。

以色列周圍有二十二個或更多的阿拉伯穆斯林國家，當這些人離開家園時，任何一國家都可以收留他們，這就是猶太人對成上萬個被阿拉伯國家的趕出的猶太人所做的，我們為這些猶太難民找到了工作和家園，他們成為以色列公民，就是建設以色列這個國家的世代。

但阿拉伯人卻選擇不這樣做，現在那些難民營裡的人有孩子、孫子，他們的領導者把他們留在難民營，這是荒謬的，他們應該有機會搬到某個地方去謀生、過自己的生活。我還看到一張阿巴斯（巴勒斯坦權力機構領導人）的照片，他有一個豪宅！根本是住在宮殿！

我們對另一個國或地方沒有責任，人們幫助的錢，並沒有流向他們認為會去的地方，他們本來有燃料，當冬天來臨時，人們需要燃料來取暖，但他們正在使用它作為武器和發送更多的火箭炮。

誰能忍受呢？每隔一年或兩年，一次又一次，在你的邊境上偷偷摸摸的殺人，到處亂開槍。他們不是為解放巴勒斯坦而戰，他們在為殺害猶太人而戰，這就是目的。我們必須明白，在哈瑪斯憲章，它白紙黑字地說，要殺猶太人。

◇◇◇

我看過一個影片，阿拉伯恐怖分子說，他們被承諾一套房子和一萬美元。每殺一個猶太人就有一棟房子，如果你殺了兩個，你會得到兩套房子。那我們呢？我們以色列的士兵，被承諾的就是士兵的薪水，如果他們有工作，公司會支付他們的工資[19]。沒有人承諾去殺人會得到一萬美元和一棟房子。」

簡單來說，所有的根源都是反猶主義。哈瑪斯想要的是殲滅猶太人，而支持哈瑪斯的人，同樣有反猶主義，就用「解放巴勒斯坦」的訴求來合理化哈瑪斯殺害、虐待平民還有孩童、強姦婦女等等的巨大罪行，甚至也漠視哈瑪斯對外國人、對阿拉伯人也一樣殘忍。

為什麼猶太人經歷了大屠殺，好不容易有了自己的國家，卻在應該是最安全的家裡被恐怖份子殺害？為什麼聯合國要過了兩個月，才開始譴責哈瑪斯恐怖份子強姦以色列婦女的罪行？而譴責以色列殺害婦女孩童的人，是否也同樣的去譴責敘利亞政府殺害超過五十萬人？

◇◇◇

在奶奶的年代，她祖父母來到英國託管時期的巴勒斯坦，當時並沒有所謂的巴勒斯坦人，其實都是本來的阿拉伯人，只是現在才用新的名稱。發生的事情不是以色列偷竊巴勒斯坦人的地，而是阿拉伯人不要猶太人建國，發動了戰爭，卻輸掉了戰爭，也喪失了土地。只是不懂歷史的人，加上對猶太人的憎恨，來合理化「解放巴勒斯坦」的恐怖手段，而且以色列明明早就在二〇〇五年就退出加薩，根本沒有藉口，而加薩的網紅影片拍攝的生活，有海灘、有購物、有美食，也不符合露天「監獄」的強烈控訴。更何況，加薩跟埃及的土地連在一起，埃及也可以幫助加薩，怎麼會是所有的責任都歸給以色列。

◇◇◇

大屠殺的歷史，透過 Sarah 奶奶，不再是一個遙遠的歷史或是一個冷冰冰的數字，而是 Sarah 奶奶的父親、她親戚、她自己童年的故事。大屠殺是這個猶太民族的共同回憶。

這場戰爭也一樣，真實又殘酷得讓人不想接受。以色列是一個很小的國家，我在網路上也不斷強調這一點，但可能連我也只是理智上知道，在感情上我沒有預備好吧。我好難想像，之後每當我們提到十月七日戰爭時，都會想起 Sarah 奶奶有個孫子，死在這場戰爭之中。

又過了幾天，我們去看 Sarah 奶奶了，她真的是好棒、好堅強、好愛國的一個奶奶。

她說她兒子晚上十一點半來看她，還讓護士給她一個穩定情緒的藥丸，畢竟，她是大屠殺倖存者，他們好不容易有了自己的國家，七十五年了，卻還是為了以色列國家的「存在」而奮鬥。

他兒子口才很好，卻說不出話來，只吐出一個單字：「Yakir」（孫子的名字）。

那個瞬間，奶奶就知道，出事了，因為這個國家正在打仗。

奶奶說，她沒有崩潰，她知道戰爭的意思，她知道送兒女上戰場的意思，就是會面臨生命危險。更何況，是 Yakir 自己想要這個上戰場的位置。在他要做軍事考試時準備入伍時，因為腳扭到，他為了有好的成績，才能有上戰場的位置，還延後了六個月的考試，在以色列是按照你的能力和意願去分配單位的，而他如願以償當上了坦克手。贖罪日戰爭死最多的士兵就是坦克手，他當然知道這個代價。Yakir 相信：「我們有幸身處於這個國家，即使我們必須為此而奮鬥」。

Sarah 奶奶一家都很愛以色列，Yakir 的妹妹十九歲，準備去當兵。她還擔心，會因為哥哥戰死，使軍隊不要她加入。她的媽媽說：「別擔心，我會確保妳能去當兵的。」

我真的沒有話可以說。

我想到明年，在陣亡將士日時，紀念這些為國捐軀的士兵數量中，有多一個 Sarah 奶奶的孫子。

她說話的語氣好堅強。

我們要離開時，我說：「我看得出來，妳好堅強。」

她說她只有哭一點點。

我也只有哭一點點。

19 如果沒有工作，當兵也會有最低薪資，不會被虧待。如果本來工作的薪資高於士兵的最低薪資，政府會付一樣的薪水，另外戰鬥單位會多給百分之二十的薪資，以及每三十天會有額外的酬勞。

16 每個人都是一盞燈——以色列式的團結

「當我們遇到問題時，我們反而更團結。」一個以色列朋友這樣告訴我。

戰爭期間，許多國際航班都取消。以色列境內沒有遊客，各國大使館也在協助撤僑，許多以色列家庭仍在消化十月七日的悲劇、血腥的消息、戰爭的恐懼和壓力，以及面臨丈夫被徵召去當預備兵的挑戰，時不時閃避火箭炮攻擊的同時，就已經有以色列人站出來組織活動，表現出團結和力量。

因為等政府行動太慢了，至少有一千個不同的以色列民間自發性行動。例如去組織物資或食物的捐贈，給在前線的士兵或撤離的家庭。有人號召去靠近加薩的農場幫忙採收農作物，有人協助募資給被毀家園的重建，有人去表演音樂或雜耍給心靈受創傷的孩子或家庭。

以色列人，有錢出錢、有力出力，沒有人閒著。

以色列街道上出現比平常更多的國旗，以及「我們會一起得勝」的口號。

我去到了特拉維夫的亞伯拉罕青年旅館，這是一個很多背包客來以色列時都住過的青年旅館。在戰爭開始時，亞伯拉罕青年旅館就將空房用來接待難民，這也是在政府開始提供補助方案之前，民間自發性的接待從北方或靠近加薩地區來的難民。其他旅館是給這些難民家庭優惠價，但那時亞伯拉罕青年旅館（Abraham Hostel）不只是提供優惠價，而是不分房型，提供免費的兩晚住宿！

亞伯拉罕青年旅館敞開了大門，給難民一個家。原本是集結背包客的大廳，如今變成了孩童的遊樂場。政府推出補助方案後，讓撤離的難民可以在戰爭期間住在旅館，但以色列境內二十五萬難民，亞伯拉罕青年旅館繼續幫助補政府與民間實際需要的間隙。

「不是每個人都符合拿補助的資格。例如有些人住在離邊境超過十公里以外的地方，但是他們的孩子上的學校是在十公里之內，那些家庭仍然選擇自願撤離，那我們依舊是免費接待他們。」特拉維夫的亞伯拉罕青年旅館的工作人員告訴我。

在亞伯拉罕青年旅館，他們免費提供早餐，而午餐和晚餐則是由ＯＰＣ能源公司的員工廚房免費提供這些難民。大約有一百二十人，孩子大概有三十人，再加上一些寵物。

「呃，然後當這些孩子開始破壞傢俱時，我們發現應該讓他們上學。」從戰爭的第四週開始，亞伯拉罕青年旅館和教育部合作，剛好有個在過安息年的老師，自願來當校長。她找到其他老師來授課，在三天之內，他們整合了資源，成立了臨時的學校。現在每天早上，孩子們會上四個小時的希伯來文、英文、數學等，其他旅館的難民也會送孩子來。他們在這麼短時間，形成了一個小社會，有自己的系統。

我剛好是在光明節期間拜訪，光明節是一個奇蹟的節日[20]，象徵著光明戰勝黑暗。在西元前二世紀，猶太人受到希臘統治者的壓迫，馬加比家族領導一場反抗戰爭，以寡擊眾，成功地奪回了耶路撒冷的聖殿，猶太人有短暫將近一百年的獨立，開始了哈斯摩尼王朝。傳說是說，當他們想要重新點燃聖殿裡的燈台時，卻只找到足夠維持一天的油，但這小量的油竟然奇蹟似地燃燒了八天。

在光明節時，猶太人會點八天的燈，並把燭台放在靠近窗戶的地方，讓路人在寒冷的黑夜裡，能夠看到亮光，分享奇蹟的喜悅。

我看著難民孩子玩耍、看雜耍、吃光明節甜甜圈等，百感交集。這裡是我以前當背包客時坐過的椅子，那時的氣氛跟現在差很多，可是，這些孩子的童年被戰爭和火箭炮偷走了。

這些孩子都知道有戰爭，這已經是生活的一部分。有個以色列母親告訴過我，學校外面就貼著大大的人質海報，十月七日開始，孩子們也是一起聽到警鈴聲然後跑防空洞，孩子的爸去當預備兵，久久才會回家一次。她有四歲和九歲的孩子，她都已經跟他們解釋過，這世界上有壞人，所以爸爸要去當兵。不只是那些來自加薩邊緣帶的大人孩子有戰爭的創傷，需要機構的心理治療，以色列境內有許多小孩也受到戰爭的影響，有些小孩一聽到警鈴聲時就會很害怕，他們也需要心理輔導，真的很不容易。

「住在這裡的期間，這些小孩有躲過防空洞嗎？他們知道聽到警鈴聲時該怎麼做嗎？」我問。

「當然啊，學校都彩排過了。但很好笑，他們說：『我們在這裡有九十秒欸！在北方我們只有十五秒，九十秒太多了，我們可以慢慢走。』」

我笑了，這是以色列式的幽默，因為不自嘲的話，日子可能會很難過。

誰知道戰爭會持續多久？亞伯拉罕青年旅館明明是企業，不是慈善機構，卻願意持續的接待以色列難民。工作人員告訴我，這就是以色列的樣子，以色列是很小的國家，發生這種悲劇，人民第一個反應就是：「我們能怎麼樣幫忙？」

她說：「我不知道妳知不知道，亞伯拉罕青年旅館有五個創辦人，其中一個人叫做 Maoz Inon，他的父母來自內蒂夫哈阿薩拉，十月七日那天，他的父母都被謀殺了，哈瑪斯的火箭炮燒毀他們的房屋，而他們在房屋內。」

我不知道說什麼。

你以為你已經知道以色列不是一個很大的國家，但你還是會訝異她是如此的小。

就連工作人員也是，她謝謝我的來訪，但她今天不能久留，因為她要去人質廣場參加在卡法阿扎的奇布茲點燈活動。她激動的說：「十月七日那天，恐怖份子來到我的奇布茲，我的阿姨和姨丈被哈瑪斯殺害，我的外公和最小的弟弟了活下來。」

跟賣花的女孩、藝廊老闆 Udi 或我們鄰居一樣，從外表來看，這些受害者的家人，他們已經好好的在工作或當義工，但是在背後卻有這麼悲傷的故事。為了身邊的人，在這黑暗的時刻，他們都不斷的成為給予者，讓自己成為照亮別人的光。

---

20 光明節，希伯來文稱為哈努卡，意思是「獻上」。這就是在新約聖經裡，耶穌所過的修殿節。

17 奇布茲爺爺的心靈之旅：戰爭、藝術與人性

「妳不會相信，我們奇布茲有接受的難民，他們是從被哈瑪斯攻擊的奇布茲下來的。妳問我這場戰爭有影響他們對以巴衝突的看法嗎？有人過去是提倡和平，現在她只希望完全殲滅哈瑪斯，而我可以理解她的心情。」一個住在以色列南部、靠近紅海的爺爺告訴我。

我們從耶路撒冷經過死海，在公共海灘上放了許多椅子、一張張人質的海報，以及綁著黃氣球。有個氣球飛走了，不知道上帝最近是不是收到很多的氣球，而人質到底什麼時候才能回家。

我們到了奇布茲，用曠野中的綠洲來形容那個地方，再貼切不過了。有美麗的樹、有整齊的街道，除了天空會有運輸機的聲音，真的很難讓人想到以色列還在戰爭中。

在這個不同工但同酬的社會，藝術家也是一個重要的工作。這次我在爺爺家外面看到了一個新的藝術作品，一個樹根和用希伯來文寫的：「不要連根拔起已經種下的東西」。因為十月七日的戰爭，許多住在靠近加薩地帶的以色列居民，以及靠近黎巴嫩的居民，被迫連根拔起，

回不了他們的家園。

這句話，出自一首以色列家喻戶曉的〈刺與蜜〉（Al Kol Eleh）。一九七九年，拿俄米・謝默[21]（Naomi Shemer）寫這首歌，因為在這片流奶和蜜的土地上，代表生活中被蜜蜂蜇過，但這沒關係。歌詞中「帶我回家，我會回來」代表了對神的順服和信任，以及「不要連根拔起已經種下的東西，不要失去希望」，讓當年反對從西奈半島撤離的猶太人，有一首歌表達心聲，這就是這個民族與上帝之間的獨特關係。

第一晚是光明節最後一晚，有點燈活動以及好吃的光明節甜甜圈，公共食堂一位難求，跟之前差好多，據說一半的人都是從靠近加薩的奇布茲撤下的難民。第二晚是奇布茲的六十六歲生日慶祝活動，當兵的孩子們也穿著軍服、拿著槍拍影片，祝奇布茲生日快樂。難民們也組成了樂團，唱著自己改編的歌，謝謝奇布茲這兩個多月的接待，還送了一顆檸檬樹。

全部人氣氛融洽，我覺得我好像看見六十六年前，以色列人團結、奮鬥、彼此為自己撐腰的年代，因為過去就是現在。

爺爺也上台團體大合唱一首「在我裡面有愛」（Yesh bi ahava），這首歌是最代表以色列的歌手阿里克・愛因斯坦（Arik Einstein）的創作：

「在黑暗與隱密之間

在我們這個苦澀的世界裡
他們說還有希望
這叫做愛
我們等待它的到來
過去與未來之間
在寶藏和岩底之間
他們說還有希望
這叫做愛
我們等待它的到來
在混亂與災難之間
知道有解決辦法，就是愛
在假與真之間
在一切生與死之間
還有愛
我心裡充滿了愛

它會醒來並知道
我心裡充滿了愛
它將會取得勝利

在清醒與睡眠之間
從童年到老年
他們說還有希望
這叫做愛
我們等待它的到來」

我很慶幸我們在這幾天來到了奇布茲，本來我們是有考慮葉門反叛軍的威脅會不會增加這趟旅程的風險，結果，在那一晚，耶路撒冷有空襲警報，我們躲過了一劫。

但新聞也傳出一個悲劇，以色列軍方誤殺了三個人質。

「這種狀況，傷害我們的靈魂，比身體還要痛。」爺爺說。

在第一晚，我已經問過爺爺是否認同「以色列是最道德的軍隊」這種說法，他說：「是，因為我曾經當過兵。」他之所以能相信以色列的軍隊有很高的道德標準，是因為他就是一份子，而他也把同樣的價值觀傳給他的兒子，其中一個在十月七日就被徵召回去當預備兵，直到前幾天都還在加薩。

媒體發出的消息只是片面的，我們不能知道真相的全面。

更何況，這個消息是以色列自己發佈的，在全世界面前承認錯誤。沒有人想殺平民，沒有人想殺投降的人，更不會想殺自己不辭辛勞要救的人質，這個錯誤不是出於對加薩人的惡意或仇恨，而是戰爭中的悲劇。

大部分奇布茲的人，在政治傾向上都是左派。以色列的右派是鷹派，左派是鴿派，其實不管是右派還是左派，都是非常愛以色列、非常認同以色列是猶太家園、也認同軍隊。唯一的差別就是在巴勒斯坦人的議題上，右派比較固執的認為猶太人受到生存上的威脅，而左派認為伸出橄欖枝，對方就會用良善回應。

我問過爺爺：「十月七日戰爭之後，有影響你對巴勒斯坦人的看法嗎？」

他說：「當然沒有，每個社會都有極端份子，我們也有極端的猶太人。我們不能因為哈瑪斯，就不把巴勒斯坦人當人看（dehumanize）。」納粹所做的就是把猶太人當次人類，所以他一直抗拒的事也是一樣，不要有種族歧視。他說：「我相信猶太人有權利住在這塊土地，巴勒斯坦人也一樣。」

他的奇布茲旁有一個以約關口，叫做憐憫門（Rahma Gate），在約旦胡笙國王還活著時，他使用過這個關口去過約旦。以前去的時候，他可以亂走，也覺得約旦人很友善，但以色列跟約旦建交後，反而約旦就派警察保護以色列人，這使得他根本沒機會接觸約旦人。

在以色列，好多人都會穿 Blundstone 的鞋子，幾乎是一個以色列精神的象徵。埃拉特是免稅的紅海城市，我只逛了一間店，就買到零碼鞋，而且是我要的顏色，我在耶路撒冷沒買就是因為顏色的問題，以及我很懶得逛商店。這雙零碼鞋是最後一雙，是耶路撒冷的四折，爺爺聽到我買的價格，第一句話就是：「妳讓一個不相信上帝存在的人說，上帝很愛妳！祂把最好的留給妳！」

我們在奇布茲的時，不用憂愁買菜、做飯、洗碗，只要到公共餐廳，就有各式各樣的食物，每天就在吃飯、聊天、玩小孩和玩狗，像天堂一般。我們要離開時，很捨不得，爺爺說：「你們會體驗到亞當和夏娃離開伊甸園的感受。」

但其實他也捨不得我們的離開，那天我們和他兒子陸續跟他道別，他說：「至少把狗留下吧。」我想這也是為什麼上帝不需要一個沒有亞當和夏娃的伊甸園，或是沒有人類的天堂。

21 拿俄米出生於一九三〇年，在加利利奇布茲長大（Kibbutz Kinneret），她是寫〈金色耶路撒冷〉的作者。在以色列建國初期，需要推廣希伯來歌曲（Zemer Ivri），這種歌通常是適合集體歌唱，並且充滿愛國精神的歌詞，當時主要娛樂來源就是以色列國防軍的 Nahal 旅娛樂團，許多歌手都是透過軍隊廣播而出名。拿俄米的特別之處，就是比大家更早從「我們」變成「我」，用第一人稱的方式，在〈祖國〉歌曲裡，表達對土地、國家、手足的感情，且她的歌詞，往往與猶太信仰的根源聖經有關。她在二〇〇四年過世，為以色列留下了許多美麗、有意義且重要的歌曲。

18 06:29 我們還會再繼續跳舞

戰爭即將三個月，我發現我開 Telegram 看新聞的次數越來越少，而那台為戰爭而買的收音機，也不怎麼使用了。

世界的焦點，好像也越來越不在以哈衝突上。

我還是好想躲在一個角落，為以色列哭泣。

我們的鄰居，就是舅舅被哈瑪斯殺害的那位，她見到我們時，總是溫暖的問我們好不好？有沒有需要？當我問她家人如何時，她說：「我們真的都很好，真的。」

我真希望戰爭明天就結束，人質全部都回來，然後全部的人都可以好好的大哭。

當地教會的牧師說，基督徒的角色是：「要對耶路撒冷說安慰的話，又向她宣告說，她爭戰的日子已滿了；她的罪孽赦免了；她為自己的一切罪，從耶和華手中加倍受罰。」（以賽

亞書 40:2）

人的安慰很有限，只有神親自的安慰，才能帶來真正的醫治，聖經說：「耶和華救贖的民必歸回，歌唱來到錫安；永樂必歸到他們的頭上。他們必得著歡喜快樂；憂愁歎息盡都逃避。惟有我，是安慰你們的。」（以賽亞書 51:11-12）

在特拉維夫，有一個特別有意義的展覽，叫做 06:29，因為在十月七日的 NOVA 音樂節，就在那一刻，警察讓音樂停止，叫大家回家。在展覽中，你可以看到現場留下的帳篷、個人衣物、車鑰匙、流動廁所、舞台，以及被燒的車輛。每一個物品都是見證，要讓這場戰爭不再只是數字與新聞標題，而是關於以色列的真實故事。

這些物品，都曾經有主人，也都有愛他們的家人。

他們參加這場靠近加薩的音樂會，因為他們相信有一天會有和平。

音樂節的倖存者，還在努力回歸生活的軌道，但是他們不會被殘忍或仇恨打倒，他們還會繼續跳舞。

發生戰爭前，在二〇二〇年的《亞伯拉罕協議》，以色列和巴林、摩洛哥、蘇丹、阿聯等穆斯林國家建交，也準備要跟沙烏地阿拉伯建交。戰爭前，以色列國內有將近一年的時間，民眾上街頭抗議政府的司法改革。戰後的政治和以色列會有什麼變化？當過梅爾夫人發言人的梅龍・梅茲尼（Meron Medzini）教授說，以色列人會學到教訓，變得更謙虛，也將減少對專家的依賴。這個國家的政治傾向可能會更趨向中間偏右，以及會像戰爭之前那樣，持續跟周遭的阿拉伯國家取得和平協議。

我為他們禱告，願以色列有真正的和平。在這艱難的時刻，願每一位基督徒都能成為和平的使者，以愛和關懷為以色列帶來鼓勵。希望每個人的祈禱和努力能夠成就一個充滿愛與和平的未來。

19 以巴衝突迷思懶人包

戰爭還沒結束，隨著以色列的反擊，許多人說以色列在「報復」巴勒斯坦人，甚至要趁機清洗住在加薩走廊的二百二十萬巴勒斯坦人民。這是很可怕的指控，以色列平民受到哈瑪斯的屠殺，甚至人質根本還沒被釋放，戰爭的焦點已經從這場以哈戰爭，轉到以巴衝突的歷史。

討論歷史是一回事，但是合理化哈瑪斯不人道的行為是另一回事。由於很多人都在討論，而以巴衝突，其實該從以「阿」衝突說起，因此以下是我覺得大家有必要知道的正確資訊：

一、種族清洗的指控。

一九四八年，以色列建國時，大約只有十五、六萬阿拉伯人，現在則約有兩百萬人。他們擁有以色列公民身分，在政府部門、法院、國會、醫療機構等等都有代表。以色列被控訴為種族隔離的國家，但許多人忽略了全以色列只有百分之七十四的猶太裔公民，剩下的人雖然不同族群，也享有平等的公民權利。

二、巴勒斯坦是地區。

從羅馬時期西元一百五十三年開始，因為猶太人發動第二次起義，耶路撒冷的名字被逞罰性的改為「阿麗亞·卡皮托利納」（Aelia Capitolina），而猶大省被羅馬人逞罰性的改名為「敘利亞·巴勒斯坦」（Syria Palestina），巴勒斯坦這個名字起源於「"Pleshet」一詞，因為聖經中以色列的敵人就是非利士人（Philistia）。但是巴勒斯坦一直都只是個地區的名稱，也可以指住在這裡的基督徒或猶太人或阿拉伯人，不專屬住在巴勒斯坦地區的阿拉伯人。一九四七年聯合國的分治案談論的也是猶太人或阿拉伯人的國家。前敘利亞總統 Hafez Al Assad 在一九七六年提醒自稱巴勒斯坦人的族群：「別忘了你們代表敘利亞阿拉伯人，沒有巴勒斯坦、或是巴勒斯坦人。」

一九一七年，當鄂圖曼土耳其帝國在第一次世界大戰中瓦解後，才在英國的統治下重新開始使用巴勒斯坦這個名字。如果英國人不來，就不會有巴勒斯坦人民。住在這地區的阿拉伯人可能就會被稱為埃及人或敘利亞人。

三、在歷史上從來沒有巴勒斯坦國。

在巴勒斯坦這塊土地上，很多人都想要成為他的管理者，但歷史上從來沒有「巴勒斯坦國」。

以色列一九四八年成立之前的統治者，是英國託管地。在這之前的統治者由今至古依序為鄂圖曼土耳其帝國、馬穆路克（mamluk）人、阿尤布阿拉伯人十字軍、伍馬葉和法蒂瑪帝國、拜占庭帝國、羅馬人、希臘與哈斯摩尼帝國、波斯帝國、巴比倫帝國、以色列王國、迦南人。

四、耶路撒冷沒有地位。

在穆斯林統治的時期，現代的以色列地區只是敘利亞地區一個很小、毫無地位且不重要的地區，耶路撒冷也從來都不是他們的首都——開羅和大馬士革才是是穆斯林時代的重要城市。

五、是阿拉伯人讓巴勒斯坦人無法建國。

許多人認為曾經有個「巴勒斯坦國」，猶太人來了後，佔領了巴勒斯坦國民的土地，但事實上以色列沒有侵占一個主權國家的領土，也不是趕跑了巴勒斯坦人，現在的紛爭是因為阿拉伯人認為自己應該要擁有所有的土地。從一九三〇年代開始，英國和聯合國開始討論如何將以色列的土地分為猶太人和阿拉伯人的兩個國家。猶太人接受了聯合國一九四七年一八一號決議案，但是阿拉伯人選擇拒絕，並且阿拉伯國家聯合攻打以色列。結果阿拉伯人輸掉戰爭，等同於輸掉土地，不然要期待什麼呢？戰爭結束後有了現在的以色列，人口包含百分之二十一的阿拉伯人，也繼續在以色列生活。就跟現在德國的領土跟一九三九年時不一樣，德國人也不能跟波蘭人要回領土。

六、其實巴勒斯坦的阿拉伯人已經有一個國家。

英國託管時期，從鄂圖曼土耳其那裡接手過來巴勒斯坦，在一九二二年將約旦河以東的土地設立為阿拉伯國家，形成了今天的約旦。這大約是巴勒斯坦百分之七十七的土地面積。約旦河以西的土地只有當初的百分之二十三，這就是目前的以色列、西岸地區和加薩，全部的大小大概只有三分之二個台灣大。

七、也有世世代代的猶太人住在巴勒斯坦。

即便第二聖殿被毀，猶太人流亡到世界各地，但是猶太人沒有忘記耶路撒冷。無論是結婚時要踩碎玻璃，或是去世時要有耶路撒冷來的一小包土，這塊土地一直都是猶太人心中最神聖的聖地。而且，一直都有猶太人住在耶路撒冷和周遭，以及希伯崙、采法特和提比哩亞。在耶路撒冷一八四四年的人口普查中，有超過七千名猶太人和五千名阿拉伯人（穆斯林）。

八、在阿拉伯國家的猶太人，只有被統治下相對的和平。

八百年前，或許當時的猶太人跟阿拉伯人曾經有一個和平共處的黃金時代，但是在阿拉伯統治下的猶太人並沒有真的享受到生活平等或宗教自由。從東部的摩洛哥到西部的伊朗，從北部的敘利亞到南部的葉門，這些猶太人早在錫安主義出現之前就遭受了歧視和暴力攻擊。當以色列建國後，本來生活在阿拉伯國家的數猶太人都被驅離，有八十萬人不得不逃到以色列。

九、猶太人沒有偷任何一塊地，

在一九四八年獨立戰爭之前，歐洲猶太人從一八六〇年就開始漸漸移民回來，在第二次世界大戰時，在現在的以色列土地上已經有五十萬猶太人。他們居住的土地，都是在鄂圖曼土耳其時期或英國託管時期花錢買的，不是像美國的第一批白人定居者從印第安人那裡搶劫土地，也不像澳大利亞的白人定居者從土著居民那裡偷走土地。相反的，猶太人甚至被阿拉伯人開更高的價格才買從他們的手中買到地。

十、以色列的建國不是各國同情猶太人，因為大屠殺所給的賠償

戰爭過後，或是殖民地解體和國際政治變動，本來就會有新世界秩序，許多國家會宣佈獨立。第一次世界大戰後，建立了許多新的國家，例如南斯拉夫、波蘭、捷克斯洛伐克、芬蘭和土耳其。

第二次世界大戰之後，法國、英國和日本的領土被重新分配，例如約旦、黎巴嫩、伊朗、敘利亞、印度、巴基斯坦、南韓、北韓、越南、印尼、菲律賓、斯里蘭卡、緬甸、寮國、馬來西亞等。冷戰之結束之後，同樣建立了許多國家，例如烏茲別克、哈薩克斯坦、吉爾吉斯斯坦、土庫曼斯坦、克羅地亞、格魯吉亞、愛沙尼亞烏克蘭和摩爾多瓦。從這個角度來看第二次世界大戰結束後建國的以色列並不獨特，所以不能解讀為是世界對猶太人的賠償。

十一、巴勒斯坦難民問題。

在第二次世界大戰後的新世界秩序中，全世界的人口都遷移了，上億人成為了難民。超過一千五百萬德國人不得不離開在東德的家園。巴爾幹半島上成千上萬的人也因為新國家的疆界，而被迫遷移，蘇聯境內約有六千五百萬人必須移民。但差別是，德國幫助了德國移民者；印度巴基斯坦分開時，印度幫助了印度教徒；巴基斯坦則歡迎穆斯林；以色列也歡迎了猶太難民的加入。可是埃及人、敘利亞人和黎巴嫩人卻沒有幫助巴勒斯坦人（約旦是唯一賦予巴勒斯坦人國籍的阿拉伯國家）。

很少人知道聯合國其實有兩個難民機構，一個是專門為巴勒斯坦難民成立的（UNRWA），另一個是給世界上所有其他難民的難民署（UNHCR）。這兩個機構對「難民」的定義不同，UNRWA 定義巴勒斯坦難民的孩子也同樣具備難民身份，這也是為什麼每年官方的巴勒斯坦難民人數一直增加，使得當年八十到一百萬阿拉伯難民，成為現在的五百萬人。確實有少部分是被猶太人逼離開，但大部分人是因為他們的阿拉伯領導人告訴他們離開。而在以色列建國後，被趕離穆斯林國家的八十萬猶太人，並沒有傷害過穆斯林，但他們被迫離開、財產所失，卻也是沒有受到任何關注的難民群體之一。世界上有很多難民，三十萬不得不離開保加利亞的穆斯林難民、二十五萬希臘人和土耳其人不得不離開他們的家園。新的難民問題也持續在發生，因為穆斯林的攻擊，約有兩百萬萬基督徒不得不離開中東。那為什麼人們只在強調巴勒斯坦難民？

十二、巴勒斯坦人其實活得不差？

巴勒斯坦人是中東和北非受教育程度最高的阿拉伯人。

一九六七年，西岸地區沒有大學，現在有十一所大學和十三所學院。

一九六七年，只有四個阿拉伯屯墾區有自來水，現在有六百四十個屯墾區都有水。根據世界銀行的資料，第二次世界大戰後，巴勒斯坦人從馬歇爾計劃中獲得的援助是歐洲的四倍。

巴勒斯坦人從美國，歐盟，日本，阿拉伯國家和聯合國獲得的援助，人均比世界上任何其他國家都多。

十三、這世界上總可以有一個猶太國家吧？

世界上大約有二十九面帶有十字架的國旗，十三面帶有穆斯林新月形的國旗，但只有一面帶有大衛之星的國旗。阿拉伯國家認定自己是穆斯林，在丹麥、挪威、波蘭和冰島等國，基督教具有特殊的地位，猶太人當然也有權利建立一個猶太國家。

十四、以色列的佔領不是衝突的根源。

一九六七年，以色列周圍的阿拉伯國家揚言要消滅以色列，並將軍隊遷往邊界。以色列軍隊在一次突襲中，六天內擊敗了所有阿拉伯軍隊，以色列國土的面積擴大了兩倍。沒有人提到的是，本來加薩走廊是由埃及控制，約旦河西岸則是由約旦控制，在約旦和埃及統治下的十九年，巴勒斯坦人也受到了苦難。假設六日戰爭沒有發生，那現在巴勒斯坦人其實也是繼續活在阿拉伯人的壓迫下，也不會有人來關心巴勒斯坦人的人權問題（舉例來說，在黎巴嫩和敘利亞難民營中的巴勒斯坦人的情況比西岸地區糟糕許多，但是媒體卻不會報導）。難道以色列從西岸地區撤出，就會有和平了嗎？早在一九六四年，阿拉法特就成立了巴勒斯坦解放組織（PLO），要把巴勒斯坦從以色列手中解放。但當時西岸地區屬於約旦，所以巴勒斯坦人要的不是西岸地區而已，而是整個地區。而且，猶太人和阿拉伯人的衝突也不是發生在六日戰爭之後，是在以色列建國之前，阿拉伯人不願猶太人擁有一個國家後就開始了。黎巴嫩國土上沒有以色列士兵，但真主黨的主張，顯然也是消滅以色列。距離一千公里遠的伊朗也是如此，他們的領導人也一樣呼籲摧毀以色列。以色列為了和平，曾經做出讓步。一九九三年的《奧斯陸協議》規定了自治區的範圍和權限，二〇〇〇年時，以色列總理埃胡德・巴拉克（Ehud Barak）願意割讓約百分之九十五的西岸地區土地，並同意建立巴勒斯坦獨立國家的方案。二〇〇八年安納普奎斯會談，以色列總理埃胡德・奧爾默特（Ehud Olmert）甚至願意割讓更多的土地以求和平，但同樣被拒絕了。這些呼籲要摧毀以色列的都是穆斯林國家，所以很難去相信，衝突的根源不是因為土地，而是因為不想要猶太國家。

十五、**哈瑪斯是為了摧毀以色列而存在。**

回到最基本的，以巴衝突的來源。以色列獨立宣言一開始寫的就是「我們向所有鄰國及其人民伸出手，表示和平與睦鄰友好」，並沒有要消滅阿拉伯國家。但是統治加薩走廊的哈瑪斯，在《哈瑪斯公約》（Hamas Covenant）的序言則宣稱：「以色列只會存在到伊斯蘭將其消滅為止。」（Israel will exist and will continue to exist until Islam obliterates it.）

十六、哈瑪斯才是加薩走廊人苦難的來源。

哈瑪斯一年有十億美金的「收入」，例如捐款、卡達和伊朗的贊助，當人民貧窮和飢餓時，哈瑪斯把這些錢拿去買武器。他們不在乎文明與進步，而是使用武力為唯一手段來征服與殲滅以色列，並且利用人民苦難，來得到國際輿論的同情。當以色列用阿拉伯文的傳單提前告知加薩走朗北部的巴勒斯坦人民離開時，他們卻不讓人民離開，甚至阻擋要離開的人。

十七、媒體越曝光，問題感覺越嚴重。

以色列沒有石油，也小到沒什麼軍事戰略地位，人口也不到一千萬，但是大家卻主觀的覺得以阿問題特別嚴重。客觀來說，各個國家內部都有問題，包含像有十億人口的中國，同時是世界上最大的經濟體；敘利亞的內戰死了五、六十萬人，以及蘇旦的種族屠殺殺了兩百萬人……這些發生在極權主義政權下的大事，反而沒有人憤怒的出來辯護。

十八、巴勒斯坦好萊塢。

加薩的衛生局，其實也是哈瑪斯恐怖組織管理的，他們知道加薩人越悲慘，就可以得到更多同情。有時候在網路上，會看到夫妻抱著假的寶寶，一臉正經的為死去的「寶寶」哭的無馬賽克影片，或是在一片藏屍袋的死者中，有人「復活」抓鼻子、支撐拐杖的人突然丟下拐杖逃跑。以色列回應哈瑪斯的空擊，無可避免會打到平民，但是不能完全相信哈瑪斯提供的加薩死傷人數。

十九、巴勒斯坦的極端教育。

哈瑪斯從小孩在幼稚園時，就被教導要仇恨猶太人。加薩孩童從小就開始練習拿槍，以色列在哈瑪斯恐怖份子身上的攝影機，有照片再次證明他們訓練未成年的少年使用武器。

二十、平民不代表無辜。

哈瑪斯是巴勒斯坦人民在二〇〇六年選出來的領袖，在加薩走廊，認為哈瑪斯在十月七日的攻擊是正確的支持度是百分之五十七。十月七日當天也有趁火打劫的非武裝平民、有向被哈瑪斯綁架的加薩以色列人質吐口水和毆打的平民、也有協助哈瑪斯關押人質的平民。

二十一、以色列的新聞媒體自由。

外國記者可以自由的在以色列工作和報導，因為在以色列有言論自由，新聞工作者都感到很安全。你有注意過嗎？當住在以色列的巴勒斯坦人在抱怨以色列時，他們不用匿名講話或遮臉，這是因為以色列允許人民有言論自由，即便是批評政府的言論。這點跟許多極權的國家都不一樣，這也是為什麼歐洲媒體對以色列的報導，遠超過歐洲在伊拉克和阿富汗的干涉！

經統計，二〇一一年英國報紙《衛報》提到以色列超過一千次，而那年有一百一十五名巴勒斯坦人死亡，大多數是恐怖分子。該年伊拉克只被提了五百〇四次，可是卻有四千多名伊拉克人被殺，而且還是涉及英軍的事件。

二十二、媒體並沒有偏袒以色列

許多媒體不願意稱哈瑪斯為恐怖主義組織，也不願稱哈瑪斯為恐怖份子，而是哈瑪斯「武裝份子」殺了以色列的婦女孩童。然而對於歐洲或美國的恐怖攻擊，卻又能有「預設立場」的說那些兇手是恐怖份子。這很明顯的是雙重標準，淡化哈瑪斯的恐怖行為，這就是為何以色列前總理貝內特會說ＢＢＣ「缺乏道德清晰度」。甚至當巴勒斯坦伊斯蘭聖戰組織（Palestinian Islamic Jihad, PIJ）也不是第一次發射火箭炮失敗，但這一次掉到加薩的醫院停車場時，ＢＢＣ就馬上不正確的指責是以色列發射的火箭炮、殺了多少人等等，鬧了很大的笑話。

當全世界的焦點總是在這塊彈丸之地的時候，其實很需要用一種「拉開來看」（Zoom out）的世界角度，從其他歷史世界的整體，來合理看待以巴衝突。上述主要的觀點出自於以色列導遊 Oren，他有一個很棒的 Youtube 頻道叫做 Traveling Israel，很值得追蹤！

第二章

大屠殺歷史

20 大屠殺的鬼魂回來了

十月七日，是猶太人在經歷大屠殺之後，在歷史上最黑暗的一天。不只是上千人被殺，上百人被綁架，同樣糟糕的是，這場血腥的屠殺，喚醒了以色列人對大屠殺的回憶。

大屠殺的鬼魂又回來了。

我的研究所教授 Gad Yair 提過，以色列這個國家，是以兩個特性建立起來的——存亡的焦慮（Existintial Anxiety）以及永遠不會讓猶太人被再度謀殺（Never Again）。他說，在許多以色列人的心裡，猶太人是很少人的族群，以色列是一個很小的國家，他們很容易就滅族了。

以色列有多小？第二次世界大戰爆發之前的巴勒斯坦，只有三十萬猶太人，建國前多了大屠殺倖存者，一共只有六十至七十萬人，建國後三年有阿拉伯國家來的猶太難民，變成一百四十萬人，一直到一九七〇年代，全部人口也只有三百萬。五十年過後的今天，以色列人口只快要破一千萬，而且有百分之二十六的人也不是猶太人。

這場戰爭證實了以色列人對於存亡的焦慮是合理的。當納粹德國殺害猶太人時，他們很無助，但他們的恐懼的事情再度發生了。以色列應該要是猶太人的避風港和家園，當哈瑪斯屠殺以色列人時，他們再度無助的，只能接受被屠殺的命運。

發生這樣的事情，以色列人震驚、悲傷、難過、挫折、無助。

教授以前就在課堂上分享過「大屠殺鬼魂」（holocaust ghost），時不時攪擾著以色列人，就算是再正常的人，也會在淺意識中受到影響，猶太民族因為被迫害、被滅族，有很強的防衛心。

十惡不赦的大屠殺，並不是過去的歷史，因為過去就是現在。

二十世紀初期，全世界只有約一千一百萬猶太人，其中七百萬住在東歐（包含俄羅斯、白俄羅斯、摩爾多瓦、羅馬尼亞和波蘭等），兩百萬住在西歐跟中歐，一百五十萬住在北美，剩下不到一百萬猶太人在中東、亞洲和非洲。一九三九年，整個歐洲還有九百五十萬猶太人，但一九四六年之後只剩三百萬人，這絕對不是因為希特勒一個人的關係，也不是因為德國剛好有一群精神病，都成了殺人魔。

一九一七年發生飢荒，德意志帝國有六十萬人餓死。一九一八年第一次世界大戰結束，德意志帝國戰死了兩百萬個軍人，還輸掉了戰爭。一九一九年，凡爾賽條約給戰敗國苛刻的條件[1]，整個日耳曼民族除了羞辱之外，社會上還有很高的債務壓力，但將軍們沒有怪自己，而是覺得列國不公，以及有謠言是國內的內鬼——猶太人和共產黨員，才害他們打敗仗。

一九二九年華爾街崩盤，威瑪共和國（當時的德國）卻有更嚴重的經濟重創，在混亂又經濟蕭條的社會中，國內的物價飛漲，人民對民主制度已經喪失信心。所以一九三二年納粹黨興起，徵招年輕人加入黨衛隊（Schutz Staffel，簡稱 SS）。在當時，加入黨衛隊是很有吸引力的，因為這份工作能給他們收入、權力、地位、Hugo Boss 做的制服等等各種好處。黨衛隊軍人平均年齡是二十歲，也就是說很多人是低於二十歲的青少年。他們不是瘋子，而是從金字塔底層的人士，迅速翻轉成有權力的軍官。而且當黨衛隊員的條件，父母必須都是亞利安人，這樣更證明自己的優良血統。納粹德國頒布《優良血統說法》，認為北歐人和日耳曼民族一樣是高貴民族，但是猶太人、波蘭人、殘疾人士都不是，這些人都阻擋了文明進步的障礙。當時的德國人口有七千五百萬人，雖然在一九三一至一九三三年之間有六千名政治人物和社會運動者質疑納粹德國，但可能還是太少人了吧。

一九三三年一月三十日，希特勒當選成為德國總理。在希特勒在變成總理前，先加入了德國工人黨，一九二三年因為慕尼黑啤酒館政變，他被抓入監牢。在入獄期間，他寫下了回憶錄《我的奮鬥》（Mein Kampf），書裡充滿他的德奧合併主義、納粹思想、種族優越理論和反猶主義思想。希特勒帶德國進入了十二年的納粹德國時期，四月一日開始抵制猶太商家，四月七日非亞利安人不能擔任公職，五月十日，納粹燒毀了二·三萬本非亞利安人寫的書。這是一個警訊，因為焚書坑儒都是配套措施，曾經批評過納粹的政治人物和知識份子，就被送去集中營[2]。

一九三五年，納粹德國頒布《紐倫堡法案》（Nuremberg Laws），猶太人不再是德國公民，也不能跟亞利安人結婚，或是雇用四十五歲以下的德國血統女傭（原本一八七一年開始，德國的猶太人就已經享有一樣的公民權利、可以擔任公職和上大學等等，能想像在五十年後，原本經濟穩定、宗教自由的德國會快速走下坡嗎？）這一系列的限制，包含猶太人不能使用醫院、學校、擁有店舖和使用大眾交通工具。在《帝國公民權法》中，只要祖父母和外公外婆有三個猶太人的，就會被算為猶太人。然而對大部分的德國人來說，納粹統治的德國讓他們對未來充滿希望，每天都有新的房屋和道路建設，人民又有工作了，而且一九三六年柏林還迎來了第十一屆夏季奧林匹克運動會。

納粹靠著宣傳天才戈培爾（Joseph Goebbels）成功的政治宣傳，在電影院、電台和報紙，強化了納粹以血緣團結德國的正面形象，在宣傳上經常使用廚房、孩童和教會等元素，加強民眾對納粹的好感。同時開始灌輸銀行家以及猶太人為卑鄙齷齪的，他們控制了一切，以及用蟑螂等詞彙貶低猶太人，稱他們為「次人類」，意思是長得像人類，卻不是真正的人類。納粹警告民眾若不採取行動，猶太人就要除掉我們了。但猶太人只佔德國百分之〇・八人口，而且百分之七十五的猶太人只是平凡的中產階級，這種恐怖的刻板印象，只能說個人感受比事實還重要。德國人為什麼要相信納粹的謊言？第一遍，可能只是意見，但納粹控制了所有媒體，要是每天都從所有的媒體管道聽到，不久之後謊言就會是真理了。

其實這種宣傳手法到了七十年後的現在也不陌生。例如我們網路查資料只會看搜尋結果的第一頁，或網路評價大家都說某間店是黑店，那這些資訊就會自動成為我們的結論了。

一九三八年三月十二日，德國奧地利合併（Anschluss），這其實是一個警訊，但是奧地利人心甘情願歡迎納粹德國的到來[3]。這時奧地利的猶太人[4]不再有在圖書館、劇院、政府機關的工作，他們也不能去劇院享受娛樂，也不再有法院願意為猶太人伸張正義，猶太教師和商人也失去了工作。在《真善美》（Sound of Music）的劇情中，奧地利崔普上校和瑪莉亞逃過了納粹，但現實沒有那麼輕鬆。

短短的時間裡，猶太人所擁有的一切都沒了。

現已九十歲的維也納猶太人 Kurt Rosenkranz 仍記得納粹羞辱和懲罰猶太人，讓他們跪著或站著拿牙刷和硫酸之類的液體來清理海報，Kurt Rosenkranz 朋友的媽媽在清理時，屁股被黨衛隊的一個毛頭小子踢了一腳，臉摔進硫酸液體中，臉燒掉一半。進行幾次手術都沒有辦法醫療她，這張臉一直跟著她到奧斯維辛的焚燒爐。

猶太人的銀行帳號被凍結，所有的財產都要登記，包含現金、珠寶、黃金、藝術品等等，有不動產的則被蓋世太保恐嚇放棄。這一切的目的就是讓猶太人一無所有且無處可逃。九月的某一天，他媽媽宣布他們要逃去里加，但離開歐洲不是拎個皮箱、說走就走的事，除了被要求付高額的離境稅[5]、把有價值的東西留在奧地利，最重要的是必須要有簽證。對於當時的猶太人來說，只要是張簽證，就是能給他們希望的救生圈[6]。Kurt Rosenkranz 記得離開海港前，黨衛隊軍人還跟他們說：「污穢的猶太人，你們膽敢再回來！你們知道回來會有什麼下場嗎！」在里加那幾年，他們在蘇聯的勞動營度過，回來以後所有的朋友和親戚都不在了，才回想起當年黨衛隊軍人說這些話的涵義。

一九三八年七月，美國總統羅斯福（Franklin D. Roosevelt）召開「埃維昂會議」（Evian Conference），聚集三十一國來討論是否放寬接納猶太人難民數量的問題。但當時美英早就互相協議不要拆台，因為美國不想要難民、英國也不想要幫助猶太人，後來成為以色列總理的鐵娘子梅爾夫人（Golda Meir）代表巴勒斯坦的猶太人在場，卻沒有發言資格。她參加會議後說：「在我死前只想見到一件事，就是我的人民不再需要被同情。」

整個會議結論只有兩頁，甚至沒有譴責納粹德國虐待猶太人，猶太人發現他們被全世界遺棄了[7]，如此更助長了希特勒迫害猶太人的氣勢。在瑞士提議之下，十月五日後猶太人的護照上都蓋了個大大的J，猶太男子的名字要加上「以撒」，猶太女子的名字加上「撒拉」，這讓猶太人之後更難逃出去，除非偽造文件[8]。

在一九三八十一月九日這晚所發生的水晶之夜（Crystal Night, Kristallnacht），納粹黨衛隊摧毀德奧地區超過一千四百個猶太會堂和七千五百間猶太商店。沃爾夫（Wolf Factor）回憶，在波蘭，商店櫥窗開始出現「拒絕向猶太人購物」、「猶太人滾回巴勒斯坦」等口號[9]。超過三萬名有錢的德奧猶太人被逮補到布亨瓦德集中營、達豪集中營和薩克森豪森集中營。突然之間，有正常生活、事業的猶太人，不管他們之前是誰，從現在開始他就是個犯人。水晶之夜更是給猶太人和全世界的警鐘，之前不逃的猶太人，現在財產不重要，命能保住最重要。三十萬猶太人成為難民。

一九三九年五月，St.Louis 船上載著九百三十七位逃離納粹德國的猶太人，美國和加拿大卻見死不救[10]。英國又和阿拉伯人達成協議，向全世界發表了白皮書，限制接下來五年猶太人往巴勒斯坦的移民人數為一共七．五萬人。世界向猶太人關門，此時的猶太難民根本無處可去。這時，如果有人可以喊個暫停鍵，那納粹不會有機會使用毒氣室系統性謀殺，至少能多救三百萬人……

一九三九年三月，納粹佔領捷克斯洛伐克。九月一日，第二次世界大戰開始，納粹入侵波蘭。奧地利和捷克的猶太人也都被送去波蘭。

在希特勒的慫恿之下，右翼政黨斯洛伐克人民黨的蒂索神父（Joseph Tiso）在一九三九年宣布斯洛伐克共和國（Slovak Republic）獨立，這可是正式的國家，而且已被日本、瑞士、甚至汪精衛代表的臨時政府承認。該年斯洛伐克和德國在柏林簽訂保護條約，隨著希特勒的反猶主義與政策，斯洛伐克人民黨與赫林卡衛隊逼迫猶太人，比照紐倫堡法規對待境內的猶太人，要求猶太人手臂上要出示猶太臂章、財產被沒收、被抓去做勞工等。

一九四〇年十一月十六日，華沙隔離區的牆蓋起來，空間越來越小，四十六萬猶太人處境越來越糟，食物越來越少。因為食物的分配是根據人種的，猶太人得到的食物最少，所以只能靠兒童走私，但被抓到就是槍決，當時每天路邊都是屍體。根據作家 Rachela Auerbach 的形容，在窮人一天一餐的慈善廚房，也不過是「分期付款的死亡」。然後全波蘭的猶太人都被送進來華沙隔離區。

一九四一年四月，納粹佔領南斯拉夫和希臘。

一九四一年六月，納粹入侵蘇聯，最多猶太人住的敖德薩死去了將近二·五萬名猶太人，只有六百人回來。這裡沒有集中營，大多就是抓到郊區，弄一個大洞，然後就被處決了。

一九四一年七月，納粹提出《猶太問題的最後方案》（Final Solution），意思就是要一勞永逸的方法來擺脫猶太人[11]。他們要一個「沒有猶太人」（Judenfrei）的歐洲。這其實跟哈瑪斯恐怖主義要的一樣，就是完全殲滅猶太人。事實上，耶路撒冷阿拉伯領袖侯賽尼（Haj Amin al-Husseini）在一九四一年十一月二十八日來到柏林與希特勒會面，他主動表達想要幫助殲滅在巴勒斯坦猶太人的意願。

回到歐洲，納粹是如何用一連串的謊言，殲滅歐洲的猶太人？

在逮捕和殲滅波蘭猶太人計畫的萊茵哈德行動（Operation Reinhard），為了防止猶太人起義，納粹通知猶太人要到勞動營接受「特別保護管理」，每人可以攜帶二十公斤的行李，外面要用白色的筆寫上自己的名字，以方便領回[12]。集中營的火車月台上還有前往其他地方的班次，當然是給猶太人看的謊言，入口的鐵門寫著「勞力使你自由」（Arbeit Macht Frei），也是謊言，事實上卻是不斷工作，壓榨到死亡為止。抵達後要登記個人資料，猶太人不分男女老少都成了犯人[13]，此時要脫光、把衣服和所有的私人物品（錢、戒指、手錶、相片等等）都上繳給為黨衛隊工作的囚犯做「登記」[14]，這也是謊言，好像有一天離開時就可以領回。猶太人集體的、裸體去洗澡，這也是謊言的一部分，此時你的身份、職業、喜好或你是誰無所謂了，你剩下的只是一個編號，以及身上不合身的囚服和不合腳的鞋子，這就是納粹一步步的剝奪「人性」的技巧。

在集中營，猶太人被逼去做苦工，蓋路或建築物，又或是到化學工廠工作，以及營區內也有工作等等。每天要工作十、十一小時，日復一日的生活，早上四點半起床，只有十五分鐘上廁所洗臉，營裡當然沒有熱水，冬天太冰很多人就不洗了，因為太擠了一不小心就可能死在被別人踩死的腳下。在達豪集中營，每三天只配給四分之一條吐司麵包，早餐只是杯大麥湯，晚餐是很稀的馬鈴薯湯，沒有午餐。

工作前要點名，早上點名一次，吃晚餐前點名一次，睡覺前還要點名一次，點名時都要稍息立正站好，每次點名都是二、三個小時。每天上工時，樂隊都會站在路口演奏，這也是一個謊言，遮掩著納粹同時在殲滅猶太同胞的殘酷事實。

集中營的目的是將人關在營區，用飢餓、過勞、可怕的醫學實驗等，將人慢性折磨至死。在達豪集中營，原本設計用來關六千人，但美軍解救時卻發現這裡竟然塞了三萬兩千人。

在薩克森豪森集中營，每間營房一百五十人，可能都裝到五百人，放掃把的儲藏室也變成罰站牢房。集中營裡還有監牢，目的是用來折磨人，而且聲音都會傳出來，讓其他囚犯更害怕、更順從。囚犯的手會被反銬掛在木頭上，肩膀一定脫臼。或是會在板子上被黨衛隊官員打，邊打還要邊用德文算到二十五下，你要是不會德文或是你被打到昏了，只要算錯就從一開始重打。

在奧斯維辛集中營十一號營房內有二十八個懲罰性的監牢，其中有三個是用來罰站的。在空間不大的小牢房裡，晚上四個囚犯會被關進來，站整晚以後，隔天還要繼續做工，也還會被毆打。通常他們撐不過四至十個晚上。另外還有牢房是將四十個人塞在一起，只有一點點小窗戶，目的是慢慢悶死囚犯。

納粹想要更多繁衍優良基因，所以想找出生產雙胞胎的秘密。另外也想找出確切的方式，可以更快更有效率的滅絕人類。從一九四一年九月開始了齊克隆B（Zyklon B）實驗，七百五十個人因此死亡，這是用來殺跳蚤用的化學物質，被納粹用在毒氣室。

納粹的邪惡計畫並不是只在奧地利、波蘭、捷克斯洛伐克執行而已。一九四一年九月，基輔各地貼滿公告，要所有猶太人隔天早上八點在墓地集合，帶著證件、黃金、珠寶、皮衣和兩星期的保暖衣服，成千上萬的基輔猶太人都出現了。在娘子谷（Babi Yar），猶太人財產被沒收，納粹德軍開始打人、強迫每個人脫光衣服。從西烏克蘭來的士兵也是一路幫忙德軍然後到河谷那裡將猶太人從腦袋背後開槍，兩天之內在基輔有三萬四千七百七十一名猶太人被殺，納粹德國引爆炸藥，掩蓋他們殺死的人。大屠殺持續進行，一共在娘子谷殺了七萬名猶太人，這可以說是納粹開始肆無忌憚的屠殺猶太人的開始。

什麼是種族滅絕？就是納粹這樣，有意和系統地破壞某一種族、民族、宗教或國家群體，包括大規模殺戮、強迫遷移、性暴力和其他形式的暴力行為，目的是部分或完全消滅該群體。

一九四二年一月，在德國萬湖會議中，納粹討論要如何落實消滅猶太人的最終方案。由劊子手艾希曼執行，各國的猶太人開始被送到所謂的「勞動營」[16]，斯洛伐克共和國是少數「正面」支持德國的「猶太人最後方案」（Final Solution）的國家，該年花錢送了五萬多人到德國和波蘭的集中營，讓德國人處理斯洛伐克的猶太人[17]。

在被納粹德國佔領的波蘭，有超過六百個隔離區，又以華沙的最大。從一九四〇年十月到一九四三年五月，華沙隔離區關了約四十五萬猶太人。華沙隔離區的猶太人知道那就是個殺人的滅絕營，百分之九十九被送去那裡的猶太人都被殺了。華沙猶太人在絕望之中，寫信給流亡在倫敦的波蘭政府，但又有什麼用。我很敬佩波蘭猶太人 Dr.Emanuel Ringelblum，他當時住在瑞士，卻「因為這是公民的責任」選擇回到波蘭華沙跟猶太人一起住在隔離區。他創辦了「安息日的喜樂」（Oneg Shabbat/The Joy of Sabbath）組織[18]，發起搜集歷史記錄的地下運動，他們想要的，就是有一天世界要知道所發生的事，還給猶太人一個公道：「我們連一滴眼淚都流不出來了」、「我並不要讚美，我只要世界記得我和我的女兒，這位有才的小女生叫做 Margolit Lichtensztejn」。

若問居民在哪？教會在哪？各國為什麼不多說話？

在一九四二年七月，同盟國就已經發表聲明[19]，還印在紐約時報上，譴責納粹滅絕猶太人、隔離區已經系統性地被清空、猶太人在勞改營被強迫工作致死等等。但是教宗庇護十二世（Pius XII）卻對納粹的惡行睜一隻眼閉一隻眼[20]，以至於天主教教會的風氣，並沒有團結起來搭救猶太人。他被貼上「希特勒的教宗」（Hitler's Pope）標籤。大部分的居民都是選擇沈默的，有些甚至還出賣猶太鄰居，只有少部分人冒著生命危險救猶太人，這些人後來被以色列政府稱為「國際義人」。

在一九四一年最終解決方案開始之前，薩克森豪森集中營並沒有燒屍體的設備，所以殺了猶太人之後，會先堆疊在一個房間裡，再用卡車把屍體載到柏林去燒，所以鎮上的人絕對是知道集中營不是勞動營而已。之後，集中營有了毒氣室和焚化爐，納粹直到最後一刻都在編織謊言，這些無辜的「囚犯」會被蒙眼坐在車子裡，根本不知道自己到了哪裡、周遭環境有什麼，這樣下車之後就會更乖的配合。囚犯會獲得洗澡的機會，會有個醫生來檢查身體，但這其實是穿白袍的黨衛隊官員所扮演，同樣也是謊言，目的是在找嘴裡有沒有金牙。醫生會假裝量身高，好讓囚犯到下一個房間時，黨衛隊員能夠精準和立即瞄準脖子的位置，把人射死。

薩克森豪森集中營一天最多處理兩百個屍體，因為焚化爐一次燒六到八具屍體，但納粹還希望殺更多的猶太人。他們選擇交通方便的奧斯維辛集中營，成為七個納粹滅絕營之一[21]，目標是直接將人送到瓦斯室，用最有效率的方式殺人。在四至五年之間，奧斯維辛集中營一共殺害了約一百一十萬人，有九成是猶太人。

在他們準備進入毒氣室去洗澡時，納粹甚至還給他們肥皂，這是可惡的謊言。

大部分猶太人不知道自己要去送死，知道的也不能說。有個猶太人負責在毒氣室指揮排隊，有天他看到他弟也在隊伍之中，他弟問他說：「我們來幹嘛的？我聽說是來洗澡的，是這樣嗎？」但他不能告訴他弟接下來會發生的事，他既無力改變現況，又何必造成弟弟生命最後幾分鐘的恐慌？於是只能跟他說：「你去洗澡吧！我們待會見。」所以也不能怪集中營中的猶太人為何不反擊，因為很多人也不知情。而了解真實狀況的人不能、也不願跟天真的家人講。

猶太人也想要逃出集中營，可是跨過壕溝是帶電的鐵絲牆，許多囚犯已經絕望到什麼地步？他們選擇衝向鐵絲網，結束自己痛苦的生命。沒有人從薩克森豪森集中營逃離過。在奧斯維辛集中營，一共有一百四十四個囚犯成功逃跑。第一次有人逃跑後，全體的人一起受罰，站了十九個小時。在一九四三年，因為十三個人幫助三名囚犯逃跑，被公開吊死。

一九四三年四月，華沙隔離區猶太人起義，結果七萬人悲劇收場，而且至少一．三萬名猶太人是被燒死。德軍幾乎沒損失，最後將整個隔離區剷平，並將倖存的猶太人送入集中營[22]。黨衛隊領袖希姆萊（Heinrich Himmler）下令要剷平波蘭和蘇聯其他所有的隔離區。

很多人不能理解納粹大屠殺的規模有多大，是整個歐洲的猶太人都受到影響。

一九四〇年四月，納粹佔領丹麥和挪威南部。丹麥沒有抵抗，被納粹德國稱為保護國模範生，暱稱「奶油前線」（Sahne front）。由於關係良好，當丹麥官員堅持丹麥「沒有猶太問題」（No Jewish problem）時，納粹德國並沒有強硬對丹麥猶太人動刀。五月時，納粹入侵荷蘭、比利時、盧森堡和法國，大部分人都知道的《安妮日記》就是在納粹佔領荷蘭時期寫的。連義大利也都有集中營[23]，納粹在一九四三年入侵了義大利東北部地區的里雅斯特（Triste）是亞得里亞海峽的作戰首都，主要任務是逮捕、集中、遣送猶太人到滅絕營，必要時在聖安息日米廠集中營就地解決、處理屍體。殺害犯人的方法有毒氣、用棍棒打死、吊死，鮮少用槍枝，黨衛隊和烏克蘭軍人會用大聲的音樂與狗叫聲來掩蓋犯人受刑時的哭嚎聲。第一班被送走的列車在一九四三年十二月七日前往奧斯維辛，最後一班則在一九四五年二月二十四日，死了至少四千人。

一九四三年春天，丹麥反抗運動抬頭，全國投票結果有百分之九十的丹麥人不要繼續與納粹合作[24]，於是納粹實施宵禁和戒嚴，也準備將丹麥猶太人送到死亡營。但丹麥教會迅速作出反應，利用講台的管道，號召每個丹麥市民擔起保護猶太人的責任，連大學也停課，大家一起救猶太人！三週之內，超過七千二百二十個丹麥猶太人（以及六百八十六名家人）半夜搭著漁船[25]，被送到挪威去避難了。

一九四四年，納粹佔領匈牙利[26]，五月起每天都有四班火車把一．二萬匈牙利猶太人送去勞動營「蓋工廠」[27]，在奧斯維辛每三個猶太人就有一個來自匈牙利。但其實德軍沒派來很多人力，當時估計有至少二十萬匈牙利人協助德軍，才如此「有效率」的送走猶太人。

匈牙利猶太人口在一九四四年估計有八十萬人，二個月內送走四十萬猶太人，一年後匈牙利卻剩二十萬猶太人。德鐵確實成了納粹很好的工具，學者認為若沒有德鐵[28]，就無法有如此規模的大屠殺，因為只用了兩千輛火車，就運送了歐洲各地的猶太人到滅絕營。很多猶太人都是在寒冷的冬天，被關在火車貨櫃裡悶著，沒日沒夜又沒吃沒喝，每個人都是站著，不管原來多尊貴的人，排泄物也都是就地解決。德鐵知道載猶太人的火車最不重要，反正這些人沒有任何用途，所以總是優先安排其他火車通過，同樣的距離卻要比平時花幾倍的時間才會到達。很多猶太人連集中營的大門都還沒進，就已經死在這段路上。

到後期，在奧斯維辛集中營，納粹德國和醫生只會花五秒的時間，決定這個人要送去勞動還是毒氣室。少數情形會問專業背景，但通常直接主觀判斷。就這樣，九十萬人直接被送去毒氣室。布達佩斯剩下的猶太人關進隔離區，當時很多人死於饑餓、疾病、寒冷以及被箭十字黨（Arrow Crosss）打死、射死、虐待死。匈牙利箭十字政黨隨意處決猶太人，有些黨員甚至連十五歲都不到。他們把猶太人用鐵鍊綑在一起，只開槍射死第一位，剩下的就隨著沉下的屍體溺死。多瑙河畔的鞋子（Shoes on Danube）藝術就是紀念死去的這些人，其中也不只有猶太人。當時面臨沒有土地安葬屍體的問題，唯一的空地是當時菸草街猶太會堂的花園，小小墓園塞了四千多具屍體，大多都仍是無名氏。

達豪集中營一共害死了約三萬一千九百五十一人，四成的囚犯，是倒數四個月才殺害的。本來這裡只有一小間焚化爐，用來火化屍體。納粹知道自己即將打輸這場戰爭，趁還有餘力趕緊殺害越多猶太人越好，實在來不及了，才在旁邊加蓋了這麼一大間焚燒廠。一九四五年一月奧斯維辛集中營的猶太人被逼著走死亡行軍之路（Death march），四月時，達豪集中營的一萬多名猶太人被迫進行死亡行軍[29]，很多人餓死、累死、或是因為走不動被打死。

在美軍來之前幾天，四月三十日，希特勒自殺，八天後二戰結束[30]。美軍抵達達豪集中營時至少還有將近一萬具屍體都還沒有焚燒，美軍強迫達豪的居民來看焚燒廠還沒燒的死屍和衣服，指責居民的良心到底在哪？或許大家都希望只是一場殘酷又醜陋的夢，但血淋淋的歷史卻無法讓人輕鬆淡忘。

我第一次接觸到大屠殺的歷史，是在以色列大屠殺紀念館（Yad Vashem）[31]，博物館裡放著一雙雙在進毒氣室前脫下的鞋子，以及倖存者娓娓道來與被謀殺的家人相處的最後一幕。我看了很崩潰，尤其有一部影片，播放挖土機把一具具胴體推到洞穴裡，把人珍貴的生命和尊嚴踐踏到極致。是啊，在短短的六年內，納粹就殘酷的、有系統性的殺害了六百萬名猶太人[32]，包括一百五十萬名兒童。我們是否能感覺得到，大屠殺倖存者仍在滴血的痛，以及那些冤望的血，從地裡的吶喊[33]？

有一次，我的以色列爺爺 Yossi 提到納粹高官阿道夫．艾希曼（Adolf Eichmann），他是負責發號命令殺害猶太人的納粹劊子手，當時逃到阿根廷，一九六〇年被以色列情報局摩薩德（mossad）抓到後，以色列政府把他引渡回來接受公審[34]。艾希曼一九六二年終於被吊死，且屍體被燒掉，讓他沒有安葬之處，正義得以伸張。

「為什麼以色列有權審判一個德國公民？」我覺得很訝異，這樣合法嗎？

「艾希曼是個罪犯，他必須彌補猶太人，他需要受到懲罰。」

「可是給他死刑，也不能改變事實啊！」我不懂為什麼一定要給他死刑。也許這話說得太輕鬆、也太清高了吧？爺爺眉頭一皺，說：「必須這麼做，因為人都要為自己的行為付代價。」

「可是安倍晉三說他們不需要再為歷史道歉啊！沒人跟我們道歉，我們知道日本犯華歷史，可是我們日子還是得照過呀（move on）！」

爺爺堅定的回應了我三個字，我想我一輩子不會忘：「We don't forget.」（我們不會忘。）

但知道過去的歷史，不一定知道那種痛苦。打比方說，以前我在新聞上知道有火箭炮攻擊，但也是在以色列跑過幾次防空洞，才知道這種影響。因為光是聽到摩托車發動的聲音，都以為是防空警鈴聲，至少，你也會不自覺地停止呼吸。

當大屠殺倖存者聽見類似槍聲、看到跟德國相關的事情，所有的痛苦，連本帶利的歸還。身體與心靈上的折磨，跟夢魘一樣持續的吞蝕著他們，殘忍的歷史無法一筆勾消。這些倖存者很堅強的到新的國度生活、結婚生子。但即便閉口不談過去的歷史，這些傷害依舊存在生活的每一天，當他們成為父母，這些恐怖的經驗也影響著他們與下一代的互動、反應或價值觀。也難怪，這次戰爭爆發，除了有大屠殺倖存者被綁架到加薩走廊，這種無助的感覺與恐懼，又回到了大屠殺倖存者的心中。

在平行世界裡我們總與猶太人的苦難相安無事，也就不曾嘗試理解猶太民族在歷史中經歷過的排擠、不平等對待、滅族的苦難，連大屠殺這個詞都是國中老師在講世界歷史時匆匆帶過而已。

一定要理解猶太歷史和苦難的背景，才會理解為什麼一個猶太國家以色列，在面對阿拉伯人和巴勒斯坦議題上會有很強硬又絕對的外交政策。

1 戰敗的同盟國包含奧匈帝國、鄂圖曼土耳其、德意志帝國（德國）、保加利亞王國。德國交出百分之十三的土地、賠償兩千億金馬克、德國軍隊人數量不得超過十萬人。

2 在柏林的德國國會前面，有個紀念碑寫著這群曾批評過納粹的政治人物。柏林有許多的紀念碑，每個受害的族群，都有自己的紀念碑。跟猶太人最有關的是 Memorial to the Murdered Jews of Europe，城市的博物館和網路上可以找到的許多導覽行程，都一定會提到大屠殺，德國很有勇氣承認過去的羞辱，在自己國家的歷史學到教訓。

3 當時的執政黨是奧地利基督教社會黨，自一八八七年成立，在態度上就是以反猶爲榮。

4 貓王的秘書 Trude Forsher 就是一九二〇年在維也納出生的猶太人。一九三八年時逃離奧地利，從倫敦逃到美國，最後到好萊塢。著名的心理學家佛洛伊德也是奧地利猶太人，在一九三八年逃到英國時，他還寫：「得到自由的勝利卻帶著一絲哀傷，因爲得釋放的那人還愛著那監牢。」

5 納粹德國要求要離開奧地利時必須繳交的一筆離境稅（Reich Flight Tax）。

6 紀錄片《Shalom Vienna》（https://www.youtube.com/watch?v=hqKfs4uPqW8）。

7 只有多米尼加共和國願意多接受十萬名猶太難民，英國接受一萬個猶太孩童，以及哥斯大黎加也有接收難民。在維也納猶太博物館放了 Lily Bial 童年的玩具箱。當時還是小女孩的她在一九三九年先被送到英國避難，她的雙親都在集中營死了，有人發現她的父母在一九四二年被送到集中營前，將她的東西收在這個玩具箱裡。博物館收到這個箱子，好不容易才聯繫上住在英國的她，也好不容易才說服七十九歲的她來一趟博物館。但實在太多痛苦回憶，看一眼後，Lily 沒有將這個充滿私人回憶的箱子帶回。

8 瑞士政府在一九九五年三月八日正式道歉，因為他們在一九三八年說服了德國納粹在猶太人的護照上蓋「J」的點子。當初的目的是想方便管理，但其實是瑞士不想要猶太難民，可是又不想講得那麼明白，所以把這餿主意給了德國，害得許多想離開德國的猶太人護照被蓋了「J」以後，最後沒逃出去，死在集中營。

9 《認識以色列人與巴勒斯坦人從古到今的紛爭》第三十頁。

10 他們先到古巴，但古巴卻取消猶太人的簽證。他們轉向美國救助，但美國卻也因爲政治考量而拒絕讓他們入境，美國海岸警衛隊護送他們離開美國海域，而加拿大也是怕有更多猶太難民，拒絕了他們的呼求。這些人有一半死在集中營。美國和加拿大分別在二〇一二和二〇一八年時向這些人的家屬道歉。

11 一九四〇年六月時，其實納粹就提出《馬達加斯加計劃》，每年把一百萬猶太人遣送去馬達加斯加。

12 這就跟我們出國搭飛機時一樣，只會帶對自己最有價值的東西，在博物館看到這些猶太人竟然帶鍋子之類的東西，就知道他們上火車前，只是以爲被驅離到另一個地方。而被驅離對猶太人其實是常態，不會知道這是殲滅民族的計畫。

13 集中營內有被送進來的各類囚犯，用不同顏色的標誌做區分，類別分猶太人、羅姆人（吉普賽人）、政治犯、耶和華見證人、同性戀者、無法融入社會者、普通罪犯。猶太人的標誌是黃色的標誌，而眞正的罪犯是綠色的標誌，紅色是政治犯，白色是北歐來的政治犯，這些標誌影響被分配的工作，不用風吹日曬的工作，活下來的機率就比較高。納粹甚至賦予罪犯在集中營管理的角色，擁有著無限的權力，殘忍的對待其他囚犯也無需爲後果負責。

14 在奧斯維辛集中營，猶太人的物品集中在兩個被暱稱爲「加拿大」的倉庫。好東西就送給德國家庭，是珠寶金錢就送到納粹的銀行。可以用的就送到工廠，剩下的就燒掉。爲了警惕世人，這裡早在一九四七年就成爲博物館，讓大家知道慘不忍睹的事實是如何發生在集中營，所以可以參觀，會看到很多物件。一堆禱告巾、眼鏡、義肢、十萬雙鞋子和小孩的東西，這只是部分而已，更令人遺憾的是還有一袋袋猶太人的頭髮，因爲頭髮可以賣錢。若有去參觀的話，建議參加博物館的導覽。

15 電影《穿條紋衣的男孩》（The Boy in the Striped Pajamas）是虛構的故事，但題材是納粹時期在柏林附近集中營發生的事。

16 二戰期間有四千四百萬個集中營。

17 當時一位 Gisi Fleischmann 的猶太女性，她領導一個專門救猶太人的地下組織（Bratislava Working Group），主要的方法其實是靠付高昂的賄賂給德國和斯洛伐克的官員。一九四二年之所以暫時停止驅逐計畫是因爲她付給德國軍人 Dieter Wisliceny 五萬美元的贖金，約今日的七十五萬美元（台幣二百三十萬）。其實在付完贖金後，她還有另一個計畫，叫做 Europa Plan，目標也是透過賄賂讓德國人把猶太人送到波蘭。只不過這計劃在隔年年泡湯，她也被關入監牢四個月。出獄後她不願離開斯洛伐克，到了一九四四年秋天她又去說服德國軍人停止驅逐猶太人，可是這次她被抓起來，送到奧斯維辛集中營，在毒氣室中過世。

18 這個組織都是在週六安息日聚集，組織的人其實沒有人想要死，只是要吶喊出他們對活下來和可以在戰後重新開始的渴望。他們一點一滴將猶太人寫的紙條搜集和藏匿，後人完整知道發生的事以及這些猶太人即將被殘忍滅絕的真實感受。在戰後第一批被找到的是十個鐵箱，第二批則是兩個牛奶鐵罐。後來成爲了華沙隔離區地下資料庫（Warsaw Ghetto Underground Archive）。

19 同盟國包含比利時、捷克斯洛伐克、希臘、南斯拉夫、盧森堡、荷蘭、挪威、波蘭、蘇聯、英國和美國政府，以及法國。

20 庇護十二世在一九三九年至一九五八年間做羅馬天主教的教宗，他在一九二〇年代時仍是紅衣主教派契利（Cardinal Eugenio Pacelli）時，在德國擔任教廷的大使，所以很清楚納粹的崛起和價值觀。就連在同盟國都譴責了納粹後，庇護十二世居然選擇沒有作爲。甚至戰後納粹戰犯逃亡南美的老鼠路線，是受到天主教神職人員的幫助，所以有些歷史學家們相信庇護十二世也是知情的。庇護十二世的角色受到爭議，擁護教宗的意見認爲教宗說了什麼不重要，也改變不了納粹，重要的是他發了八萬張受洗證書給布達佩斯猶太人。但代表以色列官方的大屠殺紀念館的立場，不認定庇護十二世爲國際義人，並在二〇一二年前在紀念館內寫著：「一九三九年當他被選爲主教時，他擱置了上一任準備的反對種族主義和反猶太主義的信函，即使有關謀殺猶太人的報導傳到梵蒂岡，教宗也沒有口頭或書面抗議。一九四二年十二月，他放棄簽署同盟國譴責滅絕猶太人的宣言。當猶太人從羅馬被驅逐到奧斯威辛集中營時，教宗也沒有干預。教宗在整個戰爭期間保持中立立場，只有在戰爭要結束時向匈牙利和斯洛伐克的統治者發出呼籲。他的沉默和缺乏指導方針迫使整個歐洲的教會成員得自行決定如何反應。」二〇二〇年教宗方濟各（Pope Francis）宣布開放梵蒂岡檔案，日後會有更多的線索和證據知道，有多少神職人員或人士向庇護十二世求救，而他又怎麼回應。（https://dq.yam.com/post.php?id=12217）

21 有六個滅絕營在波蘭境內，奧斯威辛比克瑙滅絕營（一百一十萬人）、特雷布林卡滅絕營（至少七十萬人）、貝爾賽克滅絕營（約四十四萬人）、索比堡滅絕營（約十七萬人）、切姆諾滅絕營（約十五萬人）、馬伊達內克滅絕營（八萬人）以及一個在白俄羅斯的瑪麗・特羅斯特內茲滅絕營（七萬人）。

22 《戰地琴人》（The Pianist）就是演出大屠殺時期，猶太人在波蘭的華沙經歷的事。《辛德勒的名單》（Schindler's List）演的則是關於波蘭克拉科夫的事，他是個商人，卻救了一千一百個猶太人。華沙和克拉科夫都有很多猶太歷史導覽行程，另外華沙的波蘭猶太人歷史博物館（POLIN Museum of the History of Polish Jews）是我去過最棒的博物館之一。

23 《美麗人生》（Life is Beautiful）這部感人卻又無奈的電影，就是以義大利這段悲哀的時空背景為題材。Polish Jews）是我去過最棒的博物館之一。

24 有個傳說，當納粹說要給猶太人黃星標誌，連國王克里斯蒂安十世（Christian X）都發表說那他也要一起戴這黃星，因為他不孤立猶太人。當然，皇家沒有承認這件事，只是對於全國一起偷偷反抗納粹而營救丹麥猶太人的事實，他們是引以為榮的。哥本哈根有個設計感很強但小小的猶太博物館，可以參觀。

25 當時德軍也有在海峽中巡邏。丹麥漁夫會假裝喝醉，吹口哨唱歌，然後用德文說「要來瓶啤酒嗎？」這樣藏在甲板底下的猶太人聽到這樣的暗號，就會知道要默不作聲。

26 有一說法是匈牙利用討好納粹德國的方式拖延反猶的政策，包含更嚴格的定義只要有兩位猶太祖父母即算為猶太人。另外匈牙利國會通過一道法律，禁止銀行人員中有超過百分之五的猶太人，但卻又說法律生效期是五年後。匈牙利也在一九四一年就通過把猶太人關進隔離區的法律，但聶政－霍爾蒂．米克洛什（Horthy Miklys）拖到一九四四年才執行，隔離區一開始計畫放置二十萬猶太人，但最後只有七、八萬猶太人住在那。對比鄰國波蘭，雖然轟轟烈烈的反抗了希特勒兩週，卻在接下來五年慘遭被納粹德國無情的摧殘。而因為匈牙利有著盟友身份，領土都沒被侵犯，很多人因此逃到了當時的匈牙利、或從這繼續逃亡。但很遺憾的，一九四四年納粹德國還是來佔領了，並且四十萬猶太人被殺害。電影《與敵同行》（Walking with the Enemy）的背景就是二戰時期納粹德國跟匈牙利的關係。另外布達佩斯有很棒的大屠殺紀念中心（Holocaust Memorial Center）。

27 在戰爭中，德國說需要猶太人作為苦力，匈牙利人就相信了。直到六月初有人從奧斯維辛集中營逃出來，七月三日才透過一個基督徒議員，成功把「奧斯維辛日記」交到當時的匈牙利領導者的媳婦手中，內容有許多關於毒氣室的細節，於是七月六日匈牙利停止送猶太人到集中營。

28 而德鐵的歷史資料也寫著當年向德國親衛軍 SS 收的清潔收費標準：「成人與十歲以上的兒童：每公里 4 fennicks，四歲以下兒童免費」

29 以達豪集中營來說，不是只有猶太人在這，至少一萬六千七百一十七名非猶太人在這裡喪失寶貴性命，包含二千五百七十九名天主教神職人員被關在集中營，只是說最後被殺害以及被逼上走死亡行軍之路的人還是以猶太人居多。若要參觀達豪集中營紀念中心，大概要花上至少四個小時。

30 大屠殺時間軸可以參考 https://www.museumoftolerance.com/assets/documents/timeline-of-the-holocaust.pdf。

31 大屠殺紀念館的名字在希伯來文的意思是「有記念，有名號」，出自於聖經「我必使他們在我殿中，在我牆內，有記念，有名號，比有兒女的更美。我必賜他們永遠的名，不能剪除。」（以賽亞書 56:5）

32 被謀殺的六百萬人到底是一個什麼概念？那是當時猶太人口的三分之一。那是一九四五年台灣全部的人口，或是二〇〇〇年時整個以色列的人口。

33 當該隱殺了亞伯時，上帝聽見了亞伯從地裡哀求的聲音。「耶和華說：你做了什麼事呢？你兄弟的血有聲音從地裡向我哀告。地開了口，從你手裡接受你兄弟的血。現在你必從這地受咒詛。」（創世記 4:10-11）

34 Netflix 上有部電影叫做《最終行動》（Operation Finale），非常值得看！艾希曼受審時，也是以色列人第一次聽到大屠殺倖存者作證，這是以色列現代大屠殺教育的一個分水嶺，從此之後，人們才開始在以色列討論大屠殺歷史。

21 Sarah奶奶的大屠殺倖存故事

Sarah奶奶出生於一九三六年，當時納粹德國已經頒布了《紐倫堡法案》，猶太人不能使用醫院，所以她的媽媽只能在家中把她生下來。在一九三〇年到一九三七年之間，五十萬在德國定居的猶太人，有十萬人逃離到英國託管時期的巴勒斯坦[35]，其中包含了Sarah奶奶的祖父母，他們就是在一九三三年希特勒擔任總理時，立刻移民到當時的巴勒斯坦。若當時英國沒有限制猶太人移民巴勒斯坦的人數，Sarah奶奶的爸媽早就也去巴勒斯坦了。水晶之夜發生時，Sarah奶奶只有兩歲半。他們一家住在她爸爸開的店鋪樓上。那晚，街道上都是被納粹德國打碎的玻璃，Sarah奶奶的姊姊先醒來，她聽到有些奇怪的聲音，接著納粹德國竟然馬上就衝進來，抓了她爸爸並把他扔下樓，她爸爸被捕的原因只因為他是猶太人，而根據紐倫堡法案，猶太人不允許擁有商店。

媽媽 Hilda 先安排把兩個孩子送到比利時的親戚家。根據紐倫堡法案，猶太人不准搭乘火車，小孩也是，所以親戚家的保母帶了兩本比利時的護照，讓這兩個孩子跟著她，假裝是從比利時來德國看病的小孩，搭著德國火車「回」比利時，而她自己去監牢救她的丈夫 Max 出來。因為當時要離開德國一定要有另一個國家的簽證，她們一家四口，只有三張美國簽證[36]，Hilda 讓偽造文件的人修改了三張過期簽證的日期，然後一樣畫葫蘆的造出第四個偽造簽證，再拿著假簽證到監牢，外加免不了的賄賂，及時把 Max 從監牢搶救出來。事實上那天 Max 已經站在院子裡，準備被送上卡車到所謂的「工作營」了！

當時，猶太人當時要逃離德國幾乎是不可能的任務。他們唯一的方法，就是不帶任何行李，裝得若無其事地走進火車站，趁沒有人看到的時候躲到火車底下，在火車開動前就掛好自己，火車行駛的幾個小時都不要鬆手，就這樣子到了走私販卡車司機所在的城市，談好了價格，然後就躲在卡車內木材和卡車座位之間那一點點的空間。除了他們以後，還有另外兩個猶太女孩跟他們一起站在那個小小的空隙。到了檢查站，納粹德國士兵要求卡車司機打開車門，因為要看有沒偷藏人在裡面。司機開了車門，納粹士兵只看到一堆木頭，但為了以防萬一，還是往裡面開了幾槍。這一定是奇蹟，他們四人竟然沒有人受傷。

卡車司機開離檢查站後，不斷跟四個乘客要求更多的錢。到了第三次，兩個猶太女孩沒有錢可以給了，卡車司機就要她們滾！Max 其實不認識這兩個女生，他們在車上也沒有任何的交談，但他不可能見死不救。他做了一個很偉大的決定，其實也是一個很大行善的誡命（Mitzvah）——他用所剩不多的錢，幫這兩個女生付了卡車司機要求的賠償，救了她們免於被丟在路途上的命運。而終於，卡車過了邊境，抵達了比利時，卡車司機把這四個猶太人放在路邊後就離去。

當 Max 和 Hilda 出現在比利時親戚家時，大家都不敢相信他們成功了。相隔三個月，才兩歲的小 Sarah 看到父母出現時，先是沒有任何反應，後來突然意識到什麼了，就嚎啕大哭了起來，Sarah 的姊姊 Susan、Hilda 以及比利時親戚們也都跟著哭了。

她爸爸當時做了兩個決定，一家人要永遠在一起，並且要離開納粹可能會到的地方。

他們從比利時到法國波爾多，在那裡受到一個叫做索薩．門德斯（Aristides de Sousa Mendes）葡萄牙外交官的幫助，得到了進入葡萄牙的「生命」簽證。這個外交官很特別，在第二次大戰時間，他利用他的職位，發送生命簽證給正在逃離納粹德國的歐洲難民，作為天主教徒的他說：「我想與神同工，而不是跟敵對神的人同工。」但葡萄牙政府發現他不斷發送簽證後，撤銷了他的職位[37]。

到了葡萄牙後，Hilda 又懷孕了。Max 每天跑大使館，就為了可以拿到一張離開歐洲的簽證，最後，或許是因為他在比利時有當過鑽石切割的學徒[38]，他在古巴大使館得到了簽證！他們在要搭船離開的那天，卻被告知他們的船艙已經住了其他人了，他們不能登船，因為賣船票的人把船票賣了兩次，就像當時的卡車司機一樣不擇手段地在發戰爭財。他們一家只好眼睜睜的看著船離開，再次買票。在一九四一年五月，他們成功抵達古巴，十二天後，Sarah 的妹妹 Hadassah 出生了。

在抵達古巴的哈瓦那幾週後，他們聽說原來他們該搭的那艘船，在大海上被德國的魚雷打到，整艘船的乘客和船員都沉了，根本沒有抵達古巴。一個接著一個的奇蹟，因為上帝的保護，才讓不可能變成可能，讓他們一家有了重生的機會。

Sarah 奶奶一家在古巴待了四年，直到一九四五年的三月，透過美國 Leo 叔叔做保證人，他們一家才終於入境美國。她在美國長大，跟美國的 Bnei Akiva 猶太宗教青年組織來到以色列的奇布茲，在那裡找到了未來老公。他們先回美國賺錢和唸書，直到一九七三年贖罪日戰爭後的光明節時期，回到以色列。

現在 Sarah 奶奶的孩子都長大，有十六名孫子和三十二名曾孫子。大家都住在以色列，非常愛以色列，而其中一個孫子 Yakir 在這次的戰爭中，在加薩為以色列犧牲了。

35 可是這樣又造成當地阿拉伯人與新增的猶太難民之間的種族衝突。

36 因爲當時美國是依照出生國來給名額，Hilda和兩個女兒是在德國出生，所以他們三個有得到簽證，但是她丈夫在波蘭出生，那一年給波蘭人的名額早就用完了，所以他沒有簽證。他們一家人不想分開，所以選擇一起留在德國。

37 一九六六年時以色列大屠殺紀念館（Yad Vashem）頒發「國際義人」的榮譽給這位外交官，感謝他在大屠殺時期冒著生命危險救了三萬人，其中有一萬名猶太人。

22 反猶主義

「猶太人都很聰明。」這句話，竟然在猶太人的耳朵裡，也可能是極為反感的一句話。戰爭開始後，我問了一些猶太朋友，什麼是「反猶主義」？

我得到的答案大概可以歸納成「種族歧視」，一種純粹因為猶太人是猶太人，而對他們有說不出的憎恨，輕微的可能就是某種外人自認「無傷大雅」的刻板印象，嚴重的就是十月七日的大屠殺。

反猶主義反反覆覆出現在猶太人顛沛流離的歷史當中，甚至在聖經中猶太人也是差點在波斯被滅族。因此，猶太人不想要因為他們是「猶太人」而被貼上任何的標籤。也許一開始這個標籤不是惡意的（但通常是），但被濫用以後，就變成猶太人被攻擊的標籤。舉例，台灣人聽到「猶太」這個詞時，我們通常腦袋會先想到正面的事情，例如猶太天才教育、猶太致富黃金定律等等，但是同樣會有人就會順理成章的說「猶太人有錢有勢，控制了世界」。

我高中唸基督教住宿學校，有一次聖經課的考試題目是：「是誰殺了耶穌？」（Who killed Jesus?）我記得我的答案寫是我們全部的人殺了耶穌，是因為我們犯了罪，所以只有透過耶穌的流血，我們才能從罪中被贖[39]。我在一個羨慕猶太人成功的社會長大，所以當我跟著同學一起看《屋頂上的提琴手》（Fiddlers On the Roof）這部老電影，我還在困惑，為什麼會有窮到山窮水盡的猶太人啊？

我根本沒想過世界上會有人因為「誰殺了耶穌」，而控訴猶太人就是殺了耶穌的「基督殺手」，甚至代替上帝懲罰和屠殺猶太人。很遺憾的這就是近代反猶主義的開始。

我不是很想承認基督教裡面有反猶主義，畢竟我從小在教會長大，我沒有反猶啊！但是當我第一次在大屠殺紀念館內，看到新教改革宗領袖馬丁路德的圖片，我很難過。馬丁路德晚年的著作[40]和偏見，使得更多基督徒憎恨猶太人。「猶太人若不肯回改，我們不應該再忍受他們。」馬丁路德的影響力並沒有隨著馬丁路德的過世而消失，在他曾經講道過的威登堡Stadtkirche 教堂外面，仍放了一座雕像，是猶太拉比在給還在餵小豬的母豬擠奶，用來污衊猶太人，甚至後來被希特勒引述和合理化對猶太人的迫害。

但是反猶的歷史，是更早就從歐洲開始了。

先講在猶太人在歐洲的歷史。

猶太人這個名字的由來，是因為在西元前五八六年巴比倫帝國摧毀了猶太人第一個聖殿後，從「猶大山地」擄走了一群人，而這群人也因為南國猶大是屬於「猶大」支派和便雅敏支派（以及利未支派），所以他們就都被稱為猶太人。在羅馬帝國時期，猶太人為了生計，已經到羅馬帝國不同的城市居住，例如新約聖經中的保羅本身是大數的羅馬公民。

第二聖殿在西元七〇年被毀，猶太人再度被擄走，這次不是到巴比倫，而是到了更遠的歐洲及分散到全世界。在羅馬競技場旁的提多拱門（Arch of Titus）上刻著的猶太俘虜，就是由來自耶路撒冷的羅馬猶太人花錢將他們贖了。拉比文獻 Ester Rabba 也提到「世界上九份的財富都在羅馬」，而且在羅馬挖掘到在耶路撒冷鑄造的硬幣，年代是西元一世紀。西元二世紀時，羅馬有至少十二間猶太會堂。在奧地利也有猶太人生活的痕跡，考古人員發現猶太人禱告護身符（amulet），證明至少從西元三世紀猶太人便在奧地利生活。匈牙利的猶太人早在西元三世紀時，跟羅馬軍團來到匈牙利西部的 Manolia 地區，甚至比匈牙利人還早就存在於匈牙利[41]。

然而，在歐洲還沒有基督教化之前，對猶太人的偏見就已經存在了。西元前四世紀，希臘科學家與哲學家德謨克利特（Democritus）開始散播關於猶太人獻人祭的謠言，說：「每七年猶太人都會抓走一個人，將他帶入耶路撒冷的聖殿中，獻祭後分屍。」在西元一世紀史學家約瑟夫，他自己也是羅馬的猶太俘虜，在他的著作《駁斥阿比安》（Against Apion）中，提到埃及人阿比安說猶太人會把希臘人抓去耶路撒冷的聖殿，關在那裡將他們養胖，獻活人祭後再吃他們的肉。

現代反猶的人，總是能為自己找到藉口來討厭猶太人，例如造謠猶太人控制了世界的金融和政治，但不管是什麼時期，反猶主義的人都能找到一個理由來合理化殺害或逼迫猶太人的行動。

起初相信耶穌為救主的外邦基督徒[42]跟猶太人一樣，都是在羅馬政權下被迫害的族群，第一批的彌賽亞猶太信徒與外邦人一起建立教會，猶太主教都是與耶穌有實質血緣的猶太人，但是在西元一三二年的巴科巴起義之後，因為外邦基督徒的比例，已經遠遠超越了彌賽亞猶太信徒，教會跟猶太人之間的關係有了改變。

早期的基督教教父，也就是非猶太血統的基督徒，開始排斥猶太人。到了西元五世紀，撰寫《教會史》的索克拉蒂斯（Socrates of Constantinople）說他曾看到一群喝醉的猶太青年把基督教孩子釘十字架。安息日改成主日、逾越節改成復活節、住棚節改成聖誕節、割禮變成洗禮，基督信仰被希臘化，猶太人被貼上了耶穌殺手的標籤。而當基督教變成羅馬帝國的國教，並且整個歐洲基督教化後，當地這群不吃香腸、不去教堂、過著跟基督徒不同的節日的猶太人更顯得格格不入。

在中世紀的歐洲，基督徒社區與猶太社區的生活涇渭分明，他們的互動只僅限於在城外的商業交易[43]，猶太人也不能住在城內。甚至努力建立基督教國家的匈牙利國王聖拉斯洛一世（St. Ladislaus），也在西元一〇九二年時，規定猶太人不能擁有基督徒妻子或奴隸。偏見、錯誤教導、政策和缺乏交流，使得在歐洲歷史中，大部分時候基督徒對猶太人是相當不友善的，反猶主義變成對猶太人的逼迫。

早在十一世紀，中歐的猶太社群就創作了名為「Yzkor」（記住）的特殊祈禱文，以紀念第一次十字軍屠殺的受害者。十字軍東征從西歐發起，一個熱血沸騰的呼召，要從異教徒手中收回聖地的宗教戰爭，卻從身邊的異教徒，也就是殺害靠近西歐萊茵河當地的猶太人，因此猶太人才搬遷到相對羅馬天主教氣氛沒那麼嚴重的東歐居住。這也是為什麼在東歐有明顯更多的猶太人口，但當然，因為經濟的關係，他們在那裡是相對貧窮的，這也是為什麼《屋頂上的提琴手》裡面的猶太人都是貧窮的[44]。

猶太人在歷史上所遭受的迫害、歧視和困境，並在不同時期和地點的不斷遷徙和尋找生存之道。例如在中世紀時，猶太人很容易被驅離，當然這不單純只是宗教原因，更多是國家政策的因素。一方面猶太人不是公民，因此有許多限制，另一方面是教宗禁止基督徒借貸。為什麼大家有猶太人在金融方面很厲害的印象？因為猶太人不能買地、買房或置產，再加上也有許多職業選擇的限制，所以選擇做借貸生意，加深了負面形象。

不想還債的（基督徒）債主[45]包含了國王自己，假借宗教的名義，用誣告、殺害或驅逐猶太人的方式來賴帳，而猶太人也沒有相關的法律能保護自己。全數的猶太人分別在一二九〇年和一三〇六年從英國及法國被驅離。

比驅離更可怕的，是當「代罪羔羊」或是「血的控告」（Blood Libel）。

39 我想，如果回到高中那次考試，我的回答一定會再加上耶穌如何談論祂的死。耶穌說：「沒有人奪我的命去，是我自己捨的。我有權柄捨了，也有權柄取回來。」（約翰福音 10:18）

40 《猶太人與他們的謊言》。

41 有西元二至三世紀的希伯來文的猶太墓碑，證明猶太人很早存在於布達佩斯。至於匈牙利人則是八九六年開始在這生活。九六〇年寫給可薩汗國王約瑟夫的信中就有提到住在匈牙利的猶太人。

42 外邦基督徒指的是沒有猶太血緣的人。

43 爲什麼要跟猶太人買東西？因爲天主教世界有「公會」文化（Guild），很容易壟斷市場、抬高價格，而猶太人很早就開始實行自由貿易的概念，所以天主教徒也會被又好又有價格競爭力的商品吸引，跑來卡齊米日向猶太人買東西。

44 一七九一年的沙皇俄國時期，葉卡捷琳二世劃了一個「猶太隔離屯墾帶」（Pale of Settlement），猶太人不能擁有土地、不能上大學、也不可離開。

45 其實不能一概而論，因爲歐洲當時都是基督徒，但每個人都是去教堂聽聖經，並不是眞的認識這個信仰，這代表有些人特別虔誠，也有些人只是怪名。一定有還錢的基督徒，但無奈，剛好有許多不還錢的基督徒，再加上政策偏袒基督徒，所以造成猶太人有許多的委屈。

23 血的控告

在西元一三一五年至一三一七年歐洲發生大饑荒，而西元一三四八年至一三五一年歐洲發生了可怕的瘟疫，也就是後來稱的黑死病，短短的時間內造成歐洲三成到六成的人口喪命。當時已經存在的反猶主義，使得歐洲人順理成章的把猶太人當作瘟疫的罪魁禍首，指控是猶太人在水井裡下毒（妥拉裡對潔淨的要求很高，又加上猶太人社群跟基督徒是分開的，是住在郊區，所以沒有受到黑死病的影響，因此更造成中古世紀的基督徒相信猶太人是罪魁禍首）。

在普羅旺斯、巴賽隆納、埃爾福特、巴塞爾、亞拉岡王國、法蘭德斯伯國等地的猶太人被大量謀殺，甚至在黑死病沒有影響到的史特拉斯堡，民眾就把兩千名猶太人活活燒死。在奧匈帝國，一三六〇年洛約什一世（Louis the Great of Anjou）嘗試讓猶太人改信天主教卻失敗後，又把他們趕走。接下來更糟，在烏拉斯洛二世（Vladislaus II of Hungary）統治時期基督徒誣賴猶太人使用宗教法術謀殺基督徒孩子病死，於是無辜猶太人被火刑燒死。因為黑死病，歐洲約有五百一十個猶太社群被摧毀[46]，逼得存留下來的猶太人，只好又開始往寒冷和不適合居住的東歐移動[47]。

中世紀的基督徒相信猶太人舉行的奇怪宗教儀式中，像是在逾越節烤的無酵餅會需要基督徒家庭中孩童的血，於是只要家裡孩子病了、死了或失蹤了，就能任意指控猶太人偷了他們的孩子，並允以處罰。在喀爾巴阡的山腳，奧匈帝國的佩濟諾克小鎮（Pezinok）在一五二九年第一次發生這種控告，居民將村裡三十個猶太男人、婦女和孩子燒死[48]，但事後證明，根本沒有孩子死掉，而是偷偷被送到維也納，但猶太民族卻已經受到種族清洗。我特別去拜訪這個小鎮，在那裡沒有任何的告示牌記錄這個事件。

一四二〇年維也納的統治者阿爾布雷希特二世（Duke Albrecht V.）開始嚴重迫害猶太人，不只是財產被沒收，猶太人被折磨、餓死、抓做奴隸、被淹死在多瑙河和強行受洗成基督徒，很多維也納猶太人逃到現今斯洛伐克的村莊，被圍困躲在猶太會堂裡的維也納猶太人選擇放火自盡，剩下的九十二位猶太男人和一百二十位猶太女人被燒死。根據政策，猶太人像是被踢皮球一樣，在來來回回的遷移中求生存，靠著他們交稅、贈與、和官說，才留下來。

一四九二年西班牙發生宗教裁判所，西班牙趕走不願意改信天主教的猶太人，若要繼續做猶太人就必須被驅離、錢財要留下，若要改教就必須簽下放棄猶太信仰的宣言，然後要改姓、吃豬肉、不再過安息日和猶太節日。這些猶太人後來稱為塞法迪派猶太人（Sephardic

Jews），有些去了北非、伊斯坦堡，有些在羅馬找到了安身之處。

在威尼斯，就像其他地方的猶太人，他們被允許從事的行業選擇並不多，也不能參加工會、不能公平的賺錢，所以只能從事銀行業、貿易（香料和木頭）、布料生意。當我們提到隔離區，通常會出現大屠殺電影的情節，但事實上，隔離區都不是從納粹時期才開始的，英文的隔離區（Ghetto）最早源於十六世紀的威尼斯！

從一五一六年三月二十九日起猶太人被威尼斯共和國（Serenissima）限制住在常淹水的工廠區（Getto），這是威尼斯的一個島，久而久之這個詞就代表了隔離區。猶太人除了被關在島上，還被要求猶太人穿戴黃色圈圈，付了這些代價，猶太人才得到保護、以及保留猶太教的信仰。從半夜十二點到清晨六點，隔離區這島兩側的橋會關門，基督徒守衛在兩側的運河，防止有猶太人偷跑出來，目的是不讓猶太人和當地人混在一起。當時猶太人不能在隔離區以外置產，小小一個島，房子都蓋到七樓了！威尼斯有來自西班牙、黎凡特[49]、義大利中部和東歐來的猶太人，他們一起住在隔離區內，即便地方很擁擠，但猶太人還是喜歡各自的教派有各自的會堂。

很多年以前，我曾經參加威尼斯猶太博物館的導覽，我的導遊是土耳其猶太人混一點威尼斯猶太人，他有一種有趣的黑色幽默。例如我們在黎凡特地中海會堂（The Levantine Schola）時，他開玩笑的說：「這是夏天用的會堂，因為冬天這裡太~冷了，要是沒有暖氣的話，就沒有人要來聚會了。你能想像一群人在屋子裡，成為冷凍猶太人（Frozen Jews）嗎？

Frozen Jews, Made in Venice……聽起來好可怕！」

在那裡的會堂，我看到猶太人靠捐贈多寡而購買的「永恆座位」，但昂貴的位置不是靠近講台，而是越靠近妥拉櫃的那面牆[50]，因為猶太人的心是向著錫安的。

「你在這間猶太會堂聚會，是因為你爸媽都在這裡聚會嗎？」我問。他哈哈大笑的回答：「我在這裡聚會，是因為這是威尼斯唯一一間還有在聚會的會堂！」

我又問他會不會想要回歸以色列？

導遊一聳肩說：「我試過了，我住過以色列一年，可是車子太多了，不適合我，可能終究我還是個威尼斯人吧！」

我覺得就在那瞬間，我對猶太人的想法不一樣了。我無法具體描述在那當下的感受，很多人都是透過別人的文字或口述來勾勒出猶太人的樣子，古代的基督徒透過一些互動和謠言，現代人可能跟我一樣是透過聖經或是媒體，但在那瞬間，好像回到本質上，我感受到猶太人和我一樣，是人，我們可以是朋友的。

莎士比亞在《威尼斯商人》中，透過放高利貸的夏洛克在猶太人身上貼了一個負面標籤，這種刻板印象使得猶太人被非人類化，這也是後來納粹德國的文宣所做的——猶太人不是人，只是穿著人外表的動物。但是莎士比亞把猶太人的獨白寫得很貼切，好像能體會到猶太人幾百年那種被傷害、被拒絕、被出賣的感受。

「到底為什麼？就因為我是猶太人。難道猶太人沒有眼睛沒有手嗎？沒有器官、人的長相、感覺、感情和熱情嗎？猶太人不也吃同樣的食物？同樣的武器，傷得了基督徒難道就傷不了猶太人嗎？同樣的病，難道同樣的藥救不了猶太人嗎？我們不因為夏天而溫暖，冬天而寒冷嗎？你們若拿針刺我們，我們不會流血嗎？你們若給我們搔癢，難道我們不笑嗎？你們要是對我們下毒，我們不會死嗎？那如果你們對我們不好，我們難道不報復嗎？

如果我們在那些事上跟你們一樣，在報復這件事上也是。如果一個猶太人得罪了基督徒，那基督徒會有多溫柔良善的反應？是報復啊！如果基督徒得罪了猶太人，那學基督徒的做法，當然就是報復。我會像基督徒如何教我的方法，來對待你們，如果我不比我的老師厲害，算你們幸運。」——翻譯自《威尼斯商人》夏洛克的獨白。

隔離區的情況也同樣發生在羅馬、佛羅倫斯和西恩納[51]。一五一七年，原本是天主教神父的馬丁路德發表了《九十五條論綱》，勇敢發起宗教改革，這使得在羅馬的天主教為了保護教徒不受到「異教徒」（也就是新教徒）的改革影響，有了一串的措施。可是，猶太人在天主教徒眼中也是異教徒，也就這樣在一五五五年莫名其妙被關進了羅馬的猶太隔離區。隔離區的猶太人不准跟基督徒做交易，羅馬猶太人只能撿基督徒不要的菜，例如朝鮮薊（artichoke），於是朝鮮薊就成了羅馬猶太人特有的家常菜，在以色列某些地方也可以吃到這個有趣的植物。

一五八四年，教宗額我略十二世（Pope Gregory XII）規定猶太人每週六必須去教堂聽道明會的祭司講道，這跟宗教裁判所一樣，目標都是要將猶太人改教。要離開隔離區很簡單，只要放棄做猶太人就可以了！但是這些逼迫，仍然沒有讓猶太人放棄他們的信仰。一七二八年，教宗又頒布了禁止猶太人在住棚節或其他節日接待基督徒的禁令。通常這種情況是因為孩子已經被改教了，母親為了能夠不和孩子分開，只好也改教，離開隔離區[52]。

猶太人無數次驅離之外[53]，也被要求賦重稅[54]。最大的轉變，也只是一七八二年泰瑞莎女王的兒子約瑟夫二世（Franz Joseph I of Austria）頒布的忍受條例（Edict of Tolerance）。約瑟夫二世平等對待猶太人，允許他們自由居住（除了採礦城不行），但也要求他們要當兵。他允許猶太人可以成為基督徒工匠的學生、可以唸大學（但不能選神學），但他同時也要求猶太人的學校要教和一般學校同樣的科目、拉比要負責解釋國家新法令、法律文件禁止使用希伯來文，且希伯來文的東西只能在猶太人聚會的時候出現。他允許猶太人可以不再配戴猶太標誌的東西（黃色圓圈或星星），但也同時，他們不能展露出自己猶太信仰的特殊處，例如鬍子。所以雖然猶太人挺喜歡國王，但他們反對條例中的要求。同時基督徒也反對條例中給予猶太人太多的寬容，所以這條例到最後也沒有完全被執行。

在約瑟夫二世之後，猶太人還是繼續被禁止住在城內。

直到十八世紀末，奧匈帝國的猶太社群才漸漸壯大，奧地利猶太人在商業和政治界開始有些影響力。例如 Eskeles 就是在這個時機點成為銀行家，並成立奧地利國家銀行的猶太人[55]。雖然是少數，但猶太人越來越有身份[56]，似乎在歐洲的日子苦盡甘來了。在一八四八年許多猶太知識份子參與了爭取平等的革命，匈牙利猶太人也參與了反抗奧地利人的革命運動，這運動加深了維也納猶太人的自我意識，更加想追求平等，但也讓德國人民族主義者更加反猶。到了一八六七年，猶太人還真的得到夢寐以求的平等權利！他們開始被允許上大學、也沒有了職業的限制，猶太人的世界變得開闊，成為作家、律師、藝術家、公職人員！更多猶太人搬到維也納，那裡就等於現在倫敦、巴黎或紐約的地位。一八八〇年人口多了超過原本百分之六十，當時維也納有約七萬兩千名猶太人，約是奧匈帝國百分之十的人口，錫安之父赫茲爾就是在維也納成為了律師。直到一八七〇年，教皇國的結束和義大利統一的實現，羅馬成為新國家的一部分，才使猶太人等其他群體開始享有平等的公民權。而德國的猶太人是在一八七一年建立德意志帝國時，獲得了平等的公民權。

一八七〇年到一九一四年間，第二次工業革命時期來臨，猶太人因為借貸事業的成功，累積了不少財富，因此很自然成為最新技術的投資者。這是在幾百年的法律限制之下，他們才有的成果，但引起非猶裔民眾不滿每間工廠的老闆都是猶太人，因此反猶情緒也開始累積。

這時好不容易被平等對待的猶太人，在身份上一方面想融入當地社會、成為國家的一份子，但另一方面也不願意放棄猶太身份和猶太根，特別是信仰部分。

有人說：「不是猶太人守住安息日，而是安息日守住了猶太人。」

也有人說：「雖然他們不想被視為局外人，卻又多少為自己被視為局外人為傲。」

一九一四年，第一次世界大戰開始，有三十萬猶太人參加奧地利帝國軍隊，甚至因為有二．五萬猶太人當上軍官，猶太人以為他們真的被社會平等對待了。

而之後的歷史，真的是人類歷史中最黑暗的一頁。猶太人竟然被送去集中營，這是一個要殲滅九百萬猶太人的計畫，最後殺害了六百萬猶太人。

在猶太人的流亡歷史上，這麼長的時間，也不是幾頁就能完整敘述。但重點是，第一個，猶太人在基督教的歐洲一直有留下生活的證據，他們並不是突然冒出來的人。第二個，因為信仰的不同，在有反猶主義的歐洲，猶太人為了能保留信仰，受到各式各樣反覆無窮的迫害，這點基督徒有很大的虧欠。第三個是這麼長時間，他們還是格格不入，歐洲不是他們的家。

為什麼猶太人需要猶太家園？在大屠殺結束後，德國牧師 Martin Niemöller 寫下：「他們來抓共產主義者時，我什麼都沒說，因為我不是共產主義者。然後他們來抓工會成員，我什麼都沒說，因為我不是工會成員。然後他們來抓猶太人，我什麼都沒說，因為我不是猶太人。當他們來抓我時，我……已經沒有剩下任何人能為我說什麼。」猶太人需要猶太家園，因為歷史告訴我們，歐洲不是他們的家，而且願意仗義執言的好鄰居只佔少數。在這次戰爭開始之後，有個美國猶太人開始語重心長的說：「我們以為猶太人有以色列就夠了，但沒想到我們還是需要好鄰居。只是我們現在就需要知道誰是好鄰居，如果現在不為我們說話，我要怎麼相信，他在危難的時候會保護我們呢？」

我聽說過，納粹時期可分成四個角色：加害者、受害者、旁觀者和救援者。我們都會覺得自己應該會選擇救援者的角色，但事實上，大多數人都是站在旁觀者的角色，冷漠與不關心的態度，導致納粹沒受到什麼阻礙，一步一步地把猶太人推向死亡計畫。只有極少部分是救援者。

那些曾經冒著生命危險向猶太人伸出援手的外邦人，陸續被以色列頒發為「國際義人」（Righteous Among the Nations），整個歐洲也只有兩萬七千位。雖然實際上的數字可能會更多，但還是不夠多。

幫助猶太人是要付代價的。在波蘭，給猶太人食物或藏匿他們，會得到一樣的懲罰，就是死刑。但是波蘭有超過七千位國際義人，是人數最多的國家。我在博物館看過一張攝影作品是基督徒和猶太人連在一起的墓，因為這個波蘭的基督徒家庭藏匿了猶太人，全部的人都被納粹開槍打死。這讓我想到哈瑪斯也是不分穆斯林或阿拉伯人，只要是在以色列境內看到的人，全部都開槍打死。

一九四四年，在布達佩斯有七十六間瑞士給瑞士猶太人的庇護所，瑞士外交官卡爾．盧茨（Carl Lutz）跟納粹談條件，說只發八千張生命簽證給猶太人移民到巴勒斯坦，但他很聰明地利用瑞士公民的家屬也受到瑞士政府保護的伎倆，救了八千個家庭，所以是六．二萬人。一九六五年他被以色列給予國際義人的榮譽，三次被提名諾貝爾和平獎。現在以色列海法還有條 Carl Lutz 街就是以他命名[57]。

羅爾．華倫堡（Raoul Wallenberg）原本是商人，他的生意夥伴是匈牙利猶太人，一九四四年他為了救猶太人，跑去當了瑞典外交官一等秘書，用發生命簽證的方式救了幾萬名猶太人。他發了太多簽證後，被警告只能發簽證給跟瑞典有關聯的猶太人。有個現在已是老奶奶，但當年拿這簽證逃到瑞典的倖存者回憶當時的情況——華倫堡問她和她弟弟有沒有去過瑞典？他們說沒有。又問他們有沒有瑞典朋友？他們也說沒有。

「那你們和瑞典有任何關連嘛？任何一個都行。」

她靈機一動，說：「我叔叔在斯德哥爾摩給我們買過泰迪熊。」於是，簽證就這樣下來了，可能泰迪熊存不存在都無所謂，因為他是真的要救猶太人。

任職半年後，猶太人被蘇聯解放，但才三十二歲的他卻被解放猶太人的蘇聯人當成間諜抓去，直到最後在莫斯科被整死。這也是他至今被匈牙利猶太人尊重的原因，不只是因為他救人，而是他的下場是為此喪失生命，在以色列也常常會看到以他的命名的街道。

這是猶太人的個性，好的和壞的，他們都會紀念。在 Sarah 奶奶故事中提到的葡萄牙外交官 Sousa Mendes，也在耶路撒冷有一條以他命名的街。

一九三八年中華民國駐奥地利的領事何鳳山在兩年內，發了至少兩千張生命簽證[58]。何鳳山被稱為中國的辛德勒，上級反對、納粹沒收總領事館、國民政府不出房租都沒有阻止他救人的決心，他的拔刀相助，以及上海對猶太難民的接納，是至今以色列相信中國和華人是朋友的一大原因。讓我最感動的是，全國上下一起救援猶太人的丹麥則是說：「不要紀念我們的個人，而是紀念我們整國（collectively）」，於是在耶路撒冷大屠殺紀念館的花園大道上放著紀念整個「丹麥地下組織」（The Danish Resistance）的扁額。這些人或許是醫生、是藍領階層、是神職人員、是知識份子，為自己信仰的價值觀而劃清界線，不畏懼的參與救援行動，又低調不邀功的丹麥人。

納粹的邪惡計畫，始於一群對世界有期待，卻覺得被世界辜負的人。他們找到一種方法，把小部分人犧牲掉，就能獲得他們的資源。發現殺人有好處，只要夠狠就可以在世界上混得很好。從賦予一群人特殊權力、焚書坑儒排除異議份子、改變國家的平等政策、禁止猶太人做生意、上學和擔任公職、刻畫猶太人的負面形象、攻擊猶太人和燒毀會堂、要求登記財產、限制出入境、囚禁猶太人在隔離區、要求配戴黃色記號、限制口糧、送去勞改營、剝奪人性、奴役猶太人、到最後的殲滅，這一步步溫水煮青蛙的過程，納粹不斷讓人感到害怕，也讓旁觀者失去了應有的警惕。

很嚇人的是，歐洲人並沒有在大屠殺之後，就善待猶太人。歐洲的反猶主義也沒有在大屠殺結束之後，就洗心革面。沒有憐憫心的鄰居，戰後佔領猶太人資產，也沒有愧疚感[59]。有三萬名斯洛伐克猶太人倖存，可是斯洛伐克居民已經住進了猶太人的房子，佔領了他們的財產。更糟糕的是，暴力與攻擊行為頻頻傳出，他們在路上任意被毆打，斯洛伐克人在路上大喊「吊死猶太人！」

一九四八年，有兩個女人在水果攤發生了爭執，但因為一個女人是猶太人、而另一個是懷孕的基督徒，本來一件小事卻被渲染成猶太婦人造成基督徒孕婦流產。群眾的情緒失控，竟然變成「殺死猶太人」的暴動局勢。

在波蘭，戰後在八個城市發生攻擊猶太人的事件，一波波的攻擊逼走猶太人。波蘭人怪罪猶太人跟共產主義者是一掛的，一九六八年又發生反猶運動，這次逼走的是一．四萬猶太知識份子，離開時只被允許帶五元美金。

相較德國人，戰後的奧地利人都不知道猶太人實際上經歷了什麼。一九四五年維也納市長Leopold Junschak 說：「波蘭猶太人不應該來到奧地利！我們奧地利人也不需要其他人！我一直都反對猶太人，到現在還是！」一九五五年奧地利獨立後，努力撇清跟納粹有關的歷史，包含奧地利人參與納粹活動、成為納粹軍官、更包含希特勒五十六年生涯前四十三年都是奧地利人等，奧地利咬定自己被合併、同樣也是德國納粹的受害者。奧地利沒有付給大屠殺家屬任何賠償，對於猶太人被其他奧地利人充公、侵佔的財產，奧地利並沒有立定物歸原主的法律。在美國給予的壓力之下，才新立歸還不動產相關的法律。可是在一九七〇年後，奧地利就停止對可能參與過納粹活動的奧地利公民的調查。曾經在一九四二年至一九四五年參與了納粹活動，而且還是名中尉的寇特．華德翰（Kurt Waldheim）在一九八六年當選了奧地利總統。國際社會將奧地利邊緣化，美國禁止華德翰入境，奧地利年輕人才開始討論歷史，調整「歷史健忘症」的態度。

Hannah Lessing說：「華德翰事件後，我非猶裔的朋友問我，『那你現在是什麼人？猶太人？以色列人？』也許我的信仰跟大部分人不同，但需要我來辯護，我覺得很荒唐。」這件事後，維也納才把已充公的藝術品還給猶太人，也才為他們重建了猶太學校、蓋退休中心、整修猶太會堂等[60]。

在川普總統宣佈美國承認耶路撒冷為以色列首都後，奧地利的美國大使館出現了抗議民眾。錫安之父赫茲爾過世了一百多年，他一定想不到「猶太人去死」這句話出現在他所愛的維也納。在示威行動中，出現了三個年輕人，他們靜靜的拿著以色列的國旗，一個月後卻收到罰款，理由是他們「在集會上拿了一面以色列國旗，以這樣極其挑釁的方式向巴勒斯坦抗議者中製造了相當大的攻擊和挑釁」。

又，目前匈牙利國會第三大黨Jobbik是個二〇〇三年新興的極右派政黨，號稱是個持守基督教信仰與原則的政黨，在立場上特別反對猶太人或以色列在匈牙利置產，反對錫安主義入侵匈牙利、甚至也和反以色列政府的極端正統派猶太人合作。沒有人知道，極右派主義的政黨什麼時候會再度變成主流，甚至變成下一個納粹。

猶太人需要猶太家園，因為人類很難從歷史學到教訓。

猶太人需要能夠保護自己，不再像被牽到屠宰場的羊。

猶太人真正的《猶太問題的最後方案》（Final Solution），是建立一個猶太家園。

---

46 在德國的猶太博物館看到紐倫堡的屠殺紀念冊（Memorbook），紀錄著被基督徒逼迫而死的猶太受害者名字。那本是從一二九六年開始紀錄的。

47 波蘭立陶宛聯邦（Polish Lithuanian Commonwealth）時期，猶太人跟當地人關係非常良好，可說是猶太人的天堂吧？從一五六九年開始，貴族開始擁有土地，有權並鼓勵對經濟和城市發展很有貢獻的猶太人住到他們的鎮上。當時希臘的猶太人也不過二．五萬，可是波蘭人口已在一百三十年內，從二萬名猶太人增加成十五萬！到了一七六五年，就有七十五萬猶太人住在一千兩百個鎮上！

48 只有十歲以下的孩童可以不被燒死，但被強迫改信基督教。

49 黎凡特猶太人（Levantine Jew）是鄂圖曼土耳其帝國的子民，不過他們原本是從西班牙過去的猶太人，因為海上貿易的關係，他們也來到威尼斯。

50 會堂一面牆設計了一個頭要抬得很高的講台（bimah），也就是讀妥拉（神的話語）的地方，當時的猶太人蠻喜歡這種特別的設計。在另一側的牆，是最靠近耶路撒冷的牆，這是會堂裡最重要和最神聖的牆，用來安置妥拉櫃。

51 一五七一年在佛羅倫斯和西恩納也有隔離區。教宗國（Papal States）的猶太人要是不住在隔離區，就會被趕到迷你城市國，例如皮埃蒙特、曼托瓦、費拉拉。

52 一直到一八四八年庇護九世（Pope Piux IX）才廢除猶太人週六要去教堂聽講道的規定。隔離區則是在教皇制度結束後的一八七〇年拆毀，羅馬猶太人才首次有了平等的公民權！

53 一四九六年，神聖羅馬帝國皇帝馬克西米利安一世（Maximilian I）下令把所有猶太人趕離奧地利東南部的史泰利亞邦。一七六七〇年維也納猶太人再度被趕離出維也納，當時甚至規定猶太人只有長子才被允許結婚，目的是要控制猶太人的人數。

54 瑪莉亞泰瑞莎女王（Maria Theresa）是屬於排斥猶太人的統治者，若猶太人若不離開，則需要每年付五萬萊茵盾的重稅，收費還每年調高。要是哪個猶太人需要在維也納過夜，需要很丟臉的降低身份，付針對「貨品」的過夜稅。猶太兄弟 Hirschl 贊助了十五萬萊茵盾，蓋了維也納最重要的巴洛克教堂 Karlskirche，才換到了住在的維也納的特別許可。

55 由於維也納猶太人只佔奧匈帝國中猶太人口的百分之一，所以對匈牙利或加利西亞的猶太人，在原先幾乎是自治的情況下，好像新法律給的限制比得到的權益還多。

56 一八二六年，靠有錢的維也納猶太人 Michael Lazar Biedermann，猶太人有了自己的會堂，從哥本哈根請了 Isaak Noah Mannheimer 做拉比。

57 Carl Lutz 在一九四二年之前在巴勒斯坦做外交官，一直想幫助猶太人移民。不過這些猶太人沒有全都得到瑞士政府的幫助，就連 Carl Lutz 也是到過世二十年後瑞士政府才正式肯定他的人道行爲。

58 根據維基百科，到上海避難的三萬名猶太難民，超過了加拿大、澳大利亞、印度、南非、紐西蘭五國當時所接納猶太難民的總和。一九三九年剩下的一萬名奧地利猶太人能逃去的地方不多，上海是其中一個。

59 《沉默眞相》（Hanna's Sleeping Dogs）是一部由小說改編的電影。講述一個猶太奶奶、猶太女兒 Katrina 和九歲的孫女 Joanna 在一九六〇年代的奧地利韋爾斯，很掙扎的不知道能不能承認自己是猶太人身份的故事。鎮上的人也依舊是用大屠殺時的態度對待猶太人，因此他們不敢公開，大屠殺時期結束後的傷害，不管是肉體上還是心靈上，都存在兩代之間，影響著第三代。這是一部德文發音的電影，榮獲二〇一六年上海國際電影節金爵獎最佳編劇。

60 但維也納猶太博物館仍唯一是在常態展中提到奧地利殲滅猶太人歷史的博物館。

第三章

以色列建國與戰爭

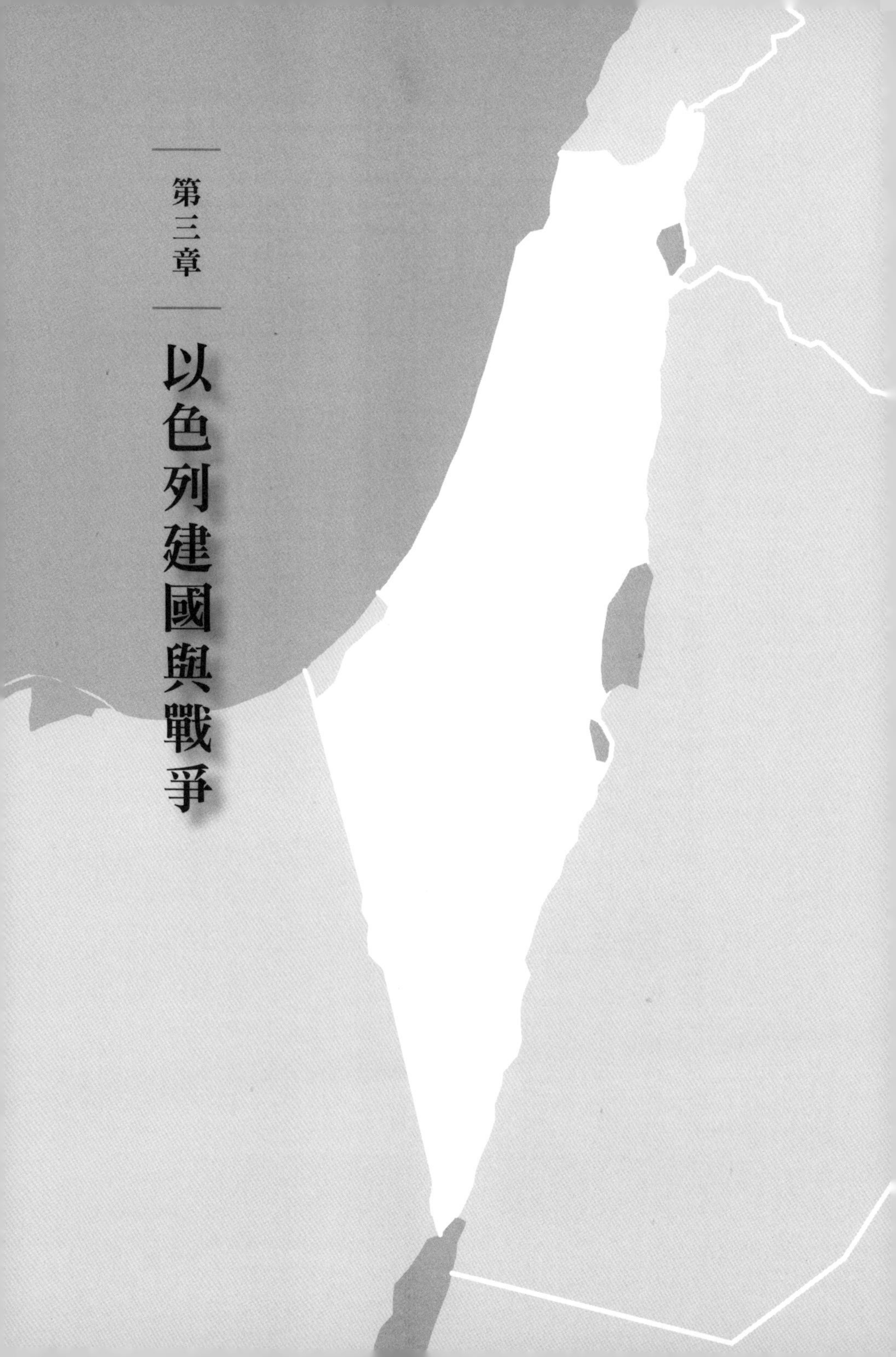

24 馬克吐溫眼中的巴勒斯坦

耶路撒冷舊城內有個「大衛塔」博物館，在這裡可以找到猶太南國希西家在西元前八世紀蓋的城牆、猶太哈斯摩尼王國在西元前二世紀以及希律王在西元一世紀留下的城牆。展區裡用英文、阿拉伯文、希伯來文介紹歷史。這塊應許之地，曾有不同族群的來往[1]，也有不同的統治者。按照歷史的順序，是迦南人、以色列十二支派、巴比倫人、波斯人、希臘人、猶太人、羅馬人、阿拉伯人、十字軍、馬木路克人、鄂圖曼土耳其人和英國人。

另外有個展區記錄著朝聖者來到「巴勒斯坦」的遊記，鼎鼎有名的馬克．吐溫，也做過不太典型的朝聖者。許多人知道他寫的《湯姆歷險記》，他是出生於一八三五年的美國諷刺文學家，他曾經在一八六七年分享他從歐洲玩到中東的遊記，後來出版成《傻子的旅程》。他描述：「耶路撒冷的人口由穆斯林、猶太人、希臘人、拉丁人、亞美尼亞人、敘利亞人、科普特人、阿比西尼亞人、希臘天主教徒和少數新教徒組成。」

網路上經常流傳一個錯得離譜的四格圖畫，表示「巴勒斯坦國土」不斷被以色列蠶食鯨吞之類，要以色列把偷來的地還給巴勒斯坦人。但歷史上從來沒有一個獨立的巴勒斯坦國，或由「巴勒斯坦人」所統治的國家，更沒有巴勒斯坦國的錢幣、古蹟、書籍等，也沒有哪個來到巴勒斯坦的朝聖者，曾經記錄過他們遇見一個「巴勒斯坦人」。

以色列女總理梅爾夫人在一九七〇年說過：「我是巴勒斯坦人，從一九二一年到一九四八年，我持有巴勒斯坦護照。這個地區沒有猶太人、阿拉伯人和巴勒斯坦人，只有猶太人和阿拉伯人。」因為在以色列建國之前，阿拉伯人和猶太人一樣，都在這塊叫做巴勒斯坦的土地上作為被統治者，都可以被稱為巴勒斯坦人。

為什麼有巴勒斯坦這個名字呢？猶太民族有兩個重要的起義，一次是在西元七〇年的起義，那次聖殿被毀，猶太人被趕出聖城。而西元一三二年時，猶太人認為巴柯巴是彌賽亞，推動了第二次起義（Bar Kokhba revolt），結果失敗後獲得更重的處罰，猶大省被改為巴勒斯坦。（當時伊斯蘭教還沒有被發明，耶路撒冷更不是伊斯蘭教的第三聖地）。巴勒斯坦這個名稱，只是一個地區的名稱。一九四八年以色列建國時，猶太人的報社原先叫做「巴勒斯坦時報」（The Palestine Post），後來才改成「耶路撒冷時報」（The Jerusalem Post），代表巴勒斯坦是地區的名字。

把時間拉回馬克吐溫眼中的鄂圖曼土耳其時期，畢竟是「聖地」，我想用基督徒的角度來看這塊土地的歷史。

西元一五一七年，鄂圖曼蘇丹塞利姆征服了巴勒斯坦地區，當時鄂圖曼帝國涵蓋了地緣政治和貿易上最重要的地區，包括東地中海、埃及和美索不達米亞。鄂圖曼土耳其帝國在耶路撒冷的發展非常有限，因為雖然對穆斯林來說，耶路撒冷有特殊重要性，但在政治和經濟上相對較為邊緣，反而伊斯坦堡、巴格達、貝魯特、大馬士革、阿勒波、伊茲密爾等等才是重要的城市。

當時的耶路撒冷，跟我們現在心目中的耶路撒冷是不一樣的。阿拉伯人和穆斯林對耶路撒冷的興趣，一直是從猶太人開始回歸才開始。

伊斯坦堡在一八三〇年的人口大約是四十到五十萬，猶太人就佔了四．二萬人，但是在一八四四年，耶路撒冷的人口普查中，也只有約一．五萬人！其中包含了七千一百二十名猶太人、五千名穆斯林以及三千三百九十名基督徒。在鄂圖曼帝國，**基督徒和猶太人都是宗教少數群體，被稱為齊米人**[2]。一個簡單的人口普查，能證明耶路撒冷的人口中一直都有猶太人。

鄂圖曼帝國在一六八三年未能攻克維也納後開始走向衰弱，中央政府失去對當地穆斯林領袖的控制[3]，齊米人在鄂圖曼土耳其帝國之下得到了宗教寬容，但卻經常受到當地穆斯林的虐待、騷擾和襲擊。當地穆斯林部落會向旅行者勒索「通行費」，人們因為害怕匪徒，只好居住在夜晚會上鎖的耶路撒冷舊城，即便衛生條件十分糟糕。如果基督徒或猶太人跑到穆斯林的聖地，是會被殺的。也就是說，所謂穆斯林和猶太人的「和平」相處，只是跟現代衝突相較之下，一個相對的和平，但這個和平的假象，其實也是建立在以伊斯蘭信仰為主，貧窮猶太人與穆斯林的不平等對待之上（耶路撒冷的猶太人非常虔誠，卻非常貧窮，是靠國外其他猶太人的捐贈維生）。

有些人說，英國人偏袒猶太人，這句話可能只對一半。因為在十八世紀時，英國的新教徒與德國的新教徒，確實幫助猶太人回歸故鄉。從一七〇〇年代中期，改革宗基督徒開始自己閱讀聖經時，英國新教教會內有極大的復興運動。新教徒透過聖經預言，看見亞伯拉罕、以撒和雅各的神，對猶太人的心意和應許，上帝必定向祂的選民守這份「約」[4]，祂必照著聖經中的應許，恢復以色列人回到實質的土地，好在那裡遇見他們的彌賽亞。新教徒帶著熱忱的接受「復興以色列」（Restoration of Israel）的使命，希望開展傳教活動並在耶路撒冷建立教會。甚至在猶太復國主義之父西奧多．赫茨爾（Theodor Herzl）提出他的猶太復國主義夢想之前，在猶太人準備好大規模移民之前，不同的基督徒人士[5]為猶太人在這片土地上重新定居提供幫助。

不同於民間的熱忱，十九世紀的英國和列國的政府對耶路撒冷沒有大多興趣，甚至連使館都沒有！當時的領事代表為了商業活動，僅分佈在沿海城市，例如雅法。一七〇七年，隨著莫臥兒帝國開始瓦解，英國和法國都想爭奪印度或東方貿易的主導地位，當英國開始擔心拿破崙的入侵[6]和俄國的密約[7]會影響英國與印度之間的貿易路線後，便決定在耶路撒冷設立領事館。這個決定跟耶路撒冷是基督教朝聖者的聖地無關。事實上，英國政府寧願維持現狀[8]，也不打算取代鄂圖曼土耳其帝國成為聖地的保護者。英國起初介入敘利亞、巴勒斯坦、中東，除了政治考慮，更多的是在經濟上，因為英國需要通往印度的海路安全且開放。

英國也在一八三六年成為第一個在耶路撒冷設立領事館的西方國家。建立領事館對於新教教會的存在和保護是必要的，因為可以保護遷徙、貿易和宗教信仰自由不受侵害，沒有領事館，外國臣民就毫無防禦能力。領事館也可以給予鄂圖曼基督徒或猶太人有限的保護地位，讓他們成為領事的譯員、代理人或員工[9]。受保護者將享有與外國臣民相同的權利，這意味著外交豁免權，例如免除鄂圖曼帝國的刑事管轄權、免稅和其他商業特權。在二十年內，繼英國之後，還有五個西方國家也在耶路撒冷設立了領事機構[10]。他們除了能在地觀察政治，也可以為他們負責的宗教團體提供保護。

英國領事館曾經用這項特權來保護巴勒斯坦的猶太人，或許是因為當時只有幾個英國人住在耶路撒冷（在鄂圖曼土耳其時期，大部分的時間是禁止移民的，對基督徒來說，一直是等到一八三一年，在埃及短暫佔領巴勒斯坦九年之間，外國人才有機會被允許永久居住在這片土地上）。英國還沒有新教社群可以保護，因此或許可以利用猶太少數群體來增加在中東的影響力，然而，想去保護猶太人不只是純粹出於政治考量，當時英國外交大臣帕默斯頓也受到「以色列復興」意識形態的影響。總之，一八三九年，英國首任駐耶路撒冷的領事楊（William

Young）接到指示，保護猶太人作為英國領事職責的一部分，為居住在猶太定居點（Yishuv）的貧困猶太人以及受迫害的猶太人提供保護。在一八四九年，英國大約有三百九十個保護的猶太家庭（約一千五至一千六百人）。英國並不是唯一為猶太人提供保護的領事館[11]，而且從第二任領事芬恩（James Finn）[12]開始，英國就開始退出保護猶太人的角色。到一九一一年時，保護的人數已經減少至二十一人。

英國政府和新教教會，只有一個很短暫的時間，剛好兩方都希望幫助猶太人。在這個獨特時期，在大衛塔對面，英國的教會差會（CMJ）已經在耶路撒冷就位，並準備好了土地和財政資源。剛好普魯士國王腓特烈．威廉四世（King Fredrick Wilhelm IV）又熱心提出了共同成立英普主教區的意願[13]與提供一半的資金[14]，英國議會跟女王很快就同意，因為對兩個國家來說，多了宗教的影響，就會增加政治影響力。經過英國政府艱苦的外交努力（其實是靠著鄂圖曼帝國欠大英帝國的人情債），蘇丹終於無奈的打破「維持現狀」的法律[15]，給予了建造這座教堂的詔書，一八四九年中東第一間英國新教教會基督堂（Christ Church）建堂。

英國對於領事在耶路撒冷的活動其實是消極的，甚至沒什麼預算去蓋一個像樣的領事館。芬恩領事任內時，英國領事館都是因為「免費」而設在基督堂裡面，直到後來要收租金時才搬走。但是新教徒卻因相信「恢復以色列運動」，對這塊土地有許多貢獻，不只是分享福音，而是實際去幫助猶太人。耶路撒冷舊城內沒有好的排水系統，有許多衍生的疾病，一八四四年十二月，耶路撒冷第一座現代化醫院落成[16]。教會還成立了聖約翰眼科醫院。

新教徒在一八四八年成立耶路撒冷第一間職業學校，提供工作坊和職業培訓，為教堂和醫院製作家具。康拉德·希克（Conrad Schick），是一位德國宣教士，他是這間學校的老師，同時也是個著名的建築師。他設計了耶路撒冷城外的第二個猶太社區[17]，現在以極端正統派猶太人居住為主，叫做百倍之門（Mea She'arim），因為是由一百位股東在一八四七年共同建立的社區，這裡有耶路撒冷第一個街燈，為了防止貝督因人的攻擊，社區鐵門晚上會上鎖。

在第一波回歸浪潮（First wave of Aliyah）後，許多猶太難民陷入了絕望的境地，猶太社區本身也貧困，無法提供幫助，因此他們只好從新教徒中得到醫療福利以及基本工作。教會當時在援助猶太人方面的貢獻，甚至激勵了起初對猶太拓荒運動持消極態度的羅斯柴爾德男爵（Baron Rothschild），他後來成為猶太國家建立的關鍵人物。

一八四七年，新教徒在耶路撒冷開設了一所學校，主要為猶太兒童提供福利。一八四九年在耶路撒冷建立了第一個圖書館——耶路撒冷文學協會。一八五七年，設立了一所猶太男校和一所女校，這在十九世紀的巴勒斯坦也是前所未聞。直到一八七二年，新教徒二十五所學校裡有一千名阿拉伯人、猶太人、穆斯林、德魯茲人和撒瑪利亞人學生（也一樣，歷史告訴我們，這些住在巴勒斯坦的人，是用信仰分族群，沒有人稱自己是巴勒斯坦人）。

不只是國家之間的競爭，教派之間也有非常多競爭。希臘東正教教會已經在聖地好幾個世紀，但為了阻止東正教的孩子去到新教學校，他們才設立學校。教宗庇護九世是在一八四七年才恢復拉丁牧首[18]，以建造新的教堂和學校。

新教徒對聖經考古學的興趣[19]，也使得他們在一八六五年設立了「巴勒斯坦探索基金會」（PEF, Palestine Exploration Fund）。這個基金會的第一個辦公室也在基督堂，他們為以色列的地理測繪做出了巨大貢獻。

新教徒也是第一個保護和捍衛猶太人的基督教團體。一八四〇年，大馬士革血腥誹謗危機爆發，正是英國的教會差會（CMJ）調查針對猶太人的不實指控。這些真誠要幫助和支持猶太人的態度，與基督教團體總體上反猶太態度相反，而這也是「恢復以色列」的目標之一。

◇◇◇

基督堂的牧師大衛．皮勒吉（David Pileggi），有一次在「萬聖節」（All saints day）帶會眾去新教的墓園，這個英國聖公會的傳統是去紀念這些過世的聖徒。新教的墓園建於一八四八年，位置在錫安山，由路德會和英國聖公會社區共同維護。

牧師說，當新教團體來到耶路撒冷，最重要的一件事情是新教徒必須要買地，沒有自己的墓園，就不算是一個真正的社群。在新教徒還沒有自己的墓園時，即便天主教和希臘東正教都有自己的墓園，新教徒也只能跟穆斯林一起安葬在耶路撒冷的瑪米拉墓園。直到現在也是這樣，各教派的墓園，都只會接受自己的會友。

墓園裡躺著的這些聖徒，他們是外國宣教士，有阿拉伯人、有猶太人、有警察，他們代表著歷史小人物，用他們的生命來見證作為耶穌的門徒，為這塊土地、老百姓、和平所付出的努力。牧師說當時的宣教士都是帶棺材到上帝差派他們去的地方，那些國家都比較落後，他們去了就不打算回國，因此不只是這些宣教士，甚至至少四分之一的嬰孩與孩子，都因為衛生條件太差而喪命。

「有時候我們被一個個歷史時期或戰爭綁住，但其實每個人都有自己的故事。」牧師說。

墓園裡安葬著阿拉伯基督徒醫生阿薩德．賈邁勒（AssadJamal），他跟英國教會一起幫助生病的猶太人。霍雷肖．斯帕福德（Horatio Spafford）是〈我心靈得安寧〉的作曲者，他來到耶路撒冷協助建立猶太定居點以及美國殖民地（American Colony）。約翰．路德維希．施奈勒（Johann Ludwig Schneller）在耶路撒冷創建了兩個孤兒院，因為一八六〇年時，鄂圖曼帝國的黎巴嫩山地區發生內戰（Mount Lebanon civil war），德魯茲派殺了很多馬龍尼特基督徒，有大量的孤兒。在墓園有另一大區，墓碑上寫著「巴勒斯坦警察」，他們是英國託管時期的巴勒斯坦當警察的英國人，喪命時不過都是二十幾歲。

在歷史中，不斷有不同的人想來征服這塊應許之地、這塊聖地，在這裡從未少過戰爭。鄂圖曼土耳其在聖地統治的時期長達四百年時間，但在談論以巴衝突的歷史中，這段歷史常常被忽略，這塊土地上一直有穆斯林，同樣的也有猶太人和基督徒，卻未曾存在巴勒斯坦國。同時，新教徒在耶路撒冷的現代化中扮演了不可或缺的角色，他們也都是個人，卻選擇用祝福和參與來促進耶路撒冷城市的發展和當地人的福祉，推動了現代基礎設施、教育和社會事業的建設。

1 舉例來說，包含古埃及人、非利士人、希伯來人（後來叫猶太人）、摩押人、亞述人、撒瑪利亞人（古代北國以色列人和亞述人的混血）、羅馬人、阿拉伯人等等。

2 在鄂圖曼帝國統治期間，穆斯林擁有高於齊米人（非穆斯林鄂圖曼臣民）的優越地位。非穆斯林只要繳納吉茲亞（人頭稅）並接受其他歧視規則，就可以不用改教，例如必須穿某種顏色的衣服、不能佩戴武器、不能騎馬、也不能成爲高級官員。與穆斯林相比，他們在法庭上的證詞價值較低。

3 隨後的戰爭也顯示了鄂圖曼帝國的虛弱，包括與俄羅斯的四次戰爭、法國入侵和佔領埃及、希臘獨立戰爭以及法國佔領阿爾及利亞。衰落的帝國爲歐洲列強進入這一地區提供了機會。

4 例如上帝應許亞伯拉罕他的後代要成爲各國的祝福：「地上萬國都必因你的後裔得福，因爲你聽從了我的話。」（創世記 22:18）或是除非太陽不升起，不然以色列不會消失：「那使太陽白日發光，使星月有定例，黑夜發亮，又攪動大海，使海中波浪匉訇的，萬軍之耶和華是他的名。他如此說：這些定例若能在我面前廢掉，以色列的後裔也就在我面前斷絕，永遠不再成國。這是耶和華說的。」（耶利米書 31:35-36）

5 例如托馬斯．塔利．克萊巴斯（Thomas Tully Crybbace）、威廉．布萊克斯通（William Blackstone）、錫安之友博物館中描述的亨利．杜南（Henry Dunant）、勞倫斯．奧利芬特（Laurence Oliphant）……

等人。他們的故事可以在耶路撒冷錫安之友博物館看到。

6 一七九八年，拿破崙率領一支由一百八十艘船隻組成的法國軍隊入侵埃及。這場運動向世界揭示了西方勢力滲透到伊斯蘭地區是多麼容易。它也向英國揭示了另一個競爭對手如何輕易切斷其通往印度的貿易路線。法國在中東的野心也結束了他們長期以來的英法友誼。

7 在一八三三年俄羅斯與土耳其之間簽署了秘密的《恩基亞爾．斯克萊西條約》。

8 一八三四年，時任駐敘利亞總領事約翰．威廉．法倫（John William Farren）向英國外交部正式提出在耶路撒冷設立英國領事館的想法，因爲埃及政權佔領巴勒斯坦，當地穆斯林反對的勢力會比較小。但因爲在耶路撒冷設立領事館並不是必要的，所以英國外交大臣帕默斯頓勳爵（Lord Palmerston）沒有立刻回應。直到法倫再次寫信給帕默斯頓，強調俄羅斯和法國有興趣透過東正教教堂和天主教會影響該地區，以及一八三三年俄羅斯與土耳其之間簽署的秘約《恩基亞爾．斯克萊西條約》，還有一七九八至一七九九年拿破崙的入侵的事實，使得英國外交大臣最終在一八三六年同意耶路撒冷設立英國領事館。

9 根據土耳其政府授予的《投降協定》。

10 普魯士、法國、撒丁、美國、奧地利、俄羅斯。

11 一八五〇年，五千名德系猶太人中，有三千人得到奧地利的保護，一千人得到英國的保護，其餘的則得到普魯士、美國、荷蘭和俄羅斯的保護。不過當俄國決定將猶太臣民排除在保護之外時，猶太人只好轉向英國。

12 英國第二任的領事。芬恩也是新教徒，他更是努力做猶太人眞正的朋友。他長途旅行到希伯崙、雅法、采法特和提比哩亞，以便生病或無能力的猶太人來到耶路撒冷也可以得到保護。芬恩做超出份內的事情受到許多的批評，他以個人的名義培訓猶太人從事農業工作，並爲他們在凱雷姆．亞伯拉罕（Kerem Abraham）和阿爾塔斯計畫中提供就業機會。

13 普魯士其實是宗教原因，想要在耶路撒冷建立一個新教教堂，然而出於政治原因與英國結盟，因爲普魯士當時勢力太小，與土耳其關係也不好。一八一五年拿破崙戰敗後，普魯士曾與俄羅斯和奧匈帝國結成神聖聯盟，但這一聯盟在一八四〇年已經過時，並開始出現利益分歧。甚至隔年法國曾威脅要進攻普魯士。所以威廉四世唯一可能的朋友是之前從未發生過衝突的英國。當然國王自己本身也是恢復以色列運動的支持者。

14 普魯士國王很快就提供了他願意出資的一萬五英鎊資金，他的支持加速了教堂的建造。英國那一半的資金不是國家出的，而是由教會去募款。

15 在「維持現狀」的法律之下，不允許蓋新的教堂或猶太會堂。若沒有國家的政治影響力，就不會有這個破例，更何況鄂圖曼帝國當時還不承認新教爲一個基督教派。

16 這激動了猶太慈善家摩西．蒙蒂菲奧裡爵士（Sir Moses Montefiore），在這之後成立了第一家猶太醫院。

17 在耶路撒冷城牆外蓋了第一個現代的猶太社區是平安之居，由猶太慈善家摩西．蒙蒂菲奧裡爵士在一八六〇年所建設。爲了讓猶太人能提高衛生條件，他甚至付錢讓猶太人搬到他們認爲不安全的城外居住（因爲舊城城門會上鎖，比較安全）。那裡到現在都還有個磨麵粉的風車，是當初希望可以讓耶路撒冷的猶太人不要倚靠外面捐贈的資金過活，而是靠勞力獲得報酬。

18 該職位在一二九一年十字軍東徵被驅逐後停止。

19 因爲新教徒有「復興以色列」的意識形態，透過考古能證明基督徒和猶太人的遺產的聯繫，以及永生神對這片土地的應許。

25 錫安主義，還是殖民主義？

二十世紀末，鄂圖曼土耳其帝國的勢力開始萎縮，歐洲的猶太領袖點起了錫安夢。錫安夢的號召者，最有名的是錫安主義之父提奧多．赫茲爾（Theodor Herzl）。在以色列每個城市一定都有一條以他命名的街，也有一個以他命名叫做赫茲利亞的城市（Herzlya）。

赫茲爾是出生於一八六〇年的維也納猶太人，一八六七年維也納的猶太人得到平等權利，他成為了律師和記者。他對一八八一年俄羅斯反猶太大屠殺的報導感到非常震驚，而當有反猶主義的卡爾．盧格（Karl Lueger）在一八九五年當選維也納市長時，許多猶太人都處於「絕望的情緒」。

一八九六年，赫茲爾在巴黎參與了猶太裔法國軍官德雷福斯（Alfred Dreyfus）被指控為德國間諜的受審案。有兩件事情讓他很驚訝，一個是證據過於薄弱居然還能成為指控，另一個是法國群眾喊著：「猶太人去死！」彷彿德雷福斯不是法國人，而是因為是猶太人而被審判。

那種根深蒂固的反猶主義，令人震驚。

赫茲爾馬上寫了一本小冊子《猶太國》（The Jewish State），向困苦的猶太人呼喊著要有夢想，猶太人可以擁有一個猶太國，猶太人有權利回到古老的土地上，在那裡會有自己的學校：「如果你有決心，就不是夢想。」（If you will it, it is no dream.）他的渲染力引起了老百姓的共鳴，也引起國際的注意，小冊子也被翻譯成超過二十種語言。

赫茨爾在隔年成立了世界錫安主義組織（World Zionist Organization）來帶動錫安運動。來自十七個國家的二百零八位猶太人參加在瑞士巴塞爾[20]召開的第一屆錫安會議（Zionist Congress）[21]，他們制定計劃、也有了國旗。赫茨爾說：「我已經在巴塞爾成立了猶太國……或許五年做不到，但在五十年內，大家一定會看見。」

他的預言，真的不可思議的準確。

一九〇一年，赫茨爾參與建立猶太國民基金（Jewish National Fund），主要目標是集資買巴勒斯坦的地，嘗試用買地的方式，讓猶太人可以待下來。於是在現代以色列還沒建國之前，大多從東歐或蘇聯地區[22]抱著錫安夢的人，到巴勒斯坦，在鄂圖曼土耳其時期管理之下成立奇布茲[23]和建立新生活。當時巴勒斯坦的土地是很荒瘠的，不是曠野、沙地，就是沼澤地，根本不適合耕耘農作物，而且這群從東歐來的猶太人，也沒有農耕經驗，只能不怕嘗試，克服困難，從失敗中學取經驗。

奇布茲（Kibbutz）在希伯來文的意思是「聚集」，是一種帶著錫安主義的夢與社會主義的理想共同耕耘、共同生活、與共同分享碩果的社群。猶太人住在奇布茲農場，一方面是比較安全，另一方面是需要一起身體力行，靠勞力耕耘土地。在奇布茲的世界裡，什麼都是要分享的，包含收入、食物、衣服，幾乎沒有個人隱私以及個人特質，但好處是也是一起分享碩果，所謂團結力量大。

「不只是一起為寶寶取名，在早期的奇布茲，我有權利說要抱妳的寶寶，因為他是屬於每一個人的寶寶。」我住在奇布茲的朋友告訴我。

我曾經在里雄萊錫安博物館，問導覽員東歐猶太人在沒有經驗下是怎麼學習務農的[24]？這個城市是一八八二年，在第一波移民潮開始後建立的猶太定居點。導覽員說，其實很多不適應的人也回去了[25]，在一個需要冒險的國度，留下的猶太人要蛻變成新的以色列人，擺脫歐洲臉色蒼白、無法保護自己與整天在室內當讀書蟲的猶太人的刻板印象。

現代以色列人有兩個典型的代表，一個是外面帶刺，然而裡面卻很柔軟的仙人掌果（sabra），象徵他們不加修飾的外在行為常會刺到人，但是其實熟了以後就很溫暖。而另一個比較少人知道，戴著三角形帽子、穿著短褲和涼鞋，充滿好奇心、堅忍、獨立和喜歡在戶外的大男孩「蘇里」（srulik）。蘇里象徵在以色列的奇布茲長大的以色列人（kibbutznik）、象徵新的以色列精神，是腳踏實地的土地耕耘者，用他們的雙手，把貧瘠的土地打造成綠洲。

赫茲爾其實不是第一個擁有錫安夢的猶太人，只是他個人的魅力以及影響力是最大的。亞哈德．哈阿姆（Ahad Ha'am）早就已經在一八八八年時強調移民以色列故土的困難。這個幾乎已經被連根拔起的民族，並不是完全天真浪漫。第一波移民潮發生在一八八二年到一九〇三年之間，復興現代希伯來文之父，俄羅斯猶太人本耶胡達（Eliezer ben Yehuda）就是在一八八一年移民。在以色列也常常會看到以他命名的街道。本耶胡達是復興希伯來文之父，他認為要有猶太國，那猶太民族要有向心力的話不能沒有共同語言。他提倡「一個民族、一個土地、一個語言」，而這個語言必須是希伯來文，因為是聖經的語言。流亡到歐洲的猶太人還是有在宗教生活中使用希伯來文，在當時的希伯來文就像是拉丁文，只是個存留在文字的語言，不同地區的猶太人，講的是意第緒語，或是當地語言。一開始，大家認為本耶胡達真是瘋了，也有猶太人認為這個神聖的語言只可以在會堂使用，而不是給這些世俗化或錫安主義的人使用，甚至赫茲爾認為德文比較實用。他說：「誰會知道怎麼用希伯來文買張火車票？」

為了要證明希伯來文確實是可以死灰復燃的語言，本耶胡達只對自己剛出生的兒子講希伯來文，兒子到四歲都不會講話，使得他甚至禁止其他人跟兒子講話。直到那一天，兒子講了第一句話：「阿爸！」（Abba）從此全世界有了第一個以希伯來文為母語的人。這個語言活了過來，這真的是奇蹟！希伯來文的復興，凝聚了流亡猶太民族的意識[26]。里雄萊錫安（Rishon Lezion），也是第一個有希伯來文學校的城市，在一八八六年有了純希伯來文授課的小學。一九三〇年，特拉維夫已經有一．三萬名會講希伯來文的小孩。而我所就讀的希伯來大學，則是在一九一八年就破土。可以想像嗎？猶太人還沒有自己的國家之前，就有了自己的大學！愛因斯坦也是創校董事之一。為了要讓學生理解錫安主義的根，我在希伯來大學的教授，帶我們從教室，才走五分鐘，就到了第二聖殿時期的墓穴，證明這塊土地上到處都是兩千年前猶太人曾在這裡生活的遺跡。教授說：「甚至我還可以用同一種語言，與大衛王對話。」猶太人回到了祖先的土地生活，用和他們祖先一樣的語言溝通，這真的是很特別的感受。

在一八七七年，詩人納夫塔里·伊姆貝爾（Naftali Imber）寫了詩〈我們的希望〉，在一八八八年被譜曲。這首歌流傳在猶太人之間，在一九四八年正式成為以色列的國歌〈希望〉（Hatikva）。

只要在心裡
猶太人的靈魂渴望
向著東方的盡頭
眼睛注視著錫安
我們的希望還沒有喪失
兩千年的希望
在我們的土地上成為自由的國家
錫安和耶路撒冷

猶太人的渴望在這塊土地上建立家鄉。他們本來就屬於這塊土地，流亡了兩千年，回到這塊土地，怎麼能被稱為殖民者。

赫茲爾實際走訪過鄂圖曼土耳其時期的巴勒斯坦，他見到猶太人、阿拉伯人、亞美尼亞基督徒和希臘東正教徒，這當然跟他從小長大的歐洲社會差很多，但卻跟現在的以色列多元宗教、多元文化的國家差不多。赫茲爾之後在一九〇二年寫了《新故土》（Altneuland），這個詞的希伯來文名稱，就是春天的山丘（Tel Aviv），也就是特拉維夫。這是赫茲爾的夢想，在《新故土》裡，有奇布茲也有猶太社區，而阿拉伯人也與猶太人有完全平等的權利。在他想像中的這新社會中，可能有阿拉伯工程師、亞美尼亞和希臘商人。

赫茲爾為了錫安的夢想過度操勞，最讓他傷心的，是一九〇三年震驚猶太社群的基希涅夫（Kishinev）大屠殺。在復活節早上，俄羅斯的基督教東正教徒到猶太人居住的村莊，由祭司高喊著：「猶太人去死！」

那天，有四十個無辜的猶太村民被集體屠殺，七百個家庭被搶劫。

這場悲劇烙印在猶太人的心裡，這使得赫茲爾知道必須要加速讓猶太人能夠有安全的猶太家園。他找英國政府幫忙，希望猶太人可以得到英國領地的塞浦路斯或是西奈半島，因為這至少接近錫安、也離俄羅斯沒那麼遠，但是英國人只肯給他們烏干達的地[27]。赫茲爾試著說服他的猶太同胞先接受英國的安排，但其他猶太人、尤其是俄羅斯猶太人，大多無法接受除了錫安以外的安排，這當中也包含了後來以色列第一任總統哈伊姆．魏茨曼（Chaim Azriel Weizmann）。

一九〇三年是赫茲爾最後一次參加錫安會議，隔年，錫安之父赫茨爾因為心臟猝死，超過六千位維也納猶太人參加他的葬禮，稱他為「猶太人的王」[28]，維也納人甚至出了赫茨爾的袖扣和相關紀念品。雖然赫茨爾英年早逝，但是他的影響力卻是史無先例的。

第二波移民潮則是發生在一九〇四年到世界第一次大戰一九一四年之間。兩波的移民潮加在一起，其實只有約七萬人移民到巴勒斯坦，許多也因為不適應，最後離開了。在一九一四年之前，至少兩百五十萬猶太人因為受到逼迫而逃離俄羅斯，當時百分之九十七的人的首選是比較舒適的美國。只有真的抱懷錫安夢的猶太人，或是有遠見的人，才會賭上自己的未來，到荒涼的巴勒斯坦開展新生活。

在歐洲各國作少數族群的猶太人，是少量人回應一個民族的運動，陸續「回」到巴勒斯坦耕耘，並不是一個強大的帝國，運用國家資源跑來殖民和剝削佔領土地上的人民。他們並不是拿著武器把原住民的土地搶走，而是花錢買的，甚至被開更高的價格才買下來。直到一九三〇年前，有百分之六的地因為阿拉伯地主想從猶太人身上撈一筆錢，賣給了猶太人。對於農民來說，只是換了猶太地主，但還是可以和睦共處，並沒有什麼衝突（從鄂圖曼土耳其時期開始，私有土地本來就很少，一直到以色列建國時，私有土地大概也只佔百分之二十）。

在老百姓的互動當中，猶太人跟阿拉伯人算是相安無事，整個土地都因為猶太人的到來而被復甦，阿拉伯人提供勞力，而猶太新移民更是帶來高效率的耕種方法。猶太耕耘者成功在沙地上種橙子，從英國進口的橙子有三分之一來自巴勒斯坦，彷彿猶太人已經有機的再度被栽種回這塊土地，而多汁的雅法橙就成了最美的證據。

移民回巴勒斯坦很需要勇氣，這群猶太先鋒者勇氣可嘉，這當中包含了後來成為以色列第一任總理的大衛・本古里安（David Ben Gurion）。

本古里安出生於一八八六年被俄羅斯統治的波蘭普翁斯克（Plonsk）。他從三歲就讀希伯來文聖經，因為「聖經是猶太人的精髓」。十四歲時他就創建提倡希伯來文與回歸的以斯拉社團，一九〇六年便移民到當時還是被鄂圖曼土耳其人統治的巴勒斯坦。他先在一八七八年成立的佩塔提克瓦（Petah Tikvah）做一些摘橘子和挑糞的務農工作，後來在加利湖的奇布茲做農夫，幹了許多苦力活。本古里安在耶路撒冷報社工作時，將他的姓改成了本古里安[29]，因為他認為猶太人就要有希伯來文的姓、用希伯來文來思考。後來他去唸法律，因為當時他心中的猶太國，其實只是附屬在鄂圖曼帝國之中的一部分，所以他有必要去熟讀鄂圖曼土耳其的法律，以代表猶太族群，爭取權益。

當時的猶太人都在摸索，該怎麼實現錫安夢，猶太人能夠真的擁有一個國家嗎？那是接近兩千年的夢想，幾乎是不可能的夢想。魏茨曼在一九一七年時發表過：「苦難從來都不是錫安運動的主要動力，錫安主義的基礎直到今天仍然是猶太人對祖國、民族的中心和在那有民族生活的渴望。」

錫安主義，就是一個很單純的渴望與夢想，流亡的猶太人醒過來了，知道是時候，該回到他們所屬的地方。

---

20 當時會議地點應該在德國慕尼黑，但是被反對錫安主義的猶太裔德國人拒絕。

21 特別的是也有十個非猶裔基督徒也在當中唷！從一開始他們就支持猶太人建國，在當時普遍的反猶聲浪中，他們是很勇敢的。這些人是William Henry Hechler（赫茲爾在日記提過他好幾次，因爲他幫赫茲爾介紹很多官員）、英國的Lt. Colonel C. Bentick、維也納的I. W. Bouthon-Willy、耶路撒冷新教主教之女Maria KoberGobat、德國柏林宣教士Dr. Johann Lepsius、法國聖米歇爾男爵Maxim von Mantueffel（他還專門有個農場訓練猶太年輕人種田）、瑞士國會主席John Mitchell、教授Paul Speiser、巴塞爾的教授F. Heman、還有Henry Dunant。

22 蘇聯地區的猶太人，被規定住在隔離屯墾區（Pale of Settlement），並且有職業、唸書、購買土地等各種限制，只有在敖德薩（現在位於烏克蘭）這個黑海城市才有自由。猶太拓荒者許多都是從這個海港到巴勒斯坦，這裡的猶太人因爲更富裕，更成爲錫安運動的資金來源。

23 最早成立的奇布茲是一九〇九年在加利利的德加尼亞（Degania）。

24 因爲歐洲的猶太人被禁止買土地，也被禁止當農夫，所以他們沒有務農經驗。

25 第一批移民的二至三萬人，其中大約百分之六十至百分之九十在幾年間就離開了。

26 在十年內巴勒斯坦已經有了二十五間希伯來文小學，許多人都參與了恢復希伯來文的運動，從學校開始讓希伯來文可以滲透家庭。在一九四八年之前，已經有百分之九十的猶太孩子會說希伯來文了！現代希伯來文只有百年的歷史，很多聖經找不到的詞彙都是新創的，因此一直到一九五一九年，以色列都建國超過十年了，才有第一本現代希伯來文字典。

27 那時候還叫做東非，是英國殖民的地。英國殖民秘書官 Joseph Chamberlain 提供了一．三萬平方公里的地給猶太人建立家園，但如果眞的把耶路撒冷蓋在東非的話，是蠻荒唐的。

28 以色列國會講台的背景是很簡單的牆，象徵哭牆。只掛一張照片，就是無黨無籍的錫安之父赫茲爾，目的是提醒國會成員以色列建國的精神，也給大家壓力，不要在討論時本末導致。

29 根據一世紀史學家約瑟夫，一世紀有個勇敢對抗羅馬人的軍官，叫做約瑟本古里安。本古里本取了他的名字，在希伯來文的意思是獅子的兒子。

26 英國殖民底下的巴勒斯坦

第一次世界大戰之後，巴勒斯坦的主人變成了英國人。很不幸的，從此巴勒斯坦的政治就變得一片混亂，這也是三十年後英國不得不放棄巴勒斯坦的理由。

簡單來說，在猶太人根本還沒有建國、還沒有什麼侵佔或土地要還給誰之前，住在這裡的阿拉伯人就已經跟猶太人有許多血腥的衝突。如果鄂圖曼土耳其管理的巴勒斯坦有相對的和平，那英國人管理的巴勒斯坦就是沒有和平。

英國人以殖民者的身份在管理巴勒斯坦，為了方便管理，於是製造了阿拉伯與猶太民族之間的對立。從一開始一九一四年第一次世界大戰爆發時[30]，英國為了爭取阿拉伯人與猶太人的支持，對兩方都有個別承諾，但最後卻沒有實現諾言。

猶太人手中握有一九一七年的貝爾福宣言（Balfour Declaration），這是個正式的公開文件，也是主流國家中首份支持猶太人在巴勒斯坦建國的公文[31]。同年十一月二日，貝爾福勳爵代表英國表示：「親愛的羅斯柴爾德大人，在下謹代表國王陛下的政府，很榮幸通知您，下列支持猶太錫安主義志向的宣言已呈交內閣且獲得批准。國王陛下的政府樂見在巴勒斯坦境內建立一個給猶太人的民族家園，並將近期最大努力促成此目標之實現。」

這是外交部長第一次承認錫安主義運動以及對建立猶太國家的支持，而當時的英國是全世界最強大的國家，這份宣言在國際上產生了影響。對猶太人來說，這是再清楚不過的承諾，戰爭後要讓猶太人在巴勒斯坦建國。然而在阿拉伯人手中，有一九一五年至一九一六年間，英國與阿拉伯人老酋長胡笙（Hussein bin Ali）做的承諾。在老酋長和阿拉伯人協助英國反對鄂圖曼土耳其帝國後，英國將在戰後支持建立阿拉伯國家，如此一來，英國可以持續削弱鄂圖曼土耳其帝國的勢力。這些信件被稱為做麥克馬洪—海珊協定（McMahon-Hussein Correspondence）。

一九一八年十一月，第一次世界大戰終於結束。阿拉伯人和猶太人都在一戰時為英國打仗，都在等英國履行諾言，為他們各自建國。阿拉伯勞倫斯代表英國，在開巴黎和會之前就先去打點猶太人與阿拉伯人之間的角色，安排代表錫安主義組織主席的魏茨曼與代表漢志王國的費薩爾一世見面，雙方簽了會彼此支持的協定書——一九一九年的費薩爾—魏茨曼協定（Faisal-Weizmann Agreement）[32]，英國會同意讓阿拉伯國家獨立，也會讓猶太人在巴勒斯坦建國。

但其實早在一九一五年，英法之間已經有秘密的賽克斯皮科協定（Skyes-Picot Agreement）[33]，協議內容包含協約國要如何瓜分鄂圖曼帝國的領土，法國將控制包括敘利亞、黎巴嫩和塞浦路斯等地區，英國將控制包括伊拉克、約旦和巴勒斯坦等地區，而一些地區將成為國際監管區，由國際聯盟（League of Nations）管理。

一九二〇年，在義大利的聖雷莫會議（San Remo），英國、法國、義大利、日本的代表，共同討論如何分配鄂圖曼土耳其帝國在巴勒斯坦、敘利亞、美索不達米亞的土地。他們再度肯定支持一九一七年的貝爾福宣言，也就是在巴勒斯坦建立一個猶太家園。會議結果是英國自己被委任為巴勒斯坦的託管國。

現在挺巴勒斯坦人看待歷史時，會說英國人當時是幫助猶太人的，但是對以色列人來說，英國人是站在阿拉伯人那邊的，為什麼雙方的歷史不一樣？事實上，英國所有的政治活動和決策是以自身大英帝國的利益做考量，根本就沒有要讓阿拉伯國家獨立，也沒有要建立一個猶太國[34]。這塊土地上的衝突，很多是來自英國人如何管理這塊土地。

從猶太人的角度，一九二一年英國人指派阿明．侯賽尼（Amin el-Husseini）當耶路撒冷宗教領袖，用煽動的言論呼籲阿拉伯人對猶太人展開攻擊，這也是為什麼反猶言論很危險，因為在有實際行動之前，一定都是有很長的醞釀期。一九二二年英國就開始改口說會限制猶太民族運動，不會讓「巴勒斯坦的阿拉伯人口、語言或習俗消失或處於從屬地位」。

在猶太人大量移民回巴勒斯坦之前，就已經發生了阿拉伯人對猶太人的攻擊。在聖雷莫會議之後，一九二〇年至一九二一年，巴勒斯坦的阿拉伯人分別殺了四十幾個猶太人。一九二九年，阿拉伯人傳出謠言說猶太人要佔領聖殿山，於是阿拉伯暴民在希伯崙殺了六十七個猶太人，包含孩子和婦女[35]！猶太會堂被摧毀[36]，財產也被搶走。發生了這樣的屠殺，英國人非但沒有為猶太人做任何事，剩下的猶太人竟然被英國驅離希伯崙，成了一個沒有猶太人的城市[37]，這其實就是種族清洗的定義，在一個地區強迫一個種族的人民離開。更何況，希伯崙就是猶太人的祖先亞伯拉罕安葬的地方。

這件事情之後，猶太人知道英國人沒有站在猶太人這邊，猶太人必須開始自我防衛，因此更進一步組織民軍哈加拿（Haganah）[38]，用各種秘密管道獲得武器，有了二．五萬人的地下部隊，保護猶太人的村莊和產業。

在以色列有一個重要的景點「阿亞隆研究所」（Ayalon Institute），就是在見證這時期的歷史。一九三〇年代，猶太人需要武器來保衛自己，但是在英國人的控管之下，猶太人得不到九毫米子彈。於是，猶太人就偷偷的在某個奇布茲的地下蓋了製造子彈的工廠，上面用洗衣廠跟烘焙坊做掩護。而負責製造子彈的人，其實只有四十五個人，他們冒著生命危險在地下工作，因為製造彈藥有很高的風險。那些稱奇布茲其他不知情的居民為「長頸鹿」，這個工廠一直都沒有被發現，且在一九四五年至一九四八年間，生產了超過兩百萬支九毫米子彈。

一九三三年，希特勒成為德國的總理。各種反猶的言論和政策，使得歐洲越來越不適合猶太人居住，引發一大波猶太難民潮。一九一九年至一九三九年的分別有第三波、第四波和的五波的移民潮，就讓巴勒斯坦的猶太人口增加到四十五萬。歐洲猶太難民的湧入成了阿拉伯人與猶太人老百姓之間衝突的導火線，即便猶太人是合法買土地，但人口的移入會讓猶太人在巴勒斯坦這塊土地有勢力越來越多的影響力，於是政治團體開始帶頭攻擊殺害猶太人。但值得一提的是，在一九二〇年至一九四八年間，並非只有猶太移民潮，也有至少一半的阿拉伯人口是隨著巴勒斯坦地區的發展才移民過來[39]。猶太人人口的比例在這段時間，從原來佔總人口的六分之一，增加到三分之一。

一九三六年阿拉伯高等委員會（Arab Higher Committee）成立，主席就是阿明．侯賽尼，阿拉伯的政治團體不歡迎猶太人，用抗爭暴動和罷工的方式，來要求英國人完全禁止猶太難民遷入、也禁止土地交易，這是第一階段的阿拉伯革命，很多居民並不是自願加入罷工，而是阿拉伯革命份子也會攻擊拒絕罷工的攤販。

罷工在一九三六年十月結束，這促使英國派皮爾（William Robert Peel）主領英國皇家委員會來到巴勒斯坦進行此地衝突不斷的調查。皮爾的報告首次提出分治案，表示一百萬阿拉伯人與至少四十萬猶太人兩個族群之間是不可能融洽相處。四百〇四頁的報告，清楚地承認《貝爾福宣言》中的巴勒斯坦疆界，包含了現今的以色列、加薩、西岸地區、和約旦全境。但是英國只打算給猶太人百分之二十的土地，遠遠少過猶太人的期待。在提案中，北邊給猶太人建國、南邊給阿拉伯人建國，那時候也不知道阿拉伯人建國會不會叫巴勒斯坦，只有說是要給阿拉伯人口的國家[40]。這個分治案的分配，是根據當地主要的人口做的安排，南邊的土地與外約旦相連，而那裡主要的人口是阿拉伯人。在這個方案中，宗教聖地、包含耶路撒冷、伯利恆和一直通往雅法的路都由英國繼續管理。

分治的態度其實就是用英國殖民者的角度在看待問題，當然兩方的衝突是事實，但這種觀念跟母親看待自己家孩子吵架就是不一樣，如果說哥哥跟弟弟常常吵架，做母親的不會就一個結論就說「所以哥哥不要跟弟弟住在一起」，媽媽會想辦法去調解雙方，但是英國人只是不想要麻煩，既然問題是哥哥和弟弟會有衝突，那就把哥哥和弟弟分開，這樣就不會有衝突了。

不管土地怎麼分配，「分治」本來就不是一個好的解決方案，但是當時的猶太領袖，仍然在第二十屆錫安主義大會上接受了這個不理想的提議，後來成為第一任以色列總理的本古里安[41]告訴其他反對的猶太人，希特勒已經上台了，猶太人的國家越快成立越好！但是巴勒斯坦的阿拉伯人則是一面倒的堅決反對讓猶太人建國，他們要求要完整的巴勒斯坦土地。

在以色列建國前，阿拉伯人與猶太人之間的抗爭，並不是阿拉伯農民在爭取有自己的獨立國家，而是政治團體在想方設法阻擋猶太人有一個國家，不管這個國家的土地面積大小是如何都是不行的，因為他們心理期盼的其實是個靠近敘利亞和埃及的阿拉伯大帝國。

一九三七年九月，阿拉伯人以在拿撒勒射殺英國官員為序曲，開始了第二階段的阿拉伯革命，搶劫猶太人和英國人的車輛、攻擊猶太定居點等。英國是用連坐法的方式處理暴動份子或叛變者，叛變者對自己同胞也是很殘酷，甚至會綁架村民來威脅家人付贖金，以獲得革命資金。

在第二階段的阿拉伯革命爆發後，英國託管政府承認猶太人的哈加拿組織，因為能保護海法煉油廠屬於英國的「伊拉克石油公司」不受到阿拉伯革命份子的破壞。英國上校查爾斯．奧德．溫蓋特上校（Col. Charles OrdeWingate）偷偷的訓練約二．五萬巴勒斯坦的猶太人作戰。

但是接下來發生的事情令人錯愕。

一九三八年的埃維昂會議，列國討論猶太難民問題，但是隔年五月，英國竟然發表白皮書，限制接下來五年只會接受七．五萬猶太難民移民巴勒斯坦！這項政策是英國再度對猶太人的背叛，許多猶太人回不來巴勒斯坦，只能留在局勢已經不好的歐洲。為什麼英國人不支持猶太人？這也是牽扯到政治，英國需要確保自己的利益。英國說：「如果一定要冒犯到一邊，我們還是冒犯猶太人，不要惹到阿拉伯人。」更誇張的是，英國也答應阿拉伯人，十年內將有獨立的巴勒斯坦國。

如果回到哥哥和弟弟的比喻，英國真的不是一個好的媽媽。

一九三九年九月時第二次世界大戰爆發，英國仍不願意調整接受猶太移民到巴勒斯坦的人數。就是在這個背景下，為了盡可能留下猶太難民，一九四〇年猶太人成立了萊希（Lehi）組織，目標是趕出英國政府。

歐洲的反猶氣氛也燒到阿拉伯國家，在過去八十多萬猶太人跟阿拉伯人和平共處，但一九四一年六月發生了巴格達極端穆斯林對猶太人的屠殺事件（Farhud），上百個猶太人被謀殺、上千人受傷以及財產被擄掠。

照理來說，這麼好的機會和條件，阿拉伯人當初接受的話，不就有巴勒斯坦國了嗎？但是他們的領袖阿明．侯賽尼拒絕了這個機會，因為他相信德國人會得勝，自然英國人和猶太人都會被趕除，這樣他就不只是統治巴勒斯坦和耶路撒冷，而且統治整個穆斯林世界。根據伯利恆居民艾蜜莉回憶，阿明．侯賽尼鼓動大家反抗英國人，然後希特勒的軍隊會來殺掉猶太人，解放巴勒斯坦。但他們卻知道，希特勒也會殺阿拉伯人。

侯賽尼選擇與納粹結盟，甚至提議在德國建立伊斯蘭軍隊。一九四一年十一月與希特勒會面。侯塞尼一直在灌輸老百姓反猶主義，阿拉伯人要起來跟猶太人作戰，當他跟希特勒會面以後，猶太人面臨了一個很大的種族被滅的危機，納粹德國那時候已經要佔領英國統治的埃及了，埃及上來就是巴勒斯坦，納粹隨時就要打過來了。

二戰期間，英國與納粹開戰，首相邱吉爾漠視白皮書，再次承諾猶太人會有自己的國家。

本古里安是默認的領袖，主張哈加拿要自衛「但不報復」，此時更是鼓勵猶太人為英國奮戰，他說：「我們將幫助戰爭中的英國，彷彿未曾有白皮書一樣；我們將反對白皮書，彷彿未曾有戰爭一樣。」如果我是本古里安，我可能不會相信英國，因為英國的立場總是變來變去，我甚至會要求英國必須先改變移民政策，放歐洲的猶太難民，至少是婦女和孩童來到巴勒斯坦，但是猶太人並沒有別的選擇。在英國用武力擊退非法移民者時，猶太人仍然在幫助英國。幸好，一九四二年，英國的蒙哥馬利將軍帶領的軍隊，在北非的阿拉曼戰役中（Battle of El Alamein）逆轉了局勢，挫敗由沙漠之狐隆美爾將軍所帶領的軍隊，阻止了納粹主義襲擊整個中東。

很多人認為要是沒有這麼大一場民族浩劫，那歐洲猶太人不會集體有危機意識，也不會願意離開住了一千八百年的歐洲，回到古老應許之地重新建立一個猶太國家。但是，我不認同任何對大屠殺的合理化，這實在是很奇怪的邏輯。上帝本來就要帶祂的百姓回歸應許之地，所以錫安夢比大屠殺還早了超過五十年就開始醞釀，讓猶太人注意到他們可以有個國家，可以有盼望，可以當勇敢的開疆闢土先驅者，這是屬於上帝的超前部署，就像在法老屠殺希伯來男嬰的恐怖計畫中，上帝保留了摩西，並在苦難中保守祂的百姓。我們沒有必要合理化法老苦待以色列人，更不需要美化納粹殺害的六百萬猶太人的邪惡計畫，以及各國對猶太人的漠視。英國在樹立伊斯蘭宗教領袖製造紛爭以及在提出分治案和限制猶太移民的白皮書上有很大的虧欠，但更大的虧欠是在二戰結束後，英國對猶太人做的事。因為即便到大屠殺和戰爭結束後，英國還是想討好阿拉伯人。英國仍是依據白皮書的協議來發送移民證給想要到巴勒斯坦的猶太倖存者，甚至在塞浦路斯和厄利垂亞設立厄利垂亞設立拘留站，專門拘留非法移民到巴勒斯坦的猶太人。可以想像嗎？猶太人經歷了納粹集中營，大多是家族唯一的倖存者，他們活下來了，卻又被英國人關起來。一九四七年，《出埃及號》（Exodus）船從法國載著四千五百名猶太人來到巴勒斯坦，已經抵達海法港口，他們身上沒有武器，他們是難民，卻遭遇英國的開槍、瓦斯彈和撞擊等攻擊，一百五十人受傷和三人死亡後，他們無奈向英國人投降，諷刺的是這些大屠殺倖存者難民還被遣返到充滿痛苦回憶的德國。

我在耶路撒冷聽過阿里．伊塔瑪（Arie Itamar）的分享，見證這份經歷。他是船上最年輕的乘客，當時只有八歲。他回憶當時在船上每個人都唱著關於希望的歌，後來在英國的拘留營裡，猶太人至少有二十種不同的語言，當時就有老師教大家希伯來文，還逼孩子要吵架就必須用希伯來文來吵。他說：「在黑暗的故事裡，還是有亮光。」

一九四六年七月，伊爾貢[42]在耶路撒冷的大衛王酒店引爆炸彈，那裡不是住遊客的地方，而是英國託管政府的總部。在爆炸之前，伊爾貢組織曾向英國軍事當局提前發出警告，稱他們在酒店放置了爆炸裝置，並警告他們在爆炸發生前撤離，但是英國沒有重視這通電話，因為英國的線人無法確認這起攻擊事件。

這場恐怖攻擊，有九十一個無辜的人死亡，這是猶太人在建國前後的黑暗時期，少部分猶太人認為要改變英國人對於移民人數的政策，有些必要的手段。但是，並不是一個單一事件，就可以把錫安主義與恐怖主義劃上等號，有個明顯的差異是國際社會和猶太人內部都譴責這個事件，並沒有人以此為榮。更甚至，在這件事之後，猶太自衛軍哈加拿組織馬上用行動向英國人證明他們不像萊希或伊爾貢的猶太人一樣，甚至協助英國人一起打擊這兩個組織，猶太人打擊猶太人。這次恐攻之後，英國人撤離了所有非軍事人員，開啟了英國人結束託管時期的序章。

30 當第一次世界大戰爆發時，國際社會被分爲兩個主要陣營，分別是協約國（Allied Powers）和中央同盟國（Central Powers）。協約國主要成員包括英國、法國、俄羅斯、美國以及其他國家。英國和法國在戰爭中扮演重要角色，參與了多個前線的戰鬥。美國則在戰爭的後期加入，爲協約國提供了重要的支援。而中央同盟國是另一個陣營，主要由德國、奧匈帝國、鄂圖曼土耳其帝國和保加利亞組成。最終，協約國取得了勝利，對中央同盟國提出了和平條件，重塑了世界地緣政治格局，並在《凡爾賽條約》等和平條約中確定了新的國際秩序。這個戰爭在歷史上留下了深遠的影響，對世界局勢產生了巨大變革。

31 爲什麼英國要支持猶太人？大衛勞合喬治是當時的英國首相，在他的回憶錄中，提到貝爾福宣言是爲了獎勵魏茲曼（Chaim Weizmann）博士。魏茲曼博士是一位猶太民族主義者，也是一位出色的化學博士，在第一次世界大戰期間研究丙酮的發展，也就是柯代炸藥製造方面，爲英國做出了重要貢獻。後來成爲以色列第一任總統。

32 協定包含了：承諾雙方本著最親切的善意和諒解處理各團體之間的一切關係，共同努力，鼓勵猶太人大規模移民到巴勒斯坦，同時保護阿拉伯農民和佃農的權利，並維護宗教儀式的自由實踐；穆斯林聖地將由穆斯林控制；錫安主義運動承諾協助巴勒斯坦的阿拉伯居民和未來的阿拉伯國家，開發他們的自然資源並建立不斷成長的經濟；阿拉伯國家和巴勒斯坦之間的邊界應在巴黎和會之後由一個委員會確定；雙方承諾執行一九一七年的貝爾福宣言，在巴勒斯坦建立一個猶太民族家園；雙方有爭議應提交英國政府仲裁。但費薩爾有追加一個備註，就是這一切是要在阿拉伯獨立建國的情況下才成立。

33 賽克斯－皮科協定（Sykes-Picot Agreement）是一份秘密協議，於一九一六年由英國外交部長亨利・賽克斯（Sir Mark Sykes）和法國外交部長弗朗索瓦・皮科（François Georges-Picot）代表英國與法國簽署。根據協議，這些領土將被分爲法國、英國控制的地區，以及一些國際監管區域。

34 巴黎和會的結果讓阿拉伯人感受到被背叛，但唯一欣慰的是，在和會上有說出會在巴勒斯坦建立猶太家園，代表的是在西方世界、阿拉伯世界、更甚至是中華民國，都肯定貝爾福宣言的份量，猶太人至少還有份盼望。國父孫中山在一九二〇年時，就表示支持猶太人「重新」建國，也就是復國：「余願就這項當代最偉大的行動之一，向閣下申致同情之忱。所有愛好民主的人士，對於重建你們偉大而歷史上著名的國家，必然會給予全心的支持，與熱烈的歡迎。這一個國家，在世界文明方面具有重大的貢獻，也應該在國際上贏得一個光榮的地位。」

35 值得一提的是，數百名猶太人得以活下來，是因爲阿拉伯鄰居冒著生命危險保護他們。

36 亞伯拉罕猶太會堂（Avraham Avinu Synagogue），建於一五四〇年。

37 一九三一年雖然有短暫回歸，但之後又發生衝突，從此希伯崙不再有猶太人居住。

38 很眼熟嗎？哈加拿就是特拉維夫火車站的名稱。哈加拿的意思是防禦。

39 在一九二〇年，埃及阿拉伯人口是一千三百萬人，巴勒斯坦地區有五十萬名阿拉伯人，二十八年後，埃及阿拉伯人增長到了兩千萬人，成長了百分之五十四，如果這是自然增長的速度，巴勒斯坦地區會有七十七萬人，然而巴勒斯坦的阿拉伯人卻增加到了一百三十萬！代表這是外來移民人口。

40 所謂的阿拉伯「國家」，是第二次世界大戰後被分割出來，阿拉伯人才有了不同的國籍。這條國土的線完全只是拿支筆在地圖上畫的一條線，現在住在約旦的約旦人，跟稱自己爲巴勒斯坦人的人，或是現在住在加薩的巴勒斯坦人，都同樣是阿拉伯人。伊拉克、敍利亞、約旦、杜拜、沙烏地阿拉伯、卡達、巴林這些國家，之所以稱爲阿拉伯國家，就是因爲主要人口爲阿拉伯人，卽便有自己部落地區的方言，依舊都是講阿拉伯文的阿拉伯人。埃及也一樣，現代的埃及人在血統上，除了科普特基督徒可以追溯到古埃及人的血統，埃及的穆斯林人口都是阿拉伯人。

41 在英國託管時期，猶太人就已經形成了自治系統，有人民代表、有總工會、也有學校系統。此時本古里安已經是猶太人心中的領袖。

42 伊爾貢（Irgun）成立於一九三一年，因爲他們的理念是以暴制暴，採取一切必要手段來改變英國人的移民限制政策，所以在歷史上是一個有爭議的猶太地下組織。萊希是伊爾貢的分支，這兩個組織的風格屬於修正錫安主義（Revisionist），修正錫安主義的領袖是賈博丁斯基（Ze'evJabotinsky）。

27 耶路撒冷再度被圍困，馬撒大永不淪陷！

從一九四三年開始，馬撒大的精神就留在了猶太人的心裡。以色列國防軍IDF在參軍時，會到馬撒大宣誓：「馬撒大永不淪陷！」這是一個自強的精神，與一個民族的悲慘歷史有關。

馬撒大是死海旁的一個山寨，曾經做過希律王[43]的冬宮，這個蓋在曠野山頂上的堡壘，甚至有游泳池。西元七〇年，第二聖殿被毀，猶太人從耶路撒冷逃出，躲到馬撒大。

整個猶太民族已經滅亡了，羅馬人拿猶太人當人肉盾牌，最終把馬撒大攻下來。就在逾越節前一晚，馬撒大的猶太人，用抽籤的方式抽出了十個男丁，因為猶太教裡又不能自殺，他們寧願死也不願成為羅馬人的奴隸，這十個男丁就把山寨裡所有九百個人就都殺了。這十個人再抽出一個人，他負責殺剩下九個人，最後自殺。那這就是馬撒大的悲劇。

在歐洲發生大屠殺時，巴勒斯坦也不斷發生嚴重的阿拉伯人與猶太人之間的攻擊事件，猶太領袖帶一群猶太年輕人來到馬撒大，告訴他們：「我們沒有其他的退路了，你認為說，敵人會對我們的孩子對我們的婦女，有一絲一毫的憐憫嗎？我們怎麼可能這麼天真！所以我們就當然都要全力以赴的去打這場戰爭，我們不能夠認為我們可以有任何的僥倖心態，我們寧願死我們也不要苟活。」[44]

◇◇◇

以色列的獨立戰爭，就是一個民族存亡戰。

一九四七年十一月二十九日聯合國通過一八一號決議案，將巴勒斯坦土地分割給猶太人和阿拉伯人這兩個族群[45]，有三十三個國家贊成，十三個國家反對，包含埃及、黎巴嫩、敘利亞等阿拉伯國家。各國支持猶太人建國的理由不同，美國希望這個在中東世界的新盟友能制衡蘇聯，但這也是蘇聯所打的算盤。在這次的決議案中，雖然猶太人拿到百分之五十五的土地，但大多是乾旱的曠野，不適合居住或耕種，也有一大部分是有瘧疾的。所以並不能只用比例來看是否公平。

而且這次的土地分配地區，是跟皮爾分治案時調換過來的。阿拉伯人拒絕了這個決議案，因為跟土地分配的比例公平性無關，阿拉伯領袖的心態和皮爾分治案或英國發表白皮書時仍然一樣：「我們不要猶太人有自己的國家，如果我們可以拿到全部的土地，為什麼要分給猶太人？」

阿拉伯領袖拒絕聯合國決議案是一回事，向猶太人直接宣戰完全又是另一回事。猶太人口才六十萬、七十萬，阿拉伯人有把握可以輕鬆打贏。

一九四七年十一月三十日第一次中東戰爭爆發，英國人還沒走，「殺死猶太人！」（Itbach al-Yahud），阿拉伯暴民時常喊著口號，對猶太人處以私刑，至少一千二百個猶太人已經被殺，建國前的氣氛非常的混亂與緊張。因為政治上的決定，就把一個本來在一起的土地上面的民族，分成了黑與白，之間再也沒有灰色地帶，不再是朋友，而是敵人了。

這段時期的寫照，反而是我對聖地的近代歷史的第一個印象，透過來自於葉光明牧師的妻子利底亞[46]寫的《相約在聖城》的這本書。在葉光明牧師口述的故事中，一九四七年到一九四八年之間耶路撒冷有極大的動盪不安，從英國人要離開的消息傳出，阿拉伯人就蠢蠢欲動的要殺猶太人。他們當時住在阿拉伯豪宅區巴卡，雖然他們是外國人，但因為有猶太血統的養女，因此阿拉伯暴民也準備要殺他們。他們半夜逃跑，後來才很驚險的透過關係逃出耶路撒冷。

一九四八年三月二十二日，阿拉伯人切斷了通往耶路撒冷的主要道路，也切斷了耶路撒冷的水源。耶路撒冷是個山城，從特拉維夫到耶路撒冷，只有一條主路，幾世紀以來都是朝聖者走的路線，也是運送貨物的路線。城內的居民缺乏食物、燃料、武器、藥品等，十萬名猶太人被圍困在耶路撒冷。

在一條公路上，有個國家公園景點，叫做山谷門（Sha'ar Hagai）[47]，紀錄著以色列面臨獨立戰爭之前的困難。所有要送到耶路撒冷的物資，都必須經過這個隘口。但是這條山谷裡的狹窄通道，隨時都可能會被在高處的阿拉伯人埋伏，當時的巴士都必須有兩個司機，以免其中一個人陣亡，窗戶也都封住，只留下發射孔。

當時整個猶太社群團結一起，冒著生命危險送物資進耶路撒冷，因為不送的話，居民隨時會餓死。包含有人從加利利特別送魚下來，就為了希望那些在耶路撒冷被圍困的居民，在安息日還可以有魚吃。「我們被告知是士兵會來，但你們只是孩子啊！」一個以色列老先生回憶，當時耶路撒冷的居民看到車隊時的反應，但在那個大年代，他覺得他已經受過訓練來完成這個任務，即便事實上他當時只有十六歲。

但是，用車隊的方式突破阿拉伯人的圍困不是長久之計，更令人擔心的是耶路撒冷猶太人的安危，畢竟已經有那麼多猶太人被殺了。於是在一九四八年四月三日，本古里安命令哈加拿軍隊發起「拿順行動」（Operation Nachshon），去進攻和佔領的方式，來取得領土的控制權，守衛邊界，包含控制通往耶路撒冷的道路。如果某個阿拉伯城鎮在戰略位置上，那哈加拿就要摧毀敵方軍隊，以及驅離敵方的居民（除非對方不反抗的接受讓猶太人統治），這是「D計畫」

（Plan Dalet）的開始。

最重要的據點就是當時由阿拉伯人佔領的卡斯特山丘（Castel），現在是一個國家公園。猶太軍隊一開始很輕鬆的佔領卡斯特山丘，然而，阿拉伯人沒有停止攻擊。四月八日，大規模的阿拉伯人為了他們被殺的指揮官，攻擊卡斯特。眼見守不住卡斯特，以色列的指揮官下命令：「二等兵撤退，由指揮官掩護。」這個以色列精神延續到今天，軍官不是在後方作戰。那天死了三十九個人。隔天更多的軍隊來支援，最終打破了耶路撒冷的圍困。

在這個背景之下，一九四八年四月九日，在這條路上的代爾亞辛（Deir Yassin massacre）阿拉伯村莊，伊爾貢本來是準備用擴音喇叭要民眾投降，但是他們經驗不足、裝備不足，又遇到反抗，於是丟了手榴彈，造成至少一百一十名阿拉伯平民喪生。猶太建國會、本古里安以及首席拉比都批評這樣的行為，本古里安也向約旦的阿布杜拉一世國王（Abdullah-bin Al-Hussein）道歉。隔天，阿拉伯人以攻擊前往耶路撒冷哈達薩醫院的車隊作為報復，殺害了八十多位平民，包含醫生和護士，被活活燒死。

一九四八年五月十四日，這天是以色列的獨立紀念日，然而阿拉伯人稱那天為「災難日」（Nakba Day）。但事實上，攻擊者是預備殲滅猶太人的阿拉伯人，受害者才是可能滅族的猶太人。獨立戰爭爆發前，本古里安就已經告訴希蒙·裴瑞茲（Shimon Peres）：「用這些武器，我們會打敗。用盡你一切的可能，去走私、偷盜、生產、採購，什麼都可以。」

阿拉伯國家擁有戰車和大砲等重型軍備，猶太人卻只有從英國、加拿大、俄羅斯、義大利、美國各地湊來的輕型武器。但即便缺少戰鬥軍備，這些才從大屠殺歐洲倖存下來的軟弱猶太人，馬上拿起武器成為以色列戰士，他們大多是家族唯一的倖存者，是沒有歸屬感的孤兒，如果全世界都不要他們，那為一個猶太家園奮鬥，就也萬死不辭。

總理本古里安在他的國家記事本，寫下第一筆事件：「卡法埃齊翁大屠殺」（Kfar Etzion massacre），意思是以色列不會忘記這個國家存在的目的，就是要保護猶太人。五月十三日時卡法埃齊翁整村被阿拉伯軍團消滅，大約有一百二十九至一百五十四人，民兵和居民，甚至許多還是歐洲納粹大屠殺倖存者。逃出來的四個人說，當時都已經投降了，卻仍然被聚集到一個廣場射死。

美國總統杜魯門原本支持猶太人建國，卻又因為國務院、國防部的壓力反悔這項決議，猶太人又像是被拋棄的一群人。本古里安說：「我們面對的是攸關民族命運的挑戰，比起我們過去一千八百年來遭遇過的所有難關，眼前這個挑戰是生死存亡的關鍵。」杜魯門原本不願意接待任何為錫安主義遊說的人，但是美國猶太人雅各森（Edward Jacobson）為魏茲曼爭取到了與杜魯門總統一次的會面機會，最終美國成為了以色列獨立時第一個承認以色列的國家。

第一階戰爭段持續到六月十日，經過短暫的停火，七月八日埃及又重新開戰，但這時的以色列已經買到充足軍火[48]，也有作戰計畫[49]，很快就打敗各自有利益糾葛而不團結的阿拉伯聯軍，十天後停火。本古里安說：「我們贏了戰爭，並不是我們的軍隊帶來奇蹟，而是得利於阿拉伯軍隊的悲慘境遇。」阿拉伯打仗的動機是要殲滅猶太人，猶太人打仗的動機是要活下來，他們求的是絕處逢生的機會，若沒有國家，他們就什麼都沒有了。這個落差，使得猶太人在作戰向心力上更勝一籌，使得他們打贏了一場不可能的戰爭。

一九四九年年初停火協議中的停火線稱為「綠線」，但這不是實體的邊界，而是一個協議好的停火線。根據統計，以色死了六千人，而阿拉伯人死了五千至一．五萬人。聯合國安理會在一九四八年十二月十一日通過了第一九四號決議案，聲明希望以色列可以讓阿拉伯難民返鄉，以及對決定不再返鄉的難民給予賠償。

許多指控以色列的人，會拿代爾亞辛這個最極端的例子，來證明以色列在對巴勒斯坦平民進行種族清洗或大屠殺。我認為，確實是該在理解獨立戰爭時代背景之下，譴責極端情況下的錯誤。然而，不能放大單一事件，把部分猶太人的錯誤混淆成對整個以色列的指責，錯誤地將錫安主義建立在對阿拉伯人的報復和殲滅之上，甚至概括成為妖魔化以色列為納粹的題材。

戰爭並不美，阿拉伯領袖不願意接受有猶太國家的分治案，選擇了戰爭，而這場戰爭確實造成了阿拉伯平民的苦難。猶太人在面臨極大的生存戰之中，一定有失誤和做過分的，但是錫安主義的核心始終是建立猶太家園，而非殲滅阿拉伯人。也當然，雙方政治領袖都會順水推舟，例如代爾亞辛的屠殺起初傳言是二百五十位平民被殺和婦女被強姦，阿拉伯人可以指控猶太人的屠殺，而猶太人可以利用這份恐懼讓阿拉伯人自願出走[50]。但事實發生的事，跟種族清洗的指控實在差太多了，這從來就不是猶太人的企圖。剩下十五萬留下來的阿拉伯人，他們沒有跟家人或親戚逃走，他們留下來，並沒有被猶太人殲滅，稱為「一九四八年的阿拉伯人」（Arabs of 1948），現在有約兩百萬人，大多是穆斯林，佔總人口的百分之二十一。跟猶太人一樣，他們也是以色列公民，而且擁有的自由比周遭的穆斯林國家都高，特別是女性。

在談及這段歷史時，一定要提及的前提是猶太人已經多次的接受建國的提議，並且這場戰爭也是阿拉伯國家以及巴勒斯坦的阿拉伯領袖所發起的（明明是他們發動戰爭，憑什麼要賠償？）而以色列民間與領袖也充滿自我檢討與呼籲良心的聲音，本古里安甚至把描述戰爭中以色列軍人醜陋面的詩[51]，印了十萬份給每個軍人，並說良心才是真正的武器。

為了有一個猶太國家，賣命打仗的人是猶太人，如果猶太人沒有打贏，今天不會有以色列。猶太人在敵對他的國家之中存活下來，因此，以色列的國家政策，理所當然都會是優先保護以色列人以及全球猶太人存亡為主，也因此以色列人口必須是猶太人為多數，不可能提供阿拉伯人的「返鄉權」（the right of return）。

這場為了巴勒斯坦阿拉伯人發動的戰爭，戰後卻沒有為他們建立一個國家，反而是約旦和埃及各自拿走西岸地區和加薩走廊，因為他們真正在意的還是擴張自己的版圖。

為了猶太國家能繼續存在，外人（甚至年輕一代的以色列人），很難理解一個由猶太難民和大屠殺倖存者組成的國家，究竟付上多少代價，才有這來之不易的奇蹟。他們咬著牙，不講苦難、不自怨自艾、不舔自己的傷口，當流離失所的阿拉伯人住在帳篷時，猶太人也住在帳篷。他們不講阿拉伯人的苦難，但他們也不講自己大屠殺的痛[52]，或許若不是靠封閉了部分情感，人根本沒有辦法經過這麼大的創傷後，在痛苦與不安中，集體和快速的蛻變。

---

43 在耶穌時期，統治這塊土地是羅馬人，而當時的魁儡統治者是希律王，也就是聖經記載因為要殺掉可能會做猶太人的王，而殺害伯利恆全部兩歲以下猶太男孩的那個希律王。當希律王死後，羅馬人就接管了這個山寨統治者。

44 在二〇二三年十月七日，當哈瑪斯恐怖份子跑到以色列家園時，有個父親在訪談時痛苦回憶的說，當時他都已經預備好要採取「馬撒大方法」。

45 如果我們暫停一下，會發現這代表了兩件事，第一件是這個決議案的對象是巴勒斯坦土地上的阿拉伯人和猶太人，沒有所謂的巴勒斯坦人，第二件事情是現代巴勒斯坦人訴求的回到一九四八年的疆界根本不成立，因為阿拉伯人當初根本沒有接受這份決議案。

46 利底亞是丹麥女教師，因為一份從神來的感動來到危險的耶路撒冷。這裡的人太窮了，有個猶太父親不得不求她照顧一個猶太女嬰，於是在動亂的耶路撒冷，她靠著上帝的供應，在猶太人與阿拉伯人的衝突之下，養了一大群孤兒。其中有六個猶太女嬰、一個阿拉伯女嬰以及一個德國女嬰被她視為女兒。

47 這個地方有很多綽號，例如地獄、血門、死蔭的幽谷、恐懼之門等。

48 梅爾夫人被本古里安稱讚為內閣中最棒的人。她在美國長大，她同時也是個很有感染力的演說家。獨立戰爭前後，她只去了美國兩次，遊說美國猶太人捐款。以色列獨立戰爭向捷克斯洛伐克買軍火的資金，有三分之一是靠她的募款。

49 以色列的但尼行動（Operation Dani），佔領了盧德，但阿拉伯人死傷人數大多是戰鬥人員，也並非是屠殺。

50 畢竟七十萬人不是小數字，在幾天之內大量阿拉伯人從土地上的撤離，更大的可能應該是自己選擇去避難。阿拉伯人說是以色列人指著槍，逼著平民離開他們的家園，使他們成了難民。以色列人說，阿拉伯人離開是因爲聽阿拉伯人領袖的話，他們認爲阿拉伯國家會打贏，只需要離開幾天，之後就能回來到一個沒有猶太人的國家！事實上，這場戰爭起初是內戰，阿拉伯有錢人大多是自願撤離，接著是中產階級的阿拉伯人。猶太人確實有趕走部分的阿拉伯人，但是也有呼籲阿拉伯人不要走。例如梅爾夫人就去了海法，但她沒有成功說服阿拉伯人。他們害怕如果留下會被其他阿拉伯人視爲叛徒。到了代爾亞辛大屠殺發生時，剩下的阿拉伯人大多是農民，也沒有領袖在他們中間。

51 那首詩是叫〈爲此〉（Al Zot），作者是Natan Alterman。

52 我有個教授的父母是大屠殺的倖存者，但他沒有聽到父母談論大屠殺，因爲社會封存了所有大屠殺的悲慘記憶，這一代人被訓練成爲「以色列人」，直到艾希曼的審判，人們才開始注意到集體關於大屠殺記憶的痛苦。

28 盧德城和好記

我在耶路撒冷認識一些二十幾歲的年輕美國基督徒志工，他們來自布魯德霍夫教會（Bruderhof），他們的生活方式像是有信仰的以色列奇布茲，他們一起生活、工作、敬拜，沒有個人資產或錢，但生活所需的食衣住行育樂，都會由教會提供。我一直都很佩服這些基督徒志工，他們用非常樸素的方式活著，勤勞又可靠，總是有禮貌的彼此幫助。

有一天，其中一個金髮碧眼的志工朋友，提到她有一個猶太祖父！她把她外公寫的書《我的尋找》（My search）送我，這本書記錄他經歷大屠殺、蘇聯流亡生活、以色列獨立戰爭以及最後成為基督徒，在經歷了這麼多苦難，他終於尋找到了那份和平，而這份愛使他向巴勒斯坦人尋求饒恕與和解。

這真是太不可思議的一本書。

約瑟·奈特（Josef Nacht）出生在納粹時期的德國法蘭克福。希特勒上台後，他的父親先前往巴勒斯坦尋找工作，八個月過後，因為英國託管時期的巴勒斯坦對猶太移民人數的限制，他們一家只好先往波蘭娘家羅茲瓦杜夫（Rozwadów）移動，但他記得他們的計畫一直都是去到巴勒斯坦，只是暫時留在波蘭。

德國入侵波蘭那年，約瑟才十歲。他記得大人整天都在聽收音機，而在德國人出現之前，波蘭軍人就已經沒收他父親店裡的糖和米，而鎮上的波蘭人就已經開始打劫店裡其他東西。德國人只花了幾個小時，佔領了他們的小鎮，一個月後的某天，納粹德國聚集所有的猶太人，不分男女老少，都要在一小時之內出現在廣場，接著把所有人趕到桑河（San river）。他記得有個納粹軍人拿刺刀打他的父親，雖然沒有重傷，但他記得他爸爸跌倒的那一幕。接著納粹從每個人身上拿走貴重物品，並命令他們過河。

他不記得他們怎麼過河的，但他記得他父親把錢縫在妹妹的內衣裡，所以當他們家還有錢能夠買匹馬，逃到蘇聯去。在蘇聯，一九四〇年的六月，所有的難民被規定要註冊，他們當時面臨兩個抉擇，一個是回到被德國佔領的波蘭去，另一個是成為蘇聯的公民，那就會被安排到烏克蘭去。一方面他們在蘇聯的這幾個月已經體驗到共產和獨裁政府的滋味，另一方面他們聽到的謠言是納粹德國沒有那麼糟，所以他們選擇登記保留波蘭的身份，回到波蘭。

這個決定可能使得他們得以存活，即便他們很快發現蘇聯政府騙了他們，把他們送到西伯利亞的勞改營去。但那些成為蘇聯公民的猶太人被安頓到烏克蘭西邊後，卻被納粹殺死。而因為德國入侵俄羅斯，史達林需要向同盟國求助，並接受波蘭的要求，釋放蘇聯勞改營的所有波蘭人。這使得他們在一九四一年的十一月又繼續逃亡，他們決定逃到烏茲別克，因為那裡更遠、納粹更難到達。

但在那裡，他見識到了什麼是貧窮。他的媽媽因為疾病與飢餓的關係而過世，他和妹妹成了沒有媽媽的孤兒，所以他爸爸把他們送到波蘭天主教孤兒院，因為至少在那裡吃得飽。一九四二年八月，猶太建國會（Jewish Agency）開始找猶太孩童，一九四三年二月，他和妹妹成了第一批到巴勒斯坦的孩子——德黑蘭的孩子，他記得在每一個火車站，當地的居民都熱情的歡迎他們這些可憐的孤兒。

他們先在海法附近的阿特利特（Atlit）營地住了下來，那裡有數不盡的柳橙可以吃，夢想成真了，他終於來到了以色列土地。在他和妹妹的印象中，家裡都有守安息日和節期，所以他們被分配到一個正統派錫安主義的村莊，叫做史戴雅各，再被送到以色列米克維學習農業。

他記得，當他作為一個孤兒，還在從伊朗和蘇聯的痛苦經驗恢復時，其他人並不相信他經歷過這些遭遇，因為普遍的情緒是站在這個擊打希特勒、又是社會主義的蘇聯這邊。他決定離開任何跟信仰有關的事情，但這使他覺得更孤單。

他開始想，生命的意義是什麼？他渴望和平，可是在他的猶太心裡，一直有很強烈的手足情誼。當時世界第二次大戰結束，幾十萬的大屠殺倖存者想要到巴勒斯坦，卻仍舊被英國人拒絕，有些被送到賽普勒斯，有些被送回歐洲大陸。這使得他決定要為不顧一切代價，為這些大屠殺倖存者而戰，也就是反抗英國人。

當時有三個地下組織，哈加拿（Haganah）的意思是防禦，這個組織就是後來的以色列國防軍，伊爾貢（Irgun）比較激進，目的是在約旦河東岸與西岸成立猶太國家，而萊希（Lehi又稱為Stern Group）是最激進的組織，目標是除掉英國人，不分平民還是軍人。他當時最想加入的就是萊希，只是找不到加入組織的方法，除非有認識的人引薦。

朋友的外公約瑟，在他書裡以第一人稱的方式，見證了時代的背景。

一九四七年十一月，聯合國通過分治案，猶太人將會有個國家！他記得整個特拉維夫都沈浸在喜悅的心情之中，他特地搭計程車加入慶祝，街上有上萬個人，大家徹夜的在街上跳舞。可是隔天早上六、七點時傳出消息，有一輛從耶路撒冷到特拉維夫的巴士被阿拉伯人攻擊，死了很多人。

從那一刻開始，這些地下組織的活動就更加活躍，一直到英國在一九四八年五月十五日離開的那天。他了解，阿拉伯人覺得被英國人騙了，他們是人口的多數，而且猶太人對他們來說是「外國人」，全部的地應該都屬於阿拉伯人，怎麼可以分給猶太人。但是猶太人不能讓大屠殺再度發生，猶太人需要一個安全的家鄉。所以作為一個孤兒，他願意為這些大屠殺倖存者，為以色列土地而戰。

約瑟在一九四八年二月終於加入哈加拿，以色列宣布獨立之後，他一直自告奮勇做他認為風險最高的軍事活動，例如埋地雷。約瑟加入亞歷山德羅尼旅，剛好被派去卡法薩巴，為了要防止阿拉伯人的進攻，他們在靠近蓋勒吉利亞鎮（Qalqilya）旁埋地雷，他很清楚記得，阿拉伯人的攻擊很激烈，猶太人有許多的傷兵，使得他不得不把傷兵放到安全的地方，再跟著長官回頭找救援。但阿拉伯人把這些卡法薩巴的傷兵殺死和截肢，這使得幾天後，當猶太人拿下坦圖拉鎮時，謠言說有猶太人殺了一些阿拉伯人作為報復。

約瑟說，他想要有住在這塊土地上的權利，他已經準備好為以色列國犧牲自己的生命，即便這些猶太人去報復阿拉伯人的謠言讓他覺得很煩，但是他沒有空想太多，他想的只是他能怎麼樣做更多的貢獻。於是他和朋友用新的名字加入帕爾馬（Palmach）[53]，他從此就叫自己約瑟．本艾利澤（Josef Ben Eliezer）。他們被派去特拉維夫附近的盧德（Lod），在以色列軍隊拿下城鎮後，命令所有的阿拉伯人，不分男女老少，排隊離開。這使他馬上想到他小時候在波蘭的場景，德軍也曾是這樣對待猶太人。特別是一個以色列士兵拿刺刀打一個阿拉伯人時，他馬上想到他父親的遭遇，他不能接受人們這樣對待彼此。接著，他看到兩個非常年輕的以色列士兵，可能都還沒成年，拿著來福槍威脅好幾個阿拉伯人去挖自己的墳墓。他和幾個人同時看到，阻止了這兩個人，並釋放了這些阿拉伯人。

但他很震驚，他看到在這麼短的時間裡，道德可以這麼快淪陷，部分猶太人竟然會去做不久之前納粹對猶太人做的事？當然他也解釋，這些年輕人在巨大的壓力之下，並不是一個正常情況。但他想要的是為以色列國存在而奮鬥，而不是去虐待或傷害其他人。

那時候，他遇到一個被迫替猶太人挖壕溝的阿拉伯人，他記得那個人用希伯來文說他是理髮師，他的家人已經跟著被迫離開盧德的人群走散了。他想起在波蘭的遭遇，更感覺他必須幫助這個阿拉伯人，因此他拿著他的槍，護送這個阿拉伯人找到他的家人。他知道有很多的苦難，但同時也在殘忍之中有人的良善。

大概在一九四九年一月，他結束了當兵，那時以色列已經在跟阿拉伯國家談停火協議。他認為猶太人和所有人一樣，都有權利住在這塊土地上，但他也發現，不管理由有多高尚，這都會造成其他人的苦難，他下定決心，這輩子他不願意再傷害任何人。

約瑟離開軍隊後，意外發現他父親還活著，並已經回到德國，於是他也試著回到德國居住。出乎他意料的，德國人跟他腦海中跟惡魔一樣的納粹德國人完全不同，所以到底為什麼普通人能夠接受並且支持殲滅猶太人？到底是什麼會讓人性中的殘忍被釋放出來？他時常想起在盧德城的那兩個年輕士兵，他能有的解釋就是當道德不被約束時，人性可以瞬間就被改變。

約瑟後來終於找到了答案，人類最深的需要是什麼？他在布魯德霍夫教會中，看見基督徒因為耶穌，可以不分猶太人、阿拉伯人、或是德國人等的彼此相愛。戰爭的醜陋讓他困惑和痛苦，他看見雙方都受苦、受折磨，也都需要醫治、悔改和原諒。

在一九九七年，他聯繫上了在獨立戰爭時，從盧德被以色列趕走的阿拉伯人雅各・穆納耶（Yacoub Munayer），他們一起在盧德散步，接著約瑟向雅各尋求原諒。對雅各來說，他們被連根拔起，無家可歸的故事，一直都是很大的傷疤，是巴勒斯坦人的苦難日，他未曾想過有一天，會有猶太人會認同他的故事，甚至向他尋求饒恕。

53 哈加拿的精英部隊。

29 以色列難民與德國賠償金

一九四八年獨立戰爭後的三年，以色列在移民政策上沒有任何限制，因為當時的政策就是歡迎所有的猶太人來到這個新的猶太國家，而這些人，有一部分是歐洲大屠殺倖存者[54]，也有一部分是從阿拉伯國家來的猶太難民。

在以色列建國後，伊拉克、葉門、埃及、阿爾吉利亞、摩洛哥、突尼西亞、利比亞等穆斯林國家，將七十萬已經世世代代住在他們國家的猶太人趕出來！他們擁有的土地面積超過六・二萬平方英里，是以色列國土的八倍，也就資產直接充公，這些損失的財產，也未曾賠償過。過去這些國家住了八十五萬猶太人，現在不到五千人。

以色列這個新建立的國家，在短短三年內，從一九四八年十月的七十一・七萬人增至一九五一年十月的一百四十萬人，人口數量的年增長率高達百分之二十・六。以色列政府在如此短的時間內吸收如此多的人口，是有非常巨大的經濟和社會挑戰。而且大多數移民都很貧窮，歐洲的德系猶太人有一些技能，但財產很少，葉門猶太人和亞洲國家來的猶太人，則是貧窮外加是文盲。他們都在向猶太建國會尋求住房[55]和就業機會。

以色列幾乎是才打贏獨立戰爭，國家就要面臨破產。以色列人實施糧食配給，桌上沒有食物吃，此時以色列不得不先停止接受猶太難民。而為了生存，本古里安把眼光轉向了向德國要求大屠殺的賠償[56]。這不是對生命的賠償，而是經濟上的賠償，整個德國（不僅僅是納粹）在一九三三年到一九四五年之間，掠奪猶太人財產中獲利了一百二十億美元或三百二十億馬克，這是本來就屬於猶太人的財產。

一九四九年，德意志聯邦共和國（西德）成立，康拉德·阿登納（Konrad Adenauer）擔任總理才八週，就向以色列提供了價值一千萬馬克的德國商品。起初以色列內部普遍反對和德國有任何的打交道，何必要幫助德國減輕道德負擔？但是以色列確實缺錢。一九五〇年，以色列向西德要求十億美元以及向東德要求五億美元，五十萬猶太難民，每個移民三千美元，所以才是總共十五億美元。這是補貼猶太難民的費用，而不是對大屠殺倖存者的補償，因為生命沒有價格標籤。

東德否認他們對猶太人有任何義務，因為他們也與納粹作戰。美國、英國和法國表示無法幫助以色列獲得賠償，而蘇聯卻沒有任何答覆。這使得以色列領導人知道，必須直接與西德打交道才能拿到錢，但對大多數以色列人來說，這是出賣猶太靈魂，與邪惡打交道。以色列內部對要去討這筆「血錢」的普遍反應是消極和敵視的，赫魯特黨（Herut）領導人梅納海姆比金（Menahem Begin）表示：「有些事情比死亡更糟糕，例如與德國人直接談判。從猶太人的角度來看，沒有一個德國人不是納粹，也沒有一個德國人不是殺人犯。」

距離大屠殺結束不到十年，怎麼可能做這件事？這在情感上具有挑戰性，但本古里安是個很務實的政治家，這個剛獨立的年輕國家要活下去，就必須擺脫悲慘歷史向前看。

一九五二年一月九日，國會討論當天，一千名赫魯特領導的以色列示威者出現在議會大廈。現場充滿暴力和危險，人們用石頭砸牆和窗戶，放火燒汽車，甚至投擲催淚彈。兩個小時的對峙戰鬥導致九十二名警察受傷被送往醫院。儘管遭到強烈而激烈的反對，以色列國會還是以六十一比五十的投票結果支持了本古里安的提議。

一九五二年的西德確實沒錢，生活水準也比戰前低。西德的年度預算為二十億美元，政府第一次出現盈餘是在一九五一年，但整個國家只有一．六億美元，各何況西德還欠同盟國巨額債務，所以其實西德內部也是有很多反對聲音，不希望德國人民被徵更多的稅，而且德國期待以色列會因為太窮，接受任何賠償。

但以色列人堅決不允許德國人討價還價。瓦瑟納爾（Wassenaar）的會議失敗後，德國試圖把賠償金提高到七．五億馬克[57]，但遭到以色列人的強烈拒絕，以色列人評論這串數字「只不過是一個電話號碼」。

阿登納總理扛起責任[58]，照著以色列的要求，賠償以色列國和猶太組織，簽署了《盧森堡條約》（Luxembourg Treaty）或是以色列政府所稱的《付款條約》（Shilumim Agreement），沒有再討價還價。這個條約包括四項協議，西德將向以色列國支付三十億馬克（以吸收五十萬猶太移民的費用計算，每個移民三千美元）。第二項是西德會立法，透過索賠會議對受害者進行單獨賠償。第三項是向紐約索賠會議支付四・五億馬克，用於受害者的康復。三分之二的付款將以貨物和實物支付，其餘三分之一將以硬通貨形式支付。這筆款項將從一九五三年三月開始支付，直到一九六四年三月三十一日解除。最後，第四項協議是以色列會將德國聖殿騎士基督徒擁有的財產歸還給德國。

這是一項重大成就。本古里安對猶太建國主席戈德曼博士（Nahum Goldmann）說：「你和我有幸看到兩個奇蹟的發生，以色列建國以及與德國簽署協議。我負責第一個，你負責第二個。唯一不同的是，我一直相信第一個奇蹟，但直到最後一刻我才相信第二個奇蹟。」

三十四・五億馬克的賠款對西德來說無疑是個財務負擔[59]，當然德國人一開始就不應該讓納粹屠殺猶太人，德國政府也永遠無法對大屠殺受害者給予足夠的補償。然而，至少領導人願意透過賠償，幫助西德重回國際。而這份賠償的壓力，帶動了德國當地的經濟，因為三分之二的賠償將以貨物形式支付，使得一九五七年，西德失業率降至百分之四以下，煉鐵、化工、紡織、造船等產業，甚至有的年份產能利用率達百分之百！德國不僅還完了這份《盧森堡條約》

的賠償，也繼續做出更多的賠償[60]。

至於以色列後來如何使用這筆賠償金？當時的目標是促進經濟發展和獨立，所以花了百分之二十五的資金買船[61]。賠償金支付了特拉維夫到耶路撒冷鐵路的一半費用，也幫助以色列從南到北用鐵路連接了別是巴和海法。電信業取得了重大進展[62]。這筆賠償金可能是這個年輕國家經濟建設和工業擴張的重要生命線或動力，加速以色列的經濟發展。

誰能想到，以色列和德國會在一九六五年就建交？本古里安的領袖魄力和遠見，著實令人佩服，但歷史上也同樣需要另一方有像阿登納總理這樣的人，以色列才可能在政治外交上有所突破。

54 歐洲的大屠殺倖存者，很多也去了美國。當時巴勒斯坦的條件太差了，不是他們的首選，他們可能都是因為沒辦法，沒有其他國家要他們才過來的。

55 由於在一九五〇年代和一九六〇年代，以色列是社會主義國家，政府需要為新移民安排住處，或許真的是沒有人想去打仗中的國家吧！在當時公共住房是作為實現國家建設、領土定居和吸收移民目標的工具，占據國家總住房存量的百分之六十，一直到一九七七年工黨被罷黜後，才沒有這麼好的政策。

56 其實魏茨曼在一九四五年就已經巴黎賠款會議上試著向德國提出的個人和集體索賠，但是那時候還沒有一個國家，德國僅願意向納粹集中營的受害者提供五百萬美元的賠償，和最多可以向猶太建國會提供二千五百萬美元的德國資產，這個結論讓魏茲曼很灰心。

57 德國政治家 Franz Buhm 博士和 Otto Kьster 博士，爲了以色列人可以得到滿意的賠償金，試圖說服財政部長再追加一億，但遭到部長拒絕。於是這兩名德國人，用辭職來向自己的政府抗議。

58 爲什麼阿登納總理會願意承擔責任？在他的回憶錄寫著：「我很清楚，如果與猶太人的談判失敗，倫敦債務會議的談判也將擱淺，因爲猶太銀行界將對倫敦債務會議的進程產生不可低估的影響……」

59 雖然分成十五年來支付，但也還是負擔。在一九五三年和一九五四年，德國向以色列支付的總支出分別佔聯邦支出的百分之一．八七和百分之一．五八，一九六〇年達到頂峰，達到百分之二．四四！

60 據美國國務院稱，從一九四五年到二〇一八年，德國政府向大屠殺受害者及其繼承人支付了約八百六十八億美元的歸還和賠償。德國還查明了納粹掠奪的物品，包括藝術品、書籍和大型收藏品中的物品，並在過去二十年中向倖存者及其繼承人歸還了一萬六千件物品。甚至連奧地利的猶太社區稱讚西德政府，因爲奧地利政府可是等到了二〇〇〇年之後才制定了賠償協議法。

61 從一九四八年的四艘船，總噸位爲六千噸的船隻，變成擁有了五十九艘新船隻，總噸位爲四十五萬噸，包含四十一艘貨輪、四艘油輪、八艘漁船、二艘海關巡洋艦、四艘客船。以色列當時很怕隨時被其他國家切斷物資，所以一定要有自己的船。這點跟以色列一定要有自己的航空公司一樣，像十月七號戰爭發生後，各國航班都停飛以色列好幾個月，只有以色列的三家航空公司繼續飛，並且把海外的預備兵或其他猶太人帶回來。

62 一九五二年初，每百人擁有二．一部電話。之前打一通電話要等好幾分鐘，接線生才會接通，到一九六二年，電話數量增加到每百人有七．二部。

30 奇蹟似的六日戰爭

六日戰爭，是以色列打的第三場戰爭。

英國人離開巴勒斯坦之前，阿拉伯人就已經威脅要向猶太人發動戰爭，不讓猶太人建國，一九四八年，當猶太人宣佈建國，阿拉伯國家聯合來打以色列。但阿拉伯聯軍失敗之後，埃及拿了加薩，而約旦拿了東耶路撒冷和西岸地區，其中包含伯利恆、希伯崙、耶利哥等等。雖然約旦收留了許多巴勒斯坦的阿拉伯難民，但是不論是埃及或是約旦也都沒有為他們建國。

一九五六年第二次中東戰爭爆發，這場戰爭也稱為蘇伊士運河危機，埃及總統納賽爾（Gamal Abdel Naseer Hussein）先是在一九五五年花了三億兩千萬美金購買武器[63]，接著在一九五六年七月片面宣布收回蘇伊士運河，封鎖了以色列船隻會使用的蒂朗海峽。這個海峽是地中海和紅海之間的重要航道，也是歐洲和亞洲主要貿易通道。這個動作引起了以色列的擔憂，也激怒了英國和法國，因為他們失去了在蘇伊士運河的控制權（他們是原來運河公司的股票持有者）。為了恢復控制，英法以色列聯軍企圖入侵埃及，但由於國際壓力被迫撤離。

一九五六年十月二十九日至十一月六日之間爆發戰爭。以色列空軍對埃及進行攻擊，佔領了加薩和西奈半島，埃及拒絕停火，於是英法順利成章對埃及軍事基地進行轟炸，獲取了勝利。但美國和蘇聯都不滿此秘密行動，最後埃及打輸了戰爭，卻取得政治上的勝利，以色列也從新佔領的地區撤離。這讓納賽爾成了有極高聲望的傳奇人物，埃及也成了中東世界可以對抗以色列的主要力量。

隔年，埃及再次封鎖蒂朗海峽，以色列不只是經濟損失，更重要是石油的輸入都仰賴紅海旁埃拉特（Eilat）港口。納賽爾宣布：「我們的宗旨是消滅以色列……」他也號召阿拉伯國家們，如敘利亞、伊拉克、科威特、阿爾及利亞都加入戰爭，一起展現阿拉伯實力。約旦內部因為有太多巴勒斯坦難民，在壓力之中也不得不參戰。

美國為了跟蘇聯搶中東世界大哥的角色，同時也因為越戰的慘痛經驗，讓他們發現提供軍事援助比實際參與軍事行動來得划算，所以提供了以色列四十萬美元到後來超過每年幾百萬美金的金援，而蘇聯則是支持埃及。

以色列建國時，人民還沒有腳踏車，第一任總理本古里安卻要發展空軍。一九五六年，以色列人根本都吃不飽，本古里安卻要發展核子武器，這麼小的一個國家，人口才兩三百萬！但是他派裴瑞茲到法國，說服他們以色列是法國在中東世界可靠的夥伴。

一九六七年五月，埃及總統納賽爾將聯合國緊急部隊（UNEF）從西奈半島撤離，關閉阿卡巴海灣，又在五月三十日與約旦國王簽署共同防衛協議。情報顯示敘利亞、埃及、約旦、沙烏地阿拉伯、伊拉克、黎巴嫩等六個阿拉伯國家的兵力都向以色列逼近。法國已經禁止向以色列出售武器，美國又忙著解決越南問題。

再一次，這個當時不到二十歲的年輕國家，可能就此被殲滅。

以色列當時在戰爭上處於劣勢，同時要面對各個阿拉伯國家的威脅，三個戰線，以兵力大小、兵力位置、作戰正面與補給線的關係來說，根本沒有實力防禦。

以色列內部的共識是，如果蒂朗海峽再度被關閉，那就是開戰理由（casus belli）。為了國家能存在，以色列必須在這場戰爭中先發制人，但以色列成功做到了。一九六七年六月五日，以色列快速的在短短一百八十分鐘內讓埃及戰鬥機全軍覆沒，精準投放炸彈在真的機場和飛機上（埃及也有放假飛機要浪費以色列的火藥），埃及少掉了百分之九十以上的戰鬥機，地面部隊完全沒有被空軍掩護，西奈半島很快被以色列拿下，以色列也對敘利亞發動類似空襲。

以色列並不希望約旦參戰，特別是西耶路撒冷沒有嚴密的防守，又有二十萬居民。約旦發了大約六百發子彈，以色列沒有強烈的反應，甚至獨眼龍國防部長戴揚還提供了停火協議。但是約旦得到埃及的錯誤情報，根本不知道以色列已經迅速打贏埃及，於是約旦選擇攻擊以色列，還回覆以色列：「你怎麼知道現在打你的是我？」

以色列的傘兵本來在六月六日要飛去西奈半島，但因為戰事出奇順利，以色列坦克已經不需要傘兵支援，所以臨時才被調回來耶路撒冷防約旦的進攻。以色列在當天攻下西岸地區和東耶路撒冷。耶路撒冷的彈藥山博物館（Ammunition Hill）是當時作戰的地方，以色列傘兵從獅牆進到耶路撒冷，當天早上有個奶奶塞了以色列國旗給他說：「孩子，這是我們猶太人幾十個世紀以來的渴望，你不只是一個人去那裡，你是代表所有的人民去。當你到哭牆時，你必須要揮這個國旗。」

傘兵到了哭牆時才意識到，他們回到了兩千前祖先被驅離的土地。猶太人首次擁有了耶路撒冷，而耶路撒冷也再次有了猶太人。東西耶路撒冷合而為一，就像聖經所寫的：「耶路撒冷被建造，如同連絡整齊的一座城。」（詩篇 122:3）

以色列人ＤＮＡ裡的選民身份好像開始被喚醒。

聯合國在六月七日呼籲要停火，以色列跟約旦馬上接受，隔天埃及也接受，但敘利亞繼續攻擊以色列加利利的村莊。於是六月九日以色列進攻敘利亞的戈蘭高地，敘利亞在六月十日接受了停火協議。這場戰爭，以色列喪失約八百名士兵，但以色列的版圖大了三倍，多了東耶路撒冷、西岸地區、戈蘭高地[64]、西奈半島、加薩。

常常有人會拿一九六七年戰後的以色列領土，來控訴或批評以色列侵佔巴勒斯坦人的土地，但是「侵佔」通常指的是佔領者對另一個「國家」先前擁有主權的地區進行攻擊和控制，不包含在自衛戰時所獲得的新領土。以色列擴張領土是因為在六日戰爭中取得了勝利，況且，以色列的新領土並非屬於巴勒斯坦國，而是從戰敗的約旦手中獲得東耶路撒冷和西岸地區的領土[65]，從戰敗的敘利亞手中獲得戈蘭高地，從戰敗的埃及手中獲得西奈半島。

戰爭後，阿拉伯國家深刻的意識到，原來二十年後的以色列，軍事力量早已不是建國時的樣子，已經無法輕易殲滅這個猶太人的國家。

---

63 以色列和美國的關係很複雜，當時美國仍拒絕賣武器給以色列，甚至國務卿不認爲以色列會存在太久。

64 有一次去戈蘭高地的國家公園時，在禮品販售部剛好看到牆壁上掛著某阿拉伯人的照片，我以爲是誰的外公，一問之下，原來這個人是 Eli Cohen，是最有名的以色列間諜。他出生在埃及，以假扮阿根廷的敘利亞企業家的身份，一九六〇年代在敘利亞做臥底，爲以色列拿到了許多加利利湖東邊和戈蘭高地的情報，爲以色列的國家安全和軍事戰略產生了巨大的影響。謠言是說，也包含六日戰爭的勝利。他的事蹟也被改編成 Netflix 影集：《摩薩德間諜》（The Spy）。

65 只有英國和巴基斯坦承認一九四八至一九六七年約旦佔領西岸地區時的主權，而巴勒斯坦的阿拉伯人也未曾向埃及、約旦和敍利亞政權抗議土地的「侵佔」。

31 贖罪日戰爭與梅爾夫人

贖罪日戰爭，是在十月七日的戰爭之前，每一個以色列人都知道的戰爭。在十月七日以後，我想是全世界的人都聽過這場戰爭。

在聖經裡面，一年一度的贖罪日，以色列百姓的大祭司必須進到聖殿或會幕的至聖所內，為以色列人贖罪，這是最神聖的節日。在現代的以色列，贖罪日仍是一年裡最嚴肅的一天，全國停止上班上課，路上禁止開車、餐廳禁止關門，就連世俗猶太人也都會進行二十五小時的禁食和禁水。

六日戰爭之後，以色列人普遍自信滿滿，不認為埃及和敘利亞敢再對以色列發動戰爭，這種國家心態還有個名字，稱為「概念」（Conceptzia）。一九六九年三月到一九七〇年八月，埃及對以色列發動消耗戰（War of Attrition），以色列喪失了約七百名士兵，但是沒有喪失土地。以色列完全沒有意料到埃及和敘利亞會那麼快再次聯手，選在一九七三年的贖罪日這天，南北夾攻以色列。同時，阿拉伯國家如沙烏地阿拉伯、伊拉克、科威特也抬高石油價格，對支持以色列的國家進行施壓。事實上，埃及並沒有打算打贏以色列，只是想用有限規模的戰爭，對以色列造成傷害，逼以色列把西奈半島的土地歸還，以及簽署和平協議。

當時擔任以色列總理的梅爾夫人（Golda Meir），也是以色列至今唯一的女總理，在電視上對民眾喊話說：「阿拉伯人以為在贖罪日攻打我們，會讓我們措手不及，但我們早就知道了。」但事實上，以色列根本沒有預備好[66]。梅爾夫人沒有得到情報，但她知道一定要打贏這場戰爭，不然就沒有以色列了。

梅爾夫人是位有感情的老奶奶和女性，卻也是一個冷靜的政治家和領袖。擔任國防部長的獨眼龍戴揚，他說直接建議使用「特殊方法」來打敘利亞（使用核武的意思，但馬上就被梅爾夫人拒絕了）。在戰爭中，她一方面要面對難以想像的壓力，另一方面則是向美國國務卿季辛吉尋求幫助。

在《贖罪日之戰》（Golda）電影中，季辛吉說：「我先是美國人，才是猶太人。」她說：「在以色列，我們是從右邊寫到左邊。」[67]她在作戰室，聽坦克手的通訊，每個傷亡的士兵都像是她自己的孩子，她跟著家屬一起悲傷。

有部戰爭影集《眼淚谷》（Valley of Tears），就是根據真實事件改編，重新敘述贖罪日戰爭所付上的代價和犧牲。昔日的戰場薩奇山（Tel Saki）和兵頭山（Mt.Bental）都成為了景點，從這些地方用肉眼，甚至不用望遠鏡，就可以清楚看得到敘利亞。以色列和敘利亞就是這麼近，而以色列以領土和人口來說，就是這麼小的國家。

最終，以色列打贏了一場不可能的戰爭，以色列軍隊在戈蘭高地，撐了四天才有支援。以色列在這場戰爭中用雞蛋打贏石頭，喪失了三分之一的空軍，有一半的坦克被摧毀或受損，喪失了約兩千七百名士兵，大多都是坦克手。這場戰爭改變了一個世代，以色列人發現，原來以色列並非無敵，當時的感覺是埃及軍隊隨時都可以打到特拉維夫，以色列離失去一整個國家，是那麼的近。這場戰爭，以色列人雖然險贏，但導致人民對從建國以來執政的左派政府失去信心，最終梅爾夫人和獨眼龍摩西戴揚（Moshe Dayan）等兩位指標性的政治人物下台。

在此時，聯合國安理事於十月二十二日提出第三三八號決議案，再次呼籲實現二四二號決議以促進中東和平[68]。發起贖罪日戰爭的埃及總統艾爾・沙達特（Anwar Sadat）[69]表示願意與以色列簽署和平條約，而且只單就埃及與以色列之間的問題討論，不牽扯巴勒斯坦難民返鄉權、戈蘭高地、耶路撒冷以及西岸地區等問題。

梅爾夫人說：「許多年前，當我被問到，我認為這個地區、我們的國家和我們的鄰國將何時實現和平？我說：『我不知道具體日期，但我確實知道它會在什麼條件下實現。當一個領導者，一個阿拉伯國家的偉大領導者，有一天早上，他醒來後會為自己的人民、為自己在戰鬥中陣亡的兒子感到難過，而那天將是我們和平的開始。』」

一九七七年年底，沙達特來到耶路撒冷，成為第一位在以色列國會發表演說的阿拉伯國家元首，他承認以色列，並說：「過去我們曾經拒絕你們，當時我們有自己的理由和需求……然而，如今我要告訴你們和全世界，我們願意與你們在持久、公正和公平下共同生活。」人民不想再有戰爭，為了和平，把西奈半島還給埃及[70]，一九七九年埃及成了與以色列第一個簽和平條例的國家，至今沒有再發動戰爭。

以色列的獨立紀念日的前一天，是「陣亡戰士紀念日」（Yom Hazikaron），紀念為以色列犧牲的軍人和被恐怖份子殺害的受害者[71]。我有一次在安葬軍人的赫茲爾山那裡碰到了一個老先生，他叫做埃里。贖罪日戰爭爆發後，他從美國放棄教書回到以色列來幫助國家，他說：「以色列的兵力就這麼多，很多人都從國外回來幫國家打仗。」

我跟他一起到軍人墓，每個墓都被整理得非常整齊漂亮，有國家送的蠟燭和花籃。埃里說：「這是我們最神聖的一天，在這天不分猶太人、基督徒、穆斯林，只有愛以色列而為以色列犧牲的士兵，也因為這樣，以色列尊榮這些士兵。妳有看到年輕的士兵站在墓的前面嗎？因為有些軍人的家屬墓可能沒有辦法來，所以這些軍人是被派來確認每個墓都有鮮花、都有人為他們禱告。」

他站在他侄子亞當的墓前，他是個英雄，救了三個人，但自己卻死了。埃里指了旁邊另一個老先生說：「他就是當年亞當救的第三個人，每年都會來亞當的墓紀念他。」

十一點整，有兩分鐘的警鈴，天空中傳出飛機的聲音，接著從音響傳出一名陣亡將士的父親讀禱告、一個拉比讀禱告文，都是出自於詩篇二十篇，然後就是以色列總理的哀悼致詞。

「（大衛的詩，交與伶長。）願耶和華在你遭難的日子應允你；願名為雅各神的高舉你。

願他從聖所救助你，從錫安堅固你，

記念你的一切供獻，悅納你的燔祭，（細拉）

將你心所願的賜給你，成就你的一切籌算。

我們要因你的救恩誇勝，要奉我們神的名豎立旌旗。願耶和華成就你一切所求的！

現在我知道耶和華救護他的受膏者，必從他的聖天上應允他，用右手的能力救護他。

有人靠車，有人靠馬，但我們要提到耶和華──我們神的名。

他們都屈身仆倒，我們卻起來，立得正直。

求耶和華施行拯救；我們呼求的時候，願王應允我們！」

埃里在贖罪日戰爭時，就是在以色列與敘利亞北部戰場的薩奇山參軍，而亞當則是在以色列南部戰場的西奈半島當兵。亞當的軍營被埃及導彈打到，只有亞當沒有受傷，所以他搶救了三個人，但結果在救人的時候喪命。

「我是最後一個看到亞當的人，他回軍營之前有一個晚上我們見面。當他的軍營被炸掉的時候，我也是最先知道他大概也陣亡了，只是我們三個月後才找到他的屍體。當然，這是很難受的事情，只是我們也喪失了很多同袍，戰爭是一直發生的事，我們知道這是會發生的事，所以至少他是因為救人而喪命，而不是因為某個意外。」

其實亞當過世時才二十五歲，他才剛結婚，有個兩個月大的兒子。這個兒子已經長大成人，有了自己的孩子，但他一輩子沒有見過他的父親。

「那你覺得如果亞當沒有過世，他的生活會是怎麼樣？」，我問埃里。

「我們有聊過這個話題，我記得他說他想唸工程，所以他可能會發明一些東西吧。他非常聰明的，妳知道以色列有很多的新創產業。」

埃里的口氣很平穩，但我的眼睛湧出了淚水，我為這個勇敢的年輕人感到遺憾，為他的家人感到不捨，真的，沒有人想要戰爭。

可是以色列的敵人並不希望有這個猶太國家存在。

更可怕的是，外界的人無法體會以色列國土不僅小，而且還與這些敵國的土地連在一起。

---

66 就像這次十月七日的戰爭，以色列認為哈瑪斯「不敢」去攻擊以色列。當即便有埃及線人阿什拉夫．馬爾萬（Ashraf Marwan）的情報，但情報部門沒有重視。馬爾萬是埃及總統納賽爾的女婿，Netflix 有部電影《以色列的埃及天使》，很值得看。

67 梅龍．梅茲尼教授（Meron Medzini）是梅爾夫人當時的發言人，他說這個對話是人們的謠言。不過編劇有特別訪問過他，而他覺得政治人物電影很難拍，電影成果已經比他擔心的好了。

68 聯合國安理會在一九六七年十一月二十二日通過二四二決議案，強調不容以戰爭獲取領土，要求以色列軍隊撤離其於最近衝突所佔領之領土，目的是為了中東能建立公正及持久和平。事實上，這份本身雖有國際輿論壓力但不具備法律效力的決議案，並沒有提到巴勒斯坦建國，並且「不容以戰爭獲取領土」指的對象是發動方，以色列也不是發動戰爭的那方，因為如果一個國家攻擊另一個國家，但是打輸了還可以要求自衛國還回土地的話，那這樣侵略者根本沒有損失，也沒有為發動戰爭且戰敗的後果承擔責任。所以這份決議案只能解釋是為了中東和平而希望以色列撤離，但也沒有明確表示要撤離多少。當以色列歸還西奈半島給埃及時，埃及在一九七九年成為第一個跟以色列簽訂和平協議的阿拉伯國家，以色列也在一九九四年與約旦簽訂和平協議。所以儘管不是完全撤離，但是以色列和這兩個國家確實也完成了二四二決議案的義務。

69 埃及總統沙達特和以色列總理比金一起在一九七八年獲得諾貝爾和平獎。

70 當時是以色列歷史上，第一次有右派政府，然而割地求和卻也是發生在右派政府領導之下。

71 從以色列建國至二〇二三年五月，以色列喪失了二萬四千〇六十八位軍人以及四千二百一十六位被恐怖份子謀殺的平民（在二〇二四年這個數字不知道會變成多少）。

32 沒有圍牆的世界

多年前，作為朝聖者，我第一次到耶穌出生的伯利恆。我想像不到，小小的伯利恆城市，因為有隔離牆，竟然是讓我不得不接觸到「以巴衝突」的第一站。

伯利恆是耶穌出生的地方，大衛王也在這裡長大和被撒母耳膏做以色列王，拿俄米、路得、波阿斯住在這裡，雅各的愛妻拉結被葬在這裡，我當然會想要來這個地方。

我的朋友看到我在伯利恆馬槽廣場亂照到的「伯利恆和平中心」，她說：「我真好奇裡面展示什麼，我很久沒去伯利恆了，從隔離牆建起，法律就規定以色列公民就不許進入巴勒斯坦。」

那時，我才開始意識到隔離牆不是一直都在那裡，而是這二十年來為了保障以色列人的安全，才不得不蓋的建築物。更甚至我另一個猶太朋友說，他參與了一九六七年的六日戰爭，那時候伯利恆的居民大多都是基督徒，好高興也好友善，甚至拿蛋糕和茶歡迎以色列人（「只是我們搞砸了！」朋友感嘆的說）。自從伯利恆被巴勒斯坦自治政府管理後，現在成為一個穆斯林城市，只剩百分之十五的基督徒人口。

我第一次接觸到以巴衝突的議題時是在大學，我接收到的就是巴勒斯坦人的土地被以色列人搶走的概念，我沒有深入了解過事情的背景，只是單純因為看到隔離牆及沒有和平的表現，自己在悶悶不樂。彷彿這就是控訴以色列「種族隔離」的最佳證據，而且這是我不想看到的。然而，歷史的真相到底是什麼？

一九三七年，皮爾的分治案，北邊給猶太人建國、南邊給巴勒斯坦的阿拉伯人建國，但阿拉伯人拒絕了。

一九三九年，英國人提出的白皮書，只給巴勒斯坦的阿拉伯人建國，但他們拒絕了，選擇納粹的陣營。

一九四七年，聯合國分治案，土地分配與皮爾分治案時調換了過來，但是巴勒斯坦的阿拉伯人還是不接受。內部攻擊猶太人，再等著外部阿拉伯國家聯合攻擊以色列。

現在沒有巴勒斯坦國，是他們自己的領袖導致的結果。但是阿拉法特倡導「巴勒斯坦人」的概念，目的就是讓沒有時間去研究歷史的人，去相信以色列人搶走了巴勒斯坦人的土地，而不是去看阿拉伯人跟猶太人的爭地、看約旦的誕生，以及看以色列和阿拉伯鄰國的戰爭。甚至阿拉法特還說耶穌是巴勒斯坦人，這是從歷史和神學角度都說不通的荒謬論述[72]，但這種論述，卻能誤導人再次說那些釘耶穌十字架的猶太人，如今也苦待和壓迫弱小的巴勒斯坦人。

第二次中東戰爭，強大的埃及失敗後，出生於埃及開羅的阿拉法特，在一九五九年成立了法塔赫（Fatah），意思是「巴勒斯坦民族解放運動」，接著法塔赫加入了一九六四年成立的巴勒斯坦解放組織（PLO），開始了恐怖活動。這點很有趣，當時的西岸地區都還是屬於約旦，代表阿拉法特想要解放的巴勒斯坦，根本不是以色列退出西岸地區而已，而是以色列所擁有的任何領土。法塔赫一九六八年的憲章表示英國託管的疆界都是阿拉伯暨巴勒斯坦民族的故土，武裝戰鬥是解放巴勒斯坦的唯一途徑。

六日戰爭後，以色列有了許多新的領土，包含西岸地區、戈蘭高地、加薩、西奈半島等。對於這些新的「有爭議的」領土的打算，就跟以色列建國時對於是否該向德國索償大屠殺賠償金一樣，以色列境內充滿了各種意見。因為這些土地上有許多的阿拉伯人，該要怎麼處理他們的身份？西岸地區和加薩共有一百二十五萬阿拉伯人[73]，在一九六七年，以色列人口只有二百六十萬人，還包含大約有四十萬阿拉伯人。如果吸收全部人為以色列公民，那以色列會有巨大的內部壓力和威脅，猶太人的安危以及這個國家的身份會有很大的挑戰。因此在這些「有爭議的」領土，以色列政府為了安全原因，在約旦河谷和山頂上有蓋屯墾區，並沒有特別的政策或建設。

在政策朦朧的年代，很快就有一小批定居者或「屯墾者」（Settlers）[74]，從發生卡法埃齊翁大屠殺的地方開始搬回父母的出生地。還有一群民眾對政府失望，開始「忠信社群運動」（Gush Emunim），他們重拾猶太信仰，提倡猶太人不要失去回到這塊土地真正的意義，因此他們也更積極的要拿回神給亞伯拉罕的應許之地。西岸地區就是聖經中的「撒馬利亞與猶大山地」（Judea and Samaria Area），是猶太民的心臟，是希伯來先祖所在的地方。猶太人屬於猶大地，這裡有伯特利，雅各在這裡與神摔角，被神改名為以色列。以色列人進入到應許之地，打下了耶利哥，神的會幕和約櫃也曾在示羅。

六日戰爭後，巴勒斯坦解放組織轉移到了約旦，但作為約旦的難民，他們卻煽動約旦人民推翻約旦王朝，甚至二度刺殺胡笙國王（King Hussein I），炸毀三架約旦的飛機。一九七〇年的「黑色九月」（Black September），促使約旦當局開始清除境內的巴勒斯坦解放組織。於是巴勒斯坦解放組織只好再把基地轉移到黎巴嫩，當時是馬龍派基督教政府執政。一九七二年，黑色九月的團體在德國發起恐怖攻擊，在慕尼黑奧運劫持和殺害了十一名以色列奧運選手。一九七六年劫機，綁架人質到烏干達[75]。

埃及與以色列在一九七七年開始對話和討論簽署和平協議的過程，引起了極端份子的不滿。一九七八年，巴勒斯坦解放組織在以色列犯下「海濱公路屠殺」（The Coastal Road massacre）的恐怖攻擊，造成三十八人喪生[76]。在一九八一年也發生了悲劇，跟以色列簽署和平協議的埃及總統沙達特被伊斯蘭聖戰運動成員槍殺。

以色列政府在十年的空窗過後，一九七七年，才在總理梅納赫姆．比金（Menachem Begin）帶領的右派政府之下[77]，開始在有爭議的西岸地區興建屯墾區的房屋[78]、公共設施和道路等。再加上有國家貼補，物價還更便宜。十年之內在西岸地區的人口從本來的五千人直上升到六．五萬人！

但接下來又發生了很關鍵的一件事，就是伊朗的介入。在一九七九年，伊朗爆發「伊斯蘭革命」，伊朗的領導層嚴格實行伊斯蘭宗教法（Sharia Law）取代原來的法律。剛蛻變成「伊朗伊斯蘭共和國」的伊朗，正在找能宣揚什葉派伊斯蘭教的盟友。在這個過程中，伊朗支持了極端組織，如敘利亞的巴勒斯坦伊斯蘭聖戰運動（Palestinian Islamic Jihad）。一九八五年黎巴嫩的什葉派穆斯林也拿了伊朗的武器和資金，成立了真主黨（Hezbollah），這些組織對以色列進行了多次襲擊，破壞了地區的穩定。伊斯蘭革命及其後的伊斯蘭極端思想在中東地區的興起，為哈瑪斯等組織提供了一種宗教和政治的框架。哈瑪斯這些自製火箭炮、買武器、挖隧道綁架以色列士兵等等的攻擊，就是拿了伊朗的資金（時不時也會受到埃及、土耳其、阿聯酋、卡達、黎巴嫩等國家的資助）。

在以色列統治之下，西岸地區與加薩的阿拉伯人在經濟和教育上都有很大的改善，所得高了至少三倍，也設立了七所大學。然而，巴勒斯坦的阿拉伯政治領袖怎麼可能甘心讓人民在經濟上倚賴以色列。一九八七年，巴勒斯坦爆發第一次起義（First intifada），持續了好幾年的示威、罷工、丟石頭、刺殺、燒輪胎等活動，一個以武力殲滅以色列為宗旨的哈瑪斯組織成立。

以色列礙於國際壓力，由美國總統柯林頓斡旋之下，從一九九三年開始與巴勒斯坦解放組織在挪威奧斯陸進行一系列以色列和巴勒斯坦之間的和平談判。以色列總理伊茲哈克．拉賓（Yitzhak Rabin）與巴勒斯坦解放組織的領袖阿拉法特簽署了歷史性的《奧斯陸和平協議》（Oslo PeaceAccords）[79]，正式名稱是「以色列和巴勒斯坦互認文件」。第一部分涉及雙方的互認。以色列正式承認巴勒斯坦解放組織（PLO）作為巴勒斯坦人民的正式代表，同時巴勒斯坦則承認以色列的存在權。以色列以土地換取和平，巴勒斯坦人成立巴勒斯坦自治政府（Palestinian National Authority），又譯巴勒斯坦民族權力機構，並將西岸地區土地分為A、B、C區[80]，A區為完全巴勒斯坦權力機構的軍方管理，C區為完全以色列的軍方管理，住著猶太「屯墾者」。在西岸地區的「巴勒斯坦人」可以在西岸地區來往，但使用到以色列的道路就會碰到檢查哨，在局勢敏感時，安檢會很耗時間。也就是說將西岸地區切割成目前的狀態，是經過雙方同意，為和平建立初步默契的基礎，只是個暫時的狀態，目的是最終能達到巴勒斯坦人的自治。

接著在一九九四年五月，以色列和巴勒斯坦就加薩地帶和耶利哥地區的權力轉移達成協議。這一協議確立了巴勒斯坦自治區，並在該區實施了初步的自治措施。一九九五年九月，以色列和巴勒斯坦雙方簽署了奧斯陸協議的第二階段，雖然沒有保證巴勒斯坦建國，但是建立了巴勒斯坦權力的進一步轉移和安排。

然而和平協議沒有帶來和平。一九九四年到一九九六年之間境內有許多針對以色列平民的恐怖攻擊，巴勒斯坦內部也有嚴重的分裂，哈瑪斯與法塔赫政權之間彼此競爭。拉賓總理說：「我們將繼續和平進程，彷彿沒有恐怖攻擊。我們也要對抗恐怖攻擊，彷彿沒有和平進程。」然而，一九九五年十一月四日的和平聚集，至少十五萬名相信和平的以色列人聚集於特拉維夫廣場。那晚拉賓遭到刺殺身亡，兇手是一名極端主義的猶太人，他認為拉賓與阿拉法特的協談是對以色列的出賣。一百萬人在拉賓下葬前去致意，他們心碎了，他們對和平的夢想也碎了。拉賓死後，持續有巴勒斯坦人的恐怖攻擊，九天內有四起恐攻，六十名以色列人被殺。

但直到這個時刻，都還沒有隔離牆。

在美國的調解下，以色列和巴勒斯坦解放組織於一九九七年簽署了《希伯崙議定書》，規定將希伯崙大部分地區移交給巴勒斯坦人控制。一九九八年，當選總理的納坦雅胡跟阿拉法特簽署了《懷伊備忘錄》（Wye River Memorandum），撤離希伯崙百分之八十的猶太人口。一九九九年，新上任的總理埃胡德．巴拉克（Ehud Barak）又與阿拉法特簽署了《沙姆沙伊赫備忘錄》（Sharm al-Sheikh Memorandum），但是由於以色列沒有停止在屯墾區蓋房子，使得巴勒斯坦領袖離開了談判桌。

二〇〇〇年七月，在美國總統柯林頓的促成之下，總理巴拉克（Ehud Barak）與阿拉法特相聚在大衛營（Camp David Summit），巴拉克全力以赴希望能達成以巴和談，巴勒斯坦將能建國，國土範圍包含百分之九十二的西岸地區、東耶路撒冷以及加薩走廊，但是阿拉法特最終還是拒絕。保持抗爭，才能使他持續的被視為民族英雄，要是和談了，反而他要治理與被問責。當然，如果他願意接受提案，巴勒斯坦已經在慶祝二十四週年國慶日了。

以色列的內部政治也很複雜，每任總理都有不同的政治立場，和談機會的門也不是隨時都開的（對右派人士來說，阿拉法特根本只是在裝模作樣）。二〇〇〇年九月，競選以色列總理的右派政治家夏隆（Ariel Sharon）踏上了磐石清真寺，這引起巴勒斯坦人號召要向佔領者以色列抗爭，這是「第二次巴勒斯坦大起義」（Second Intifada），一系列的自殺炸彈與恐怖攻擊的開始。我認識一個猶太媽媽，她的孩子當時是上小學的年紀，回憶起那段時間，她說：「在二〇〇一年的耶路撒冷，幾乎每天都有巴士爆炸案，那段時間讓許多媽媽心碎，很多孩子根本不上學了。」

二〇〇一年六月一日，在特拉維夫靠近海邊的海豚舞廳（Dolphinarium），二十一個平民被殺，炸壞的建築物持續被廢棄到現在。在耶路撒冷的雅法輕軌站（當年還沒有輕軌），交叉路口有個很熱門的麵包店，每次都有絡繹不絕的人潮，鮮少人會注意到外牆上有個牌子，紀念在二〇〇一年八月九日發生的自殺炸彈，有十六位平民被殺，包含七位孩童和孕婦。其實當你開始注意，會看到耶路撒冷許多地方都有這樣的紀念牌。

二〇〇二年三月，發生了十二起自殺攻擊事件，三月二十七日，在以色列的納坦雅城市（Netanya），一名戴著女性假髮和穿黑色大衣的恐怖份子，手提箱裡裝著炸彈，到了正在舉辦逾越節晚餐的公園旅館大廳，炸死了三十人。哈瑪斯恐怖組織[81]表示這個攻擊事件是由他們發起，並且說：「只要佔領沒有結束，抗爭就不會結束。」這件血淋淋的屠殺事件，震驚了全國，以色列隔天就召集了二萬名預備兵，開始了「防衛盾牌行動」（Operation Defensive Shield）。以色列ＩＤＦ到傑寧和伯利恆搜捕爆炸案的兇手，其中有一百五十多名巴勒斯坦武裝份子，就躲在伯利恆的主誕教堂，但是基督徒提供他們避難、食物和水。最後部分的人進了監獄、有些被驅離、有些獲得免刑。

以色列的社會不安也造成觀光市場的萎縮，許多旅館和店面都無法經營。在二〇〇二年九月，以色列總理夏隆決定要在西岸地區興建「永久性的屏障」，就是隔離牆[82]，目的是杜絕恐怖份子、保護公民，而不是合理化自己國土（不然不需要等到二〇〇二年），或是留面牆給班克斯（Bansky）塗鴉作畫成打卡景點，又或是給國際人權主義者批評。「和平當然是大部份人想要的，可是到底要怎麼做？隔離牆不是最好的辦法，它雖然很糟糕，但是現階段管用。」以色列媽媽說，以色列已經在恐怖攻擊中死了超過一千人、傷害了快要三千人，這是止血的唯一方法。

一百八十公里的屏障建起來[83]，增加了巴勒斯坦人民的不便，原來的路開始要繞路，以及還要經過檢查哨，要有許可證才能到以色列本土，但止息了第二次巴勒斯坦大起義的五年的恐攻惡夢。

有些人會說，只要讓巴勒斯坦人擁有工作、機會和美好生活，就不會有哈瑪斯等極端組織的看法，可是，往往我們的社會都是會被一些少數極端份子的行動所轄持。「少部分的巴勒斯坦居民認為殺掉猶太人可以讓他們上天堂，連他們的媽媽都希望自己的孩子能當聖戰士英雄（shahid）[84]，他們對這種恐怖攻擊引以為傲，這也是事實。」從以色列媽媽口中，我聽到一份母愛，以及這種對兒女洗腦「聖戰[85]」偏差教育的義憤填膺。但更可怕的是，當聖戰士英雄殺了猶太人，每個月就可以得到巴勒斯坦自治政府發的家庭補貼。[86]

當人們在網路上只看到近代的資訊，就會忘記隔離牆興建之前，以色列居民的恐懼和傷痛，以及以色列跟西岸地區的阿拉伯人之間，有很長的半個世紀是沒有圍牆的世界。人民之間是可以自由交流的，伯利恆的人可以隨時想要來耶路撒冷買東西，或是耶路撒冷的人也可以隨時到伯利恆喝啤酒（其實在以色列撤離加薩之前，人民也是自由的，更甚至老一輩加薩人都還會講希伯來文！）

以色列試過了沒有圍牆的世界，但是沒有和平。

以色列人對和平有強烈的渴望，所以仍在積極的尋找共識與方法。以色列可以讓步，但不可能是全讓，以色列可以拆掉隔離牆，但是必須確保能有安全。這不是想像出來的戰爭，這不是電腦遊戲，這是以色列人現實的生活。

二〇〇五年八月，以色列單方面退出加薩，以換取和平[87]。以色列政府沒有強迫巴勒斯坦人遷移，但是強迫了將近九千名猶太人離開自己的家，這就是一個例子。

然而，同年巴勒斯坦人發起「抵制、撤資、制裁」（Boycott, Divestment and Sanctions），簡稱BDS的運動，倡導全世界的學校、教會、機構、個人向以色列政府施壓，因為以色列侵佔他們的土地並且是用當年南非種族隔離主義在對待他們。在BDS的官網上他們有三點訴求：第一點，以色列必須停止對阿拉伯土地（包含東耶路撒冷、加薩走廊、戈蘭高地）的侵占、以色列偷竊了土地、以色列逼巴勒斯坦人住到隔離區、隔離牆必須拆毀。第二點，以色列必須給以色列境內的巴勒斯坦公民完整的權利。最後一點，以色列必須照著聯合國第一九四號決議案[88]給予巴勒斯坦難民回歸家園的權利。

這個全球的BDS抵制運動有效嗎？有！包含歐盟與許多國家因為抵制以色列的運動，

不購買從屯墾區製造的商品。但這樣的抵制，影響最大的是在西岸地區的阿拉伯人（巴勒斯坦人）、撒馬利亞人。二〇一五年 Soda Stream 氣泡水機器公司不得不搬出西岸地區，阿拉伯員工與猶太員工都抱著哭了。納布盧斯（示劍）製造芝麻醬的工廠老闆是撒馬利亞人，並不是在以色列人所在的C區，可是也因為 BDS 抵制運動，他的生意受到很大的影響。BDS運動對當地大小企業造成了負面影響，以色列人可以回到以色列做生意，但是屯墾區的非猶裔居民，反而是因為與以色列擁有和平成了最大的犧牲者。那這樣做，對和平有什麼幫助？

從以色列人如何對待自己境內的公民，就知道猶太人並沒有憎恨阿拉伯人或穆斯林，在以色列境內也沒有種族隔離阿拉伯人。實際來過以色列，會發現有百分之二十一的以色列籍阿拉伯（穆斯林）人口[89]，他們同樣在連鎖咖啡店、健身房、醫院、學校出沒，他們有些人的希伯來文流利到根本聽不出來他們是阿拉伯人。同時也會發現，以色列境內也有從西岸地區A區來上班的巴勒斯坦人[90]，因為以色列的薪資好太多了。如果住在耶路撒冷，常常會看到下班要回到伯利恆的人在巴士上，或是在等小巴士到西岸地區的其他地方。普通老百姓生活的常態，事實上沒有那麼「政治」，在這裡的超市，可以看到阿拉伯人和猶太人一起採購日常生活用品及認真的算折扣，但這些事情不會上國際新聞，可是這些是事實。

以色列在蓋了隔離牆後，還有為和平努力嗎？

二〇〇七年，以色列總理埃胡德・奧爾默特（Ehud Olmert）[91]和巴勒斯坦權力機構主席馬哈茂德·阿巴斯（Mahmoud Abbas）在美國的支持下發起了安納波利斯會議（Annapolis Conference）。這個給巴勒斯坦建國的會議少有人知道，巴勒斯坦的領土將會是大部分的西岸地區，以及東耶路撒冷將會是他們的首都。但是又再一次，哈瑪斯呼籲各方抵制這次會議並要摧毀猶太國家，而巴勒斯坦人的領袖拒絕了建國的機會。

對於衝突之外的人，或許我們需要知道的是，媒體所呈現出來的弱者或是受害者的角度，好像只要沒有一個巴勒斯坦國家，任何的恐怖主義就有豁免權，可以濫殺任何以色列的無辜人民。就連這次十月七日的屠殺發生之後，挺巴勒斯坦人的媒體再一次的合理化恐怖行為為反抗，但這絕對是錯誤的。

我的教授說，巴勒斯坦人真的是在歷史每個重要抉擇上，都犯下錯誤。為什麼他們不要建國？或許就跟以色列打獨立戰爭時一樣，他們總是被其他阿拉伯國家說服，他們可以得到整塊土地，然而阿拉伯國家真正的興趣不是在幫助巴勒斯坦人建國，而是自己的民族利益。而巴勒斯坦領袖拒絕建國的提議，也是因為他們可以從衝突中得利。所以不能只以一個沒有巴勒斯坦國家的結果，就直接怪罪強者以色列。

但是，支持以色列的人也應該注意到，不論這些人是否自稱為巴勒斯坦人，他們所經歷的苦難是真實存在的，他們也是個籌碼。他們面臨領袖差勁統治的困境，利用人民的苦難來買豪宅和享受人生，但普通老百姓依然需要尋找一條改善生活狀況的出路。理解雙方的觀點和歷史，才能找到對話的空間。

在過去幾十年的歷史中，以色列一直為了追求和平在對話。

「在土地上讓步換和平是一種手段，以色列還有很多空地可以還給巴勒斯坦居民，就像以色列也和埃及和約旦有協議，才有了現在友善的關係。」我的朋友說。

「可是你覺得以色列可以讓哪一塊土地？」

「總是有地方的。」我的朋友堅持，他是很願意割地求和的，很多以色列人都是。

以色列人渴望和平，因為每一場戰爭都造成以色列的死傷，不管是這個猶太國家建立之前，還是這次十月七日的大屠殺和引起的戰爭。以色列是直接的受害者，以色列比其他國家更厭倦了七十五年來和巴勒斯坦人一直沒有和平。對於以色列來說，和平是必然的渴望，就像與埃及和約旦達成和平一樣，或是與阿聯、巴林、蘇丹和摩洛哥建交一樣。

---

72 因爲耶穌是大衛的後代，屬於猶大支派，父母都是猶太人。他去會堂講道、他守猶太人的逾越節、他上聖殿、他被稱爲拉比，甚至他被羅馬人釘十字架的罪名是「猶太人的王」。

73 以色列政府只有提供東耶路撒冷的阿拉伯人選擇要留下當居民，還是搬到西岸地區。以色列永久居民證是藍卡，除了選舉權之外，有一切的福利，並且可以提出公民申請。若不想被以色列管理，那就放棄這個機會，拿綠卡身份，搬到西岸地區。

74 每個人對屯墾者的定義不太一樣，有些人認爲僅是指住在西岸地區的猶太人，有些人認爲連住在任何阿拉伯區的猶太人都叫屯墾者。這個偏向負面的詞，暗示著猶太人是外來殖民者。可是，歐洲根本不是猶太人的家，甚至猶太人在歐洲曾被稱爲「東方人」或巴勒斯坦人。

75 這件事很有名，以色列軍方和情報局摩薩德（Mossad）用快閃的方式，成功把救了人質出來，推薦看眞人眞事改編的《恩德培行動》（7 Days in Entebbe），當時唯一喪命的是指揮官約拿單・納坦雅胡（Yonatan Netanyahu），他是現任以色列總理納坦亞胡的親哥哥。然而，接近五十年前救人質的奇蹟，沒辦法在這次十月七號戰爭中出現，因爲人質是被哈瑪斯藏在民宅或地底隧道。

76 因此在一九八二年，以色列介入了黎巴嫩內戰，展開「加利利和平行動」（Operation Peace for the Galilee），當時有約一・五萬巴勒斯坦解放組織的成員。這是第一場以色列主動發起的戰爭，引起了黎巴嫩基督徒與穆斯林的內戰，有興趣可以看以色列人自我批判而拍的電影《與巴席爾跳華爾滋》（Waltz with Bashir）。

77 比金創建了自由黨（Herut），願景是建立一個沒有巴勒斯坦的大以色列，這個政黨在一九七三年跟聯合黨（Likud）結合。

78 民衆要向政府申請許可，如果是政府認爲是「公家」的地，那才會批准。

79 阿拉法特、拉賓以及外交部長裴瑞茲（Shimon Peres），一起在一九九四年得到諾貝爾和平獎。

80 六日戰爭之後，西岸地區成爲以色列管理，以色列政府當時面臨了三種選擇：要給西岸地區一百一十萬阿拉伯人以色列公民身份嗎？或是把西岸地區歸還給敵人約旦呢？還是讓西岸地區的人民成立國家？在一九九三年之後，A區由巴勒斯坦自治政府完全管理，佔了總土地百分之十八，不過是主要城市，像是耶利哥、拉抹、伯利恆等。B區仍由巴勒斯坦自治政府管理，但受到以色列軍方控制，佔了總土地百分之二十二。C區完全屬於以色列政府管理以及軍方控制，佔了百分之六十，這就是屯墾區所在地，主要是靠近以色列邊界的地方。

81 哈瑪斯恐怖組織鼓勵巴勒斯坦人向猶太人發動「聖戰」，該組織稱讚殺害猶太平民是「英雄」行爲，還鼓勵要有更多這樣的行爲，因爲這是以色列在阿克薩清眞寺、耶路撒冷和西岸地區犯下的罪，所以以色列政府要承擔這種歧視人種和極端的政策的後果。

82 在二〇〇〇年十月，幾個猶太人不小心開到 Ramallah，有如囊中之物被巴勒斯坦人包圍，包含 Aziz Salha 少年在內。這些平民眼紅了殺害他們所憎恨的猶太人，享受猶太血在手上時，樓下的民衆歡呼，拍掌和比「耶」的都有。這也是爲什麼現在的檢查哨，都有一個紅色的標誌，外界以爲這是種族隔離的證據，但這警告對象並不是禁止阿拉伯人進入以色列，而是警告以色列人不准去 A 區，因爲政府沒有辦法再讓類似的事情發生。

83 計畫是建造四百八十公里。

84 巴勒斯坦政府給予發動恐怖攻擊的伊斯蘭教徒獎金，以月付的方式支持恐怖份子的遺屬，約一個月二千五百英鎊！若有十八歲以下未成年子女或年老父母，還會有額外補助。二〇一七年四月十四日，當英國學生 Hannah Bladon 在耶路撒冷遇害，殺她的人 Jamil Tamimi 不只被巴勒斯坦人視爲英雄，他更能從巴勒斯坦政府領到獎金。這些錢可是英國納稅人的血汗錢，本意是用來幫助巴勒斯坦的教育和醫療，所以每年英國至少捐給巴勒斯坦二千五百萬英鎊，沒想到卻被用來鼓勵更多恐怖攻擊，不是很諷刺嗎？巴勒斯坦公開支持六千五百個恐怖份子的家庭，每年預算約要一億英鎊，這些錢都是各國因爲各樣原因給巴勒斯坦的援助金費。

85 聖戰（Jihad），大部分穆斯林會強調這個詞在古蘭經裡不是發動戰爭、不是爲了個人的利益，而是自我內心的提升和奮鬥，但極端主義的恐怖份子打著聖戰的名號，用汽車炸彈、斬首殺人、卡車撞人、綁架人質等血腥手段，來征服異教徒，也就是任何與他們信仰不同的人。二〇一四年的伊斯蘭國（ISIS），是最惡毒和暴力的恐怖團體，那時全世界都緊繃著，很怕又傳出新聞影片，又有哪個穿著橘色囚衣的人質被斬首。在這之前，最讓人觸目心驚的想必是二〇〇一年發生在美國本土的九一一攻擊事件，由蓋達組織（al-Qai'da）發起，用兩架民航機撞紐約世貿中心雙塔，再用一架民航機去撞五角大廈。誰不記得大樓失火、坍塌、還有人跳樓的畫面？從那以後全世界的安檢都變了，人們開始對穆斯林有種恐懼，這是完全能夠理解的。

86 根據耶路撒冷郵報，每年靠著國際捐款爲主要收入的巴勒斯坦政府，有百分之七的國家預算是撥給「巴勒斯坦殉道者基金」(Palestinian Authority Martyrs Fund)，拿來支付這些兇手和他們的遺孀。超過三·五萬個家庭，每年預算超過一·七億美金，實際的酬勞還會按照不同的條件來做調整。被以色列判刑坐牢三至五年的恐怖份子，月薪約爲台幣一·八萬，坐牢二十至三十五年的恐怖份子，月薪爲台幣九萬。而加薪的條件包含：來自耶路撒冷的恐怖份子加薪台幣二千七百元，若有以色列公民加薪台幣四千五百元，已婚者加薪台幣二千七百元，每個孩子多加台幣四百五十元。

87 很有趣的是，這也是以色列右派政府執政時的決定，而且沒有經過民主投票。然而以色列軍隊和不想被撤離的人民，充分展示成熟和自制，沒有人受傷。

88 聯合國在一九四八年十二月十一日通過了第一九四號決議案，聲明希望以色列可以讓周遭國家的難民返鄉，以及對決定不再返鄉的難民給予賠償。

89 以色列境內的阿拉伯公民，擁有公民的完整的權利，他們是百分之二十一的少數民族，卻活得很光彩。包含當法官、議員、運動員、演員、醫生、律師等，甚至還有人參與 Israid 代表以色列去做難民救援的工作，全世界沒有阿拉伯人比在以色列的阿拉伯人擁有更多民主及自由。

90 西岸地區 A 區禁止以色列人進入，而西岸地區 A 區的人，可以透過申請工作證的方式來到以色列，通常是建築工人。

91 但奧爾默特卻在二〇一六年成爲第一位因爲貪腐而被坐牢的以色列前總理。

33 希伯崙的兩面

希伯崙是亞伯拉罕安葬的地方，也是大衛當王的地方[92]，但現在的希伯崙，是一個由以色列和巴勒斯坦權力機構共同管理的城市，分為H1、H2兩區，時不時會傳出衝突事件，整個城市就像是以巴衝突的經典縮影。

我和家人從伯利恆搭巴勒斯坦的綠牌的小巴士到希伯崙的H1區，穿越菜市場時，有個小販說他家被屯墾者包圍著，他可以當導遊，一小時一百舍克勒[93]。我心甘情願的跟他殺價到八十舍克勒，來聆聽他的故事。

臨時導遊帶我們穿過H1市集，我們在巷弄內，往上看是有垃圾的鐵絲網，有群屯墾者猶太人，大聲且高調地唱著以色列國歌《希望》。如果這是在拍電影，觀眾可能心裡已經在想誰是好人、誰是壞人了。

到了由以色列控制的檢查哨，只有簡單的鐵閘門，戒備並不是很森嚴，就連先祖墓通往清真寺入口那邊的軍方，也只是在導遊繳交身分證時多看了他一眼。在等穆斯林禮拜時，導遊跟我說：「不要在以色列士兵面前開玩笑，他們會找我麻煩，我坐過牢，被以色列士兵開槍打過。」我詳細問了是哪一年，坐了幾年的牢，也看到他腿上真實的傷疤……然後，他說他女兒臉上的傷口，也是被以色列屯墾者丟玻璃造成的！

臨時的導遊能力很有限，他希望我們去他家看看，其實是要讓我看以軍封住了他家的窗戶，他說屯墾者來他家屋頂鬧事之後，是他被以軍抓到監牢兩天……

剛好有通電話打來，是關於他朋友被以色列軍方關到以色列監牢裡。我點點頭，稍微問了一下待了多久、情況如何之後，問他：「他被關在監牢裡，是不是因為他傷害了人？」

導遊，倒是很誠實默默的點頭。

「哦……」我沒有再多說什麼了。

在他的世界裡，巴勒斯坦人是正義不被伸張的一方，而他們受到屯墾者欺負和以色列政府和邪惡的ＩＤＦ軍隊的欺壓。他和他女兒的傷，來龍去脈是什麼？他絕對有他的苦衷和委屈，但也不會是全面的無辜[94]。一直沒有解決的僵局，雙方的生活落差就越來越大，讓同情弱勢的外人，很容易就認為弱勢的那方才是更正義的一方。

在二〇一六年，有個恐怖份子來希伯崙攻擊以色列士兵。如往常的，恐怖份子很快就被以色列士兵制伏，但是以色列醫護兵阿札裡亞竟然對倒在地上的他開槍射殺，按照他的說法，他說攻擊者拉衣服好像是要引爆炸彈。

以色列是徵兵制，軍隊是由「人」組成的，總是會有不成熟的人，做出錯誤的事。但是以色列有民主的新聞媒體，以及有軍事法庭。二〇一七年軍事法庭判阿札裡亞有罪，他必須坐十四個月的監牢。法院的理由是，影片的事實是恐怖份子已經沒有攻擊能力了，那就沒有權力對他開槍。

我其實很同意法院的判決，判刑是必要的，因為要有公義，然而卻又不能判太重。因為以色列在一個四面為敵的國家，他們別無選擇，在戰場上有時候一猶豫，可能就讓敵人能趁虛而入，釀成大災。至於有沒有人用愛國來包裝恐怖行為？我認為以色列社會是個彼此審查又有高度自制的地方，如果有極端主義者有借刀殺人的不好的企圖，跟其他社會一樣，也是會坐牢的。沒有一個社會會因為少數警察或軍人失序，就否定掉整個系統。

後來，我們認識一組德國人，當天也去這個導遊家作客，但他們並沒有付任何錢，也很驚訝我們付錢聽他「導覽」。我其實在想，我們這種看似中立的「第三方」角色，會不會反而成了阻礙雙方能和平對談的障礙？就像是兄弟之間的不和解，鄰居們真的能作出仲裁嗎？難道政治問題解決了，以巴兩國的人民，在生活上就不會有其他困難或衝突了嗎？

我覺得，媒體為了話題差異化，總是會擴大一些「問題」，即便可能是建立在對方的痛苦之上。我自己是經營自媒體的人，我也必須很誠實地講，如果要寫希伯崙，我當然不會寫希伯崙人的衣服時尚、沙威瑪店，或蔬菜水果、黑咖啡的價格、幫助我找車的警察、車裡的小帥哥等，既然來了，就會把焦點放在政治立場，否則，我也不會答應付八十舍客勒，只為了「聽故事」不是嗎？可是，我想要的並不是說誰對誰錯，因為我們都是人，都是該傾聽和同理，成為與人和睦的人。

後來，為了搞懂希伯崙的政治背景，我參加了 Abraham Tours 的雙導遊行程，巴勒斯坦導遊在鐵絲網底下的世界，充滿著人民對現今政治的無奈、對自由的渴望和對更強大自主未來的期待。而以色列導遊則是用實際的歷史事件，來解釋以色列所面對的指控背後的來龍去脈，同時也為我之前的一些顧慮，提供了答案。

我坐著防彈公車去希伯崙，一般公車是十八公噸，但進到西岸地區的公車都是二十八公噸的防彈車，而且還搭配防彈玻璃！（導遊說如果有緊急狀況要打破玻璃的話，就不用白費力氣拿窗角的小鐵鎚了。）

希伯崙的意思是親愛的朋友，阿拉伯人稱他為 Al Khalil。在巴勒斯坦人眼裡，它可能是被佔領的西岸地區，但在以色列人眼中，這叫做被解放的猶大和撒馬利亞。要看跟誰說話，錯誤的稱呼可能會引起不快。希伯崙的人口二十五萬，把郊區算進來，有七十萬人口。希伯崙分成Ｈ１和Ｈ２兩區，Ｈ１由巴勒斯坦管理，是阿拉伯人的區域。Ｈ２由以色列管理，佔希伯崙百分之三，裡面有一千名猶太居民和四萬名巴勒斯坦居民。

我們行程的上半部是先由巴勒斯坦導遊介紹，因為團員裡有三個猶太人，導遊有特別要求他們不要講希伯來文，反正意思就是，如果有人問我們團是哪來的，請讓基督徒、美國人、印度教徒往前站，我自己知道我也長著一張超級和平的臉。

他帶我們前往阿拉伯人穆斯林管理的希伯崙先祖墓，因為是個清真寺，所以女生進去要穿著有尖尖帽子全罩式長袍，穿過長長的走廊和禱告區，在進入清真寺之前有置物櫃要脫鞋。穆斯林這面的空間放置的是利百加和以撒的墓（但這兩個人對穆斯林沒有重要意義），另外可以從窗口看到亞伯拉罕的墓。這是一個充滿政治與宗教的地方，我們剛好看到有對新人在清真寺裡面簽結婚合約，他們只有十八歲，是一對堂兄妹。

巴勒斯坦導遊在這邊跟我們講了希伯崙的近代歷史，在一九九四年二月二十五日，那天是個週五，也剛好是穆斯林齋戒月十五號，穆斯林習慣先在希伯崙做晨禱，再去磐石清真寺做中午的禱告。沒想到那天的早上，以色列的恐怖份子巴魯克・戈德斯坦（Baruch Goldstein）[95]衝進來掃射正在晨禱的人，殺死了三十個巴勒斯坦穆斯林。兇手當場被群眾打死，但是謠言傳出來是有一個猶太人被殺，於是衝進來的以軍，又再誤殺了十個巴勒斯坦人。

以色列政府立刻譴責戈德斯坦，並且關閉清真寺。九個月後重新開啟，讓穆斯林無法接受的是，若把花園腹地算進來的話，有百分之六十五被猶太人拿走！（當然以建築內部來說，穆斯林還是有比較大的空間）而且希伯崙有了只針對巴勒斯坦人的宵禁，並有只針對巴勒斯坦人的檢查哨，還有一些路被封了，到了二〇〇二年「穆斯林發動恐怖攻擊」，就被全封了。

我們跟著巴勒斯坦導遊一起穿過以色列的檢查欄杆準備進入市集，當地店家熱情請我們喝茶，他們希望我們能將「關於以色列」的訊息傳遞出去，因為他們的日子真的不好過。導遊說屯墾者很多都是因為錫安主義而來的紐約猶太人，他們甘心住在貨櫃箱裡。為了保護他們這八百至一千人，以方派四千名軍力保護他們，這些軍方會在屋頂上建立基地，漸漸逼走巴人，佔領他們的產業。然後以色人屯墾者會「丟垃圾」，現在又撒液體，因為這樣就看不到痕跡，可是以方又禁止他們蓋任何的布做保護。

巴勒斯坦導遊說以色列有兩種法律，民法跟戒嚴法，但是在希伯崙是戒嚴法，所以若是有犯罪嫌疑，在提出證據證明清白之前都算是有罪的（Guilty till proven opposite），而且巴勒斯坦的證人還不算數。這些案件受審都是在以色列的法院，當巴勒斯坦人對以色列人提出控訴，那些申請書都被置之不理，只能靠國際法庭來管制以色列。以色列可以有武器，巴勒斯坦人卻不被允許擁有軍隊，也不能有狙擊手，只有警察。

巴勒斯坦導遊強調，是以方總是針對巴勒斯坦人，以不合理、霸道、不人道的對待巴人，強大的以色列從來不需要給任何解釋、也不需要為自己的行為負責。我的感覺，在導遊的形容中，以色列就像邪惡的小朋友，拿放大鏡試試看能不能燒死螞蟻，邊玩邊折磨，螞蟻真是可憐。導遊說：「以軍的策略就是造成恐懼，他們做任何行為，不會給任何解釋。」

我們的行程包含到巴勒斯坦導遊家吃飯，我注意到他家樓梯那邊的垃圾。導遊才二十八歲，已經有六個孩子，他其實很想去耶路撒冷，因為他太想要在磐石清真寺禮拜。但因為他沒有辦法得到許可證進到以色列，所以他趁著半夜偷跑進去，再偷跑出來。

吃飽飯，換以色列導遊接棒。以色列導遊在講歷史時，會引述聖經，希伯倫先祖墓又稱麥比拉洞（The Cave of Machpelah），是亞伯拉罕堅持不拿赫人送的地，花了四百舍客勒銀子買了這塊地[96]，作為愛妻撒拉的墓[97]。先祖墓的外觀是希律王修建的，他就是修建耶路撒冷第二聖殿的那個猶太王。先祖墓在西元四世紀內部被改建成拜占庭教堂、在七世紀被改建成清真寺，在十二世紀又被十字軍改成教堂，然後十三世紀被馬墓路克人改成清真寺。從一二六七年開始猶太人和基督徒都不准進入，更別想在裡面禱告，所以有出名的「七階」（Seven Steps），超過了就是死刑。直到一九九四年才重新規劃成兩個入口，穆斯林管理建築的百分之八十，猶太人用百分之二十。

我們回到給猶太人的入口，變成我們這團拿英國護照的非洲人被士兵擋下來問。我當下的反應，是這可以算是種族歧視嗎？我覺得難受，為什麼不問我們其他膚色的人呢？我不喜歡這樣，所以我停下了腳步看接下來發生什麼事。但後來發現我們的英籍非洲訪客好像無所謂的樣子，大概他的膚色，在全世界都經常被問。其實主動問話的士兵也是衣索比亞猶太裔的人，這可能讓他的感受比較好吧？

我突然發現其實以色列很為難，因為非洲也有穆斯林，他們也只能先用外表來判斷。是啊，我覺得用外貌論斷人不公平，但不問的話，士兵在那邊又有什麼意義呢？

在稍微緊張的氣氛之下，特別又是在敏感的希伯崙，我不小心看到士兵們的崗位有三包以色列乖乖 Bamba，然後就忍不住說：「你們午餐吃 Bamba 嗎？」

士兵愣了一下，說：「我們午餐不是吃 Bamba 啊！」

我笑著走開，然後上樓梯一轉身，看到在樓下的他拿了一包 Bamba 揮著說：「妳喜歡 Bamba 嗎？這包給妳！」

「真的假的？」我說完就走掉了，開始參觀先知墓。半個小時之後，再度看到他，真的拿著 Bamba 在等我。

「妳的 Bamba。我們怎麼可能午餐吃 Bamba，還有這塊蛋糕也是給妳的。」這算是完全跌破我對士兵嚴肅的印象，我想，沒有一方的「人」，是真的刻意成為另一方的敵人，我也發現他們真的就是台灣大學生的年紀。

接著，我們開始進入到以色列如空城的希伯崙街道，對我這麼喜愛以色列的人來說，居然是有點難為情和排斥感的，我還在心裡默默下了標題「以色列的希伯崙，難以面對與醜陋的真相」。

但我想，我不是用一種幸災樂禍、揭開別人傷疤的態度，我真的想要知道真相，更何況，這整個行程本來就是以色列人提供的，他們都不怕談論政治，他們坦蕩蕩的要讓遊客知道以巴衝突複雜的兩面，好讓和平能夠發生，這就是以色列精神。

對一般遊客最直覺的感受是「人權」的被侵犯，某種程度這使得巴勒斯坦人能夠在一九四七年至一九四八年內戰後，繼續打受害者牌。但是，造成巴勒斯坦人民苦難的，不單是戰爭，也還有很大一部分是巴勒斯坦政權。

六日戰爭後，為了避免衝突，以色列政府並沒有允許猶太人住在希伯崙。一九七九年從阿爾巴村來的五十個猶太婦女和四十五個孩子直接在哈達薩之家住下來，賴著不走。一九八〇年五月二日，來了幾個阿拉伯人，精心策劃的在安息日謀殺了六個正在讀猶太神學院的孩子。對猶太人來說，這些命才換來了以色列政府批准猶太人在希伯崙建立社群[98]。但除了極右派恐怖份子戈德斯坦之外，一九九五年拉賓總理[99]也被另一個極右派以色列人槍殺。

從土地的角度，看土地上人們不斷的爭鬥，似乎有和平的計畫，就會立刻被破壞，讓雙方人們都陷入在痛苦之中。

以色列導遊開始說 Al-Shuhada 幽靈街為何變成空城。二〇〇二年時，有位拉比在這裡被殺。二〇〇三年，一對猶太夫妻從先祖墓出來也被殺、還有一個仍在嬰兒推車裡的寶寶在這裡被槍殺。為了猶太人的安全，這裡的商店關門了，路也封了。所有的國家都會保護自己的人，也都會有相對的措施……不是嗎？

我們進到明顯乾淨很多的猶太社區，導遊說其實百分之九十五的猶太家庭，面對巴勒斯坦區的窗戶都是關的。沒有人故意丟垃圾，也不需要這樣做，更別說去撒液體丟垃圾。那些垃圾已經在那邊至少八年了，都沒換過，而亂丟垃圾，不是每個社會都會有這樣的小孩嗎？（於是我想起巴勒斯坦導遊家樓下的垃圾堆。）

另外，他們現在流行起撒液體的說法，因為這個不需要證據。所以同樣一件事情，觀點可以差很多。這種「重寫劇本」的遊戲，在西元一三五年從猶大省被改名為巴勒斯坦時就開始了。希伯崙是猶太教四大聖地之一，就算不提三千八百年前的歷史，就算只往兩百年前提，這裡也一直有猶太人居住，希伯崙一直都對猶太人息息相關。

導遊說猶太人的態度就是：「他們試著殺我們，我們贏了，好啦那快吃飯吧！」我認為兩方都有極端主義者，但是差別是，在巴勒斯坦的社會，殺了猶太人後，可以拿到由巴勒斯坦自治政府每月提供的血錢，跟一般薪水差不多。而以色列這方，不論是政府或是人民，都是譴責恐怖行為，並且會追究法律責任，才不會有獎勵。那些在媒體上攻擊巴勒斯坦農民的屯墾者，或是攻擊基督徒朝聖客的宗教猶太人，都只是少數，不是社會的共識。和平的重點不在建國本身，而是猶太人和阿拉伯人之間的「關係」正常化，這樣才有和平。不再去灌輸仇恨[100]，放下傷痛（原諒但不是遺忘），兩個民族之間要持續去溝通才是重點。

在希伯崙有一條三千八百年前的路，也就是亞伯拉罕走過的路。在一九九七年，一個拉比在他的拖車裡被攻擊，直接刀刺入心臟，是因為這樣政府才同意讓猶太人興建房子。可是為什麼它對面的房子卻是鐵絲網？導遊當地的朋友，同時也是重量級社運人士 Baruch Marzel 告訴我們，過去三十五年他都住在這裡，住在拖車裡，對面房子那個家庭姓 Aiasa，原本跟猶太人的關係都正常，但聽到拉比被殺後，他們居然揚起了巴勒斯坦旗。這對猶太人是很敏感的，於是拉比的孩子很不爽，丟了石頭和雞蛋。然後巴勒斯坦人就馬上抓緊機會，瞬間加蓋了鐵柵欄，意思是猶太人好可怕。以色列後來刻意要維持現狀，從二〇〇一年希伯崙都沒有蓋新的房子，當然阿拉伯人也不會租房子給猶太人——他們眼中的殖民者。

在巴勒斯坦人的想象中，猶太人拿了很多的錢，來「殖民」這塊土地，但這不是事實，大家都有一般工作，像是在阿爾巴村那邊當老師之類。猶太人也不崇拜一九九四年希伯崙血案凶手，甚至他也沒有得到許可被埋葬（這對猶太人來說是件大事），而我看到猶太錫安主義者對巴勒斯坦人唱國歌，很有可能只是「角度」問題，因為他們可能是往先知墓的方向在唱歌。

針對巴勒斯坦導遊說過的話，以色列人的觀點是，既然以色列沒有合併巴勒斯坦，所以以色列的法律當然不適用於巴勒斯坦人。在希伯崙一樣是用同樣的標準，以戒嚴法管理猶太人，另外沒有證明自己清白前都是罪犯這種說法。最後以色列人的種族歧視，以色列軍隊裡除了猶太人之外，也有貝督因人、德魯茲人、基督徒、切爾克斯（Circassians）……最後，看起來過度的安全手段，也是在防範激進的巴勒斯坦人。

花一天的時間在希伯崙，絕對比閱讀幾年以巴衝突的新聞來得深刻，參團者可以用更宏觀角度的衝突來理解衝突，以及從草根角度看見帶著誠意的溝通，也可以比較沒有壓力的去思考雙方論點。這個行程以巴兩方的導遊雖然立場不同，但卻是好朋友。

我不知道一般觀光客會來希伯崙幾次，但當我再次去到Ｈ１市場時，卻完全沒有熟悉感，反而出現了奇怪的槍聲和喧鬧聲。我驚恐的問路人：「那是什麼？我要去巴士站，安全嗎？」

店家老闆臉部表情有點難為情，我看出那是一份面對政治操作時，老百姓的無奈。我稍微往前，看見的是一大群年輕人聚集在一起，正在用你追我跑的方式，用挑釁和嬉笑的態度，向在H1、H2之間檢查哨的幾個IDF士兵丟石頭。這會成為上報的衝突嗎？但沒有人受傷，看來那些槍聲是以色列士兵用來嚇這群在騷動中的狂熱巴勒斯坦年輕人。我必須承認的是我很害怕，我怕這些情緒高漲的年輕人，對我有瘋狂的舉動，就像我怕任何極端份子會用暴力合理化自己的行為。可是為了提供正確的旅遊資訊，我確實必須過這條馬路，到公車站去。

眼睛好痛，空氣中的白霧是IDF丟出的催淚彈，稍微制止了年輕人靠近哨口，於是我快速的通過這個場景，心臟跳超快，然後好像到了另一個世界，就沒事了。我縮短了我在巴士站的時間，也沒有跟任何人講話，我只想完成任務後，趕快回以色列，回到安全的地方。

我真的好高興回到以色列。

一直到將近下午六點，這群年輕人還是不斷地玩這個你追我跑的遊戲，以色列IDF表現出很大的耐性跟標準，每次槍傷響起，都是放空彈，我想這也是為什麼這個遊戲可以玩這麼久，而我想這件事也不會上報。

最近有人分享了一段影片，詢問為何以色列士兵會逮補巴勒斯坦小孩，畢竟小孩們「只是」向士兵丟石頭而已。在網路上有太多類似的影片，今天的重點是為什麼他們要丟石頭？丟石頭不只是挑釁行為，也是一種攻擊行為。今天可能是對拿槍的以色列士兵丟石頭，但隔天，這種行為可能轉向其他猶太人，甚至可能演變成致命的攻擊。猶太屯墾者也有出現過攻擊以色列警察和士兵的情況，他們也會被逮補。無論是以色列還是巴勒斯坦，成年與否，都應該受到公正的審判。

---

92 這兩個聖經人物都是猶太人的祖先。

93 大約是台幣八百五十元。

94 關於複雜又非黑卽白的衝突，建議大家去看以色列電影《遠離阿雅米》（AJAMI）。

95 他是個布魯克林出生的緊急手術外科醫生。

96 創世記23章。

97 在一九六七到一九八一年之間，考古人員有派人鑽到洞下面，在十六公尺的下方，眞的有發現兩個連在一起的洞！這裡的墓紀念亞伯拉罕、撒拉、雅各、利亞、以撒和利百加。

98 但誇張的是，兇手之一 Tayseer Abu Sneineh 在二〇一七年被選爲希伯崙市長。

99 當時他發表演說的主題是和平，他所在的以色列列王廣場（Kings of Israel Square）改名叫列王廣長。

100 二〇一七年川普總統會跟巴勒斯坦自治政府主席阿巴斯（Mahmoud Abbas）說：「你在 D.C 騙我！你承諾要有和平，但以色列人給我看你如何跑去煽動民衆。」因爲他帶著國外機構的錢回到國內後，用阿拉伯文跟巴勒斯坦老百姓說：「絕對不能讓巴勒斯坦上有任何一個猶太人。」

34 我到了加薩走廊邊境

以色列是許多基督徒心中的聖地，但通常在新聞上看到以色列，都是跟以巴衝突有關。為了更加理解衝突的複雜背景，我在二〇一九年時，參加了 Abraham Tours 的政治地理行程，實地走訪一趟加薩走廊邊境！

加薩走廊有深海港，比北方的雅法或阿卡更適合貿易，它的角色更像埃及的亞歷山大。這塊土地的歷史，從聖經時期說起的話，是屬於迦南地非利士人的地，也有腓尼基、埃及和以色列的文化。以海港來說，加薩是以宗教來說，在拜占庭時期這裡蓋了希臘東正教會和羅馬天主教會，之後又受到伊斯蘭和十字軍的影響，是個多元的地方，一直到一九二〇年猶太人和基督徒都居住在這。

這裡未曾有一個「巴勒斯坦國」，有的只是，住在這裡的阿拉伯人。

一九四八年，以色列的獨立戰爭如預期的開始，以色列被埃及、約旦、敘利亞、伊拉克和黎巴嫩攻打。埃及有兩個隊伍向以色列進攻，西邊的隊伍剛好會經過雅各井奇布茲（Be'erot Yitzhak）。奇布茲的二百五十個居民勇敢拿起武器，拖延了埃及軍隊向以色列的進攻，並且多少因為軍隊力量沒有按照預期的結合，阿拉伯人打輸了第一次中東戰爭。

加薩走廊成了埃及政府的領土，五萬人口變成了二十五萬人口。

獨立戰爭持續將近一年，當時阿拉伯國只願意停火，但仍不承認以色列，處於一種既沒有戰爭但也沒有真正和平的停滯狀態。加薩的人民由埃及管理，菁英可以去開羅唸書，但是，埃及也不願意給公民權。

埃及總統納賽爾（Gamal Abdel Nasser Hussein），提供支持所謂「巴勒斯坦自由戰士」（Palestinian fedayeen）武器、訓練、資金和基地，使巴勒斯坦自由戰士能夠發動襲擊以色列境內的行動，包括在農村、城市和軍事目標進行的攻擊，這些襲擊造成了以色列平民和軍事人員的傷亡（埃及也在阿爾及利亞，給當地反抗者武器，好讓向法國政府發動獨立戰爭[101]）。一九五五年，當時作為指揮官的夏隆（Ariel Sharon）派傘兵去攻擊埃及在加薩的軍事基地，殺了三十七個埃及人，此軍事行動為黑箭行動（Black Arrow Operation）。我站在「黑箭紀念碑」旁，這裡離加薩邊境只有九百公尺，跑步快一點的話可能五分鐘就到了。這裡有個公共防空洞，若聽到防空警鈴聲的話，要趕緊跑進來。

我認得這個地方，在二〇一八年十一月的以巴衝突中，當時有個在社群媒體瘋狂被轉發的誇張影片[102]，當時一群ＩＤＦ士兵才剛下車，結果公車被哈瑪斯火箭炮打中，公車全毀卻無人死亡的奇蹟。我沒有想過，那個地方就在這裡，到現在都可以看到被燒的樹，地上都還有車體的殘骸……

導遊說，這是因為哈瑪斯不敢一口氣殺以色列士兵，要是真的殺了一車子的士兵，那以色列會舉國團結起來狠狠對抗哈瑪斯，不支持納坦雅胡的左派人士也會硬起來，那至少會是七倍的報復[103]。所以哈瑪斯是挑釁攻擊，意思是「我們有能力殺掉所有的士兵」。

很多人會說：「哈瑪斯不代表所有的加薩人！」這點以色列當然知道，二〇〇五年以色列花了六千萬美金，在加薩北邊蓋了埃雷茲關口（Erez Crossing），就是為了讓加薩人可以到以色列工作！（幫助就業應該是巴勒斯坦人選出的哈瑪斯要做的事情，卻由以色列來做。）

這個關口的規模，原本是每天可以服務四．五萬加薩人，但每月只有兩千至三千人能夠進出[104]。為什麼這個關口的使用率那麼低？因為政治很複雜，平民可能會是恐怖份子，出入加薩的文件，必須獲得哈瑪斯、巴勒斯坦解放組織（PLO）以及以色列的三方核准。而穿越埃雷茲關口的程序也相當繁瑣，需要通過哈瑪斯和PLO等兩個檢查站，最後才能通過以色列的檢查站，形成了三層的程序。

此外，加薩走廊的巴勒斯坦人要進入或經過以色列，必須提供相關的理由，例如醫療、商業或人道主義原因。舉例來說，一些病患可能需要在西岸地區獲得治療[105]，或者進口和出口農產品、為紅十字會或基督教機構工作、家庭成員之間的團聚（通常是喪禮），以及出國讀書等。

加薩走廊目前至少有五萬病患急需治療，而陪伴無法獨立旅行的病患的家屬或同行者需要申請通行證，即所謂的「第二許可證」（Second Permit）。好比說有個坐輪椅的人申請許可證要到伯利恆，那他就一定需要有個同行者幫助他，不是嗎？但這種第二許可證的通過率只有百分之五十，所以拉低了整體通行率。西岸地區進入以色列的醫療案件的通過率為百分之八十五，而加薩走廊的通過率則為百分之六十五。整體而言，政治因素和安全考慮使得加薩走廊的人流往來面臨著極大的挑戰，但所謂的封鎖，其實更正確的用詞是被限制。

可是，以色列沒辦法選擇他的鄰居是哥斯大黎加還是北韓。哈瑪斯在一九八七年的創立，就是為了殲滅以色列。以色列已經在二〇一五年單方面的完全退出加薩，讓巴勒斯坦人去治理加薩，去證明給世界看，他們值得也有能力擁有自己的國家，然而二〇〇六年哈瑪斯竟然贏得巴勒斯坦選舉。以色列留下的溫室，原本可以出口花卉、草莓、小番茄、甜椒等，創造出兩千萬美金的收入。Karni 貨物關口就是為了這目的存在，本來可以有讓加薩人驕傲的成功故事，但加薩變成養恐怖主義的溫床，拿著金援對以色列進行各種攻擊。

以色列和加薩地貌差很多，一面有農業技術，種滿了農作物，而另一面卻是廢墟。到底是去怪加薩人選錯領袖、也不敢去對抗哈瑪斯？還是怪以色列因為害怕恐怖份子，而關閉 Karni 貨物關口？

我們接著來到了在新聞上常看到斯德洛特（Sderot）城鎮，這裡起初是由摩洛哥和庫德族猶太人建立的社區，他們也是當初被阿拉伯國家趕出來的猶太難民，斯德洛特現在是以色列有最多防空洞的城市，因為只要警鈴響起，就只有十五秒可以逃避哈瑪斯的火箭炮。

我們在路邊看到各種火箭炮的殘骸，不同火箭炮有不同的射程，最常使用的是「卡桑」火箭炮（Qassam）[106]，有藝術家把火箭炮的殘骸變成藝術品，像是光明節的九燈台。

斯德洛特居民可真是表現出猶太民族的韌性，就是要讓敵人知道，他們不會被嚇跑的。在槍林彈雨的火箭炮中，居民都是正常上班上課，他們會算什麼時候可以出門，然後抓那個空擋送小孩去學校和上班，因為所有的建築其實都是防火箭炮的。猶太人渴望家園，這個代價他們願意付，所以即便火箭炮一直飛來，這個社區的房子越蓋越多，人口越來越興旺，已經超過了三萬名居民。這裡有兩個猶太會堂，有一次才散會五分鐘，火箭炮就打來了，來聚會禱告的人居然毫髮無傷。另外這裡有全世界唯一的防空洞公園，連孩子玩的巨大毛毛蟲隧道，竟然也是防空洞。

我們的導遊以利亞多年致力於研究以巴和平，以及為無邊界努力，他的政治立場很明確，但他不會強壓政治理念在觀光客身上。而他的政治理念就是法塔赫、哈瑪斯和以色列三方都有責任，但以色列絕對不是唯一有責任的。我聽到加薩年輕人的聲音是，他們並不贊同火箭炮攻擊以色列，而是希望哈瑪斯政權可以把錢投入教育、醫療和就業，不要再貪污或攻擊以色列。他們不要戰爭，他們要一般的生活。

最後，可能大家熱到已經精神疲乏了，發問時間氣氛有點乾，導遊要大家抓緊機會問最後一題，我已經問過兩個問題，臨時起意問了一題，結果大家滿開心的：「你們第一次接觸以利亞這個猶太人時，有什麼想法？你們信任他嗎？」

導遊幫我補充了：「這個瘋狂的猶太人」。

他們回答：「我們認識以利亞這個邪惡的怪物時，覺得他的心跟穆斯林一樣，我們非常以以利亞為榮，很謝謝他所做的一切，請你們繼續相信他的謊言。」

和平，是雙方的渴望。我們在「通往和平」機構（Path to Peace）製造的小磁磚背後寫下願望，然後親自將色彩絢爛的小磁磚貼在灰色的水泥隔離牆上，我貼在希伯來文的「shalom」那邊，意思是平安。

這塊土地連在一起，大家都是生命共同體，手心手背都是肉。這塊土地屬於誰？這不是真正問題的焦點，而是現在活在這塊土地上的人，要如何在善意之中，共創一個和平的未來。

---

101 阿爾及利亞在一九六二年取得了獨立。

102 https://www.youtube.com/watch?v=pAEFQH57erA

103 這也是爲什麼這次以哈戰爭爆發後，以色列如預期的，勢必要把哈瑪斯斬草除根。

104 在這次的以哈戰爭，這個象徵和平的關口被哈瑪斯恐怖份子摧毀。以色列軍方甚至還在關口旁，發現哈瑪斯蓋了一個車子可以通過的巨型地下隧道，專門運輸攻擊以色列的武器。

105 十月七日那天，在哈瑪斯殺害的人當中，包含一位叫做維維安・西爾弗（Vivian Silver）的以色列人，她自願從邊境開車接送加薩病患到以色列看醫生。其實願意住在靠近加薩的以色列人，在心裡是相信有和平，也願意用行動來促進和平。

106 卡桑是一九三〇年代時英國託管時期的叛軍領袖，爲巴勒斯坦革命精神象徵。

第四章

現代以色列人與以色列

35 很少人提起的亞美尼亞大屠殺

我在聖誕節前兩天，拜訪了住在耶路撒冷舊城的亞美尼亞區的一個亞美尼亞家庭。

一般遊客來到耶路撒冷舊城，會知道有猶太區、穆斯林區和亞美尼亞區、基督徒區。許多猶太人在前往西牆的路會選擇穿越亞美尼亞區，而不是靠近基督徒區和穆斯林區的那條路。我們的朋友住在這條熱鬧的路上，我經過這裡很多次，從來沒有想像過房屋裡面是什麼樣子。

沒想到一進去，竟然是一個小小的庭院，庭院裡有一口古老的水井和一間公共廁所。

「我先生說，以前的人都是在週一洗衣服。」朋友說。

這是座保存完好的鄂圖曼時期建築，庭院連結兩個房間，在以前會住兩個不同的家庭。

我們的朋友把房間改造成一個溫馨的客廳，掛著一面帶有濃厚亞美尼亞文化色彩的地毯。

「這面地毯有一個特別的故事，」朋友開始講述。「其實這是別人送給我們的禮物。有一位朋友問我們，上面的字是否為亞美尼亞文，我們說是。上面還寫著一九一四年，這正是亞美尼亞大屠殺的前一年。通常這麼大的地毯，應該是有錢家庭送給女兒的嫁妝。在大屠殺時，第一批被殺的亞美尼亞家庭，是知識份子。我們不知道這個家族發生了什麼事，但很可能他們被屠殺，家裡的財產被偷，包含這塊地毯，然後經過好幾次的轉手，才被我們朋友買下。」

「我們的朋友將這塊地毯送給我們，因為他想將亞美尼亞人的東西還給亞美尼亞人。」朋友深情地說。「對我們來說，這更是一份珍貴的禮物，因為我先生的家族大多數都在亞美尼亞大屠殺中喪生，只有他和他舅舅得以倖存，而他們所居住的村莊已經消失在地圖上。多年來，我們一直在以色列生活，時常感受到人們談亂要將猶太人的東西歸還給他們，我們也希望，有人將亞美尼亞人的東西還給亞美尼亞人。」

這個故事讓我深深感受到歷史的沉重，以及這片土地上不同文化間的深厚連結。正如那面地毯所承載的記憶一樣，亞美尼亞人的故事。

亞美尼亞人也是基督徒，他們來自亞美尼亞，這是世界上第一個以基督教為國教的國家，西元三〇一年，亞美尼亞國王提拉達特三世宣布基督教為亞美尼亞的國教。在歷史的不同時期，例如波斯、拜占庭和鄂圖曼土耳其帝國的統治之下，他們一直都保持著基督教信仰。

但是，在一九一五年至一九二三年間，亞美尼亞人經歷了一場極為悲慘的大屠殺，被稱為亞美尼亞大屠殺。這場屠殺是由鄂圖曼土耳其政府實施，導致接近一百五十萬亞美尼亞人失去生命，更多人被迫離鄉背井，逃往各地。

許多逃難的亞美尼亞人來到了聖城耶路撒冷，尋找庇護和新的生活。在耶路撒冷的六千位亞美尼亞人，大多都是這場大屠殺倖存者後代。英國人在舊城聖雅各教堂這裡為亞美尼亞人建立了自己的社區，保留了他們獨特的文化和傳統。

畢竟耶路撒冷舊城只有〇．九平方公里大，而亞美尼亞區又是最小的一區。在朋友家旁邊，就是新開的亞美尼亞博物館，這裡主要在分享亞美尼亞的文化、歷史、語言、信仰，以及近代的亞美尼亞大屠殺沈重歷史。

在博物館的二樓，播放著一九一九年拍的影片，震撼地呈現了一九一五年的大屠殺。當時，亞美尼亞人經歷了極端的暴行，包括被派遣去挖掘自己的墳墓、女性遭到強姦、財產被搶劫、遭受暴力驅逐出城，神職人員在這場災難中同樣遭到殘忍的殺害。亞美尼亞人在各地都被迫流亡，不分老少、男女、婦幼，被淹死、餓死、或自殺，走不動的就被槍殺。

土耳其政府至今都不承認這場屠殺是針對亞美尼亞人，也未曾道歉，只說這是土耳其人共同的痛，也有很多土耳其人死亡。我去過土耳其一次，我也很喜歡土耳其人，但是當我問到這段歷史時，我得到的回覆也是「這是內戰，不是種族屠殺」。

每年的四月二十五日，是亞美尼亞大屠殺紀念日，猶太人是最能理解發生在亞美尼亞人身上的苦難，許多亞美尼亞人也是以色列的公民，但是以色列政府出於政治外交考量，還是選擇了土耳其的立場，沒有承認這場悲劇為種族屠殺。
這個民族，實在有很多真實的苦難，至今，也都還在為能夠歷史被世界承認在奮鬥著。

36 聖殿山與猶太人的難題

「明年在耶路撒冷！」每年的逾越節，猶太人都會用這句話結束晚餐，因為回歸錫安是世世代代的夢想。海外的猶太人禱告時，會朝向以色列，在以色列的人禱告時，會朝向耶路撒冷，而在耶路撒冷的人禱告時，會朝向西牆，西牆就是最靠近過去至聖所的地方。猶太傳統相信，這裡是創造世界的開始。

大衛攻下了耶布斯人錫安的保障，用五十舍客勒銀子向耶布斯人亞勞拿買了禾場[1]，在那裡由大衛的兒子所羅門蓋了聖殿。

穿過木頭時光隧道，進入到戒備森嚴的聖殿山（Temple Mount），或是「磐石清真寺區域」，因為西元七〇年後就沒有聖殿了，只剩下西元七世紀留下的清真寺，耶路撒冷是伊斯蘭教第三個最神聖的地方。

穆斯林在阿拉伯文會用 Al quds 來稱呼耶路撒冷，意思是神聖[2]。為什麼神聖？早期阿拉伯文的文獻中[3]都是用 Bayt al-Maqdis 來稱呼耶路撒冷，意思是「聖所」。考古學家在靠近希伯崙的一間清真寺，發現了由第二任哈里發[4]歐瑪爾．賓．哈塔卜（Umar iben al-Khattab）留下來的銘文，同樣提到了 Bayt al-Maqdis，更是提到了磐石[5]。這個磐石是什麼呢？就是以前聖殿中放置約櫃的位置，是至聖所的位置，也就是整個耶路撒冷最神聖的位置。

這位哈里發在西元六三八年從拜占庭羅馬帝國手中征服了耶路撒冷時，由猶太人帶他去了被羅馬人摧毀、成了骯髒的廢墟的第二聖殿遺址，他清理了污穢並蓋了一個小清真寺，之後的哈里發才接著蓋巨大的磐石清真寺和阿克薩清真寺。他去到聖墓教堂時，他說他不能在教堂裡禱告，因為如果他這麼做了，就一定會被伊斯蘭教徒奪去做清真寺，所以他在教堂外禱告，而那個地方果真成了今天的歐瑪爾清真寺（Masjid Umar）。

中文的耶路撒冷是翻譯自希伯來文的 Yerushalym，意思是和平之城，而且是複數，意思就是還有一個耶路撒冷，或許在天上吧[6]！不管用什麼語言來稱呼耶路撒冷，都不能否認耶路撒冷的神聖是因為最初猶太人曾在這裡蓋過聖殿，更無法否認在哈里發歐瑪爾來之前，這地就先有了猶太人以及基督徒。

我第一次參訪磐石清真寺園區時有個很不好的印象，因為非穆斯林參訪的時間是被限制的，我才剛到，就有個人用不好的口氣叫我離開。我跟他說十一點才關，他說：「我跟妳說這裡關門了。」在網路上有一個基督徒導遊，因為在導覽時用了「聖殿山」這個詞，直接整團被趕走。維安人員很不客氣的跟導遊說：「這是阿克薩清真寺」、「這是我們統治的地方」、「你要尊重這個地方，你們只是訪客」、「你們能在這裡要謝謝我們」。

這種態度很莫名其妙，為什麼會是這樣？

一九四八年，約旦拿走了東耶路撒冷和西岸地區的領土。雖然以色列打贏了六日戰爭，從埃及手中拿下了西奈半島、從敘利亞手中拿下了戈蘭高地、從約旦手中拿回了西岸地區和最重要的耶路撒冷，但就唯獨磐石清真寺這一塊，當時的獨眼龍國防部長摩西戴陽覺得要繼續「保持現狀」，讓約旦繼續來管理聖殿山，以避免有更多來自阿拉伯世界的不滿。

磐石清真寺園區就像一個自治區，這個「默認」的協議，在一九九四年以色列和約旦簽訂了和平條約時才第一次寫下來[7]。由以色列邊境警察（Border Police, "Magav"）在維持秩序，但所有權仍繼續屬於伊斯蘭宗教基金權威（Jerusalem Awaqf，簡稱 waqf）[8]，意思是「真主賜予」。這個組織從鄂圖曼時期就存在，管理的範圍包含了磐石清真寺園區、伊斯蘭學校、孤兒院、醫院等，對穆斯林來說，只要曾經是伊斯蘭教產的地，就永遠是他們的地。這也是為什麼約旦二十第納爾的鈔票上仍會印著磐石清真寺。

磐石清真寺園區在近百年來，從宗教聖地演化成政治衝突之地，約旦國王阿卜杜拉一世就因為要與以色列簽署和平條約，在一九五一年遭到極端巴勒斯坦人謀殺。當時他十六歲的孫子也在場，也就是二十第納爾上另一面的胡笙一世（Hussein of Jordan）。胡笙也多次遭遇暗殺，在他任期內因為打輸了一九六七年的六日戰爭，輸掉了耶路撒冷和西岸地區的土地，後來成為跟以色列簽訂和平條約的國王。

五十年走過，以衝突的次數頻繁度來說，這裡的確無法和顏悅色。誰不希望看見和平？但聖殿山上沒有聖殿，也不能禱告，還讓人有種緊張的感覺，我或許還是覺得遺憾吧。為什麼以巴衝突這麼難解？因為它不只是政治的衝突，也是宗教上的衝突。

我的教授說過：「在伊斯蘭教中，土地是陰性的，是個女人，男人必須保護土地，就像他保護妻子和女兒一樣。猶太人來到伊斯蘭教教產的土地，就如同猶太人強姦了女人，他們強姦了土地。對阿拉伯男人來說，他們必須戰鬥！他們必須得到土地。所以這是一場宗教戰爭，這不是簡單的政治問題。」

這塊聖地要怎麼要被不同宗教的人分享，真的是個難題，因為宗教狂熱份子很容易走向極端。不只是巴勒斯坦人不要以色列，以色列的極端正統派猶太人中約百分之〇．五的少數人竟然也是反對以色列政府的！

「有些宗教狂熱的極端正統派猶太人不相信以色列政府，他們不繳稅、不配合國家政策、甚至和巴勒斯坦的恐怖份子合作引進巴勒斯坦解放組織，他們希望毀了以色列。」以色列朋友提到。

「可是他們在這裡不是也過得很好嗎？」

「是啊，但是他們認為以色列是『人為』建立的國家，不是神所創造的，這些法律也是政府訂的，跟『他們的』信仰不合。所以必須摧毀現在的以色列，彌賽亞才能來，然後才會有真正的以色列。」

「聽起來很像恐怖份子耶？」我們說。

「是啊，他們就是。之前就有一對極端主義的猶太情侶跑到聖殿山，他們裝成一般遊客，偷偷摸摸結婚，還有拉比給他們證婚，他們做證人的朋友也假裝是遊客，然後他們儀式結束後把照片 Po 在網路上。」

「所以不能在那結婚嗎？」

「猶太人不能在聖殿山上有任何的宗教行為，他們在挑戰這個法律，這是要坐牢的，他們已經被抓起來了。」

「那他們為什麼要這樣做？」

「就是要刻意有所作為吧（make a scene）？這件事讓全部的人都很生氣，尤其穆斯林知道後，以色列政府費一番工夫才把他們安撫下來。」

以色列媒體的反應是生氣與譴責，不為他們的行為感到驕傲，反而認為這些人是瘋子，用這種激進的手法威脅大家安全。雖然這只是少部分在政治上反以色列的超極右派份子的極端行為，但他們畢竟屬於極端正統派社群，裝扮也跟其他極端正統派猶太人一樣，所以對於外界來說整個極端正統派群體都是拿社會福利，卻沒有貢獻的人（某種程度上也是對的）。雖然以色列是「聖地」，但若要在這裡長期居住下去，「太過宗教」反而不好，因為大部分的人都希望好好過日子，不管是穆斯林還是猶太人，都不要有極端主義者出現。而另一方面，也是因為為了能生存在以色列，「一般的猶太人」付上了很大的代價，無論是百分之三十至五十的所得稅[9]、還是二至三年的義務兵。什麼是一般的猶太人？以色列七成人口屬於「世俗化猶太人」（secular Jews），他們可能擁有猶太血統、也會偶爾過過猶太節日，但是可能不過安息日、也吃豬肉，對猶太信仰並不認真。相較之下，持守猶太信仰的人口稱為「正統派猶太人」（orthodox Jews）或宗教／敬虔猶太人（religious Jew），就是頭髮兩邊都會留鬢角這群人。在以色列，「正統派」又分為兩種猶太人，一種是會當兵的愛國敬虔份子，另一種則是哈雷迪派猶太人，在人口上算起來其實只佔百分之十二，但因為他們與眾不同的堅持，例如在大熱天都還要穿東歐寒冷冬天大外套，外界就稱他們為「極端正統派猶太人」（ultra orthodox）[10]。

到底猶太人是血緣、文化、還是信仰？極端正統派猶太人認為是信仰，因此只有一天花十四個小時在讀妥拉，並且嚴格遵守妥拉的613條誡命、口傳律法與拉比的註解與教導的他們才是真正的猶太人。而其他出生為猶太人，後來世俗化並且放棄遵守妥拉的話，就不能算是猶太人，或說是不夠資格做猶太人。

其實極端正統派的起點是好的，在十八世紀的東歐，因為突然發生十萬猶太人被烏克蘭人殺的慘案，猶太人突然警醒要刻意將自己分別為聖、回歸妥拉、等候彌賽亞，因此重新興起看重猶太信仰的運動。但是，難道在十八世紀之前猶太人保留或表達信仰的方式就錯了嗎？

極端正統派猶太人的確是保持了猶太信仰沒錯，卻跟以色列社會脫節，稱全心全人投入在讀妥拉和為以色列禱告為他們的「工作」，以及用他們認為最敬虔的方式生活[11]，並且用同樣的標準去要求整個以色列社會如何過「莊重」生活。例如戶外廣告不能放女人的照片、餐廳必須達到「猶太潔食要求」、在西牆不可以穿無袖或沒有戴猶太小帽、女人不能用禱告巾和護經匣，也不能在公開場合讀妥拉。一般猶太人會對極端正統派猶太人有負面的感受，因為他們拒絕工作、拒絕繳稅、也被免去盡國家義務的當兵（以色列建國時，本古里安跟拉比達成的協議，就是猶太神學院的學生不用當兵，但據說當時只有四百多個這樣的學生，不是現在佔人口的百分之十五）。在他們的觀念裡，是靠他們的禱告以色列才有平安，而那些世俗猶太人違反神的誡命，使得彌賽亞的來臨延遲。

「那他們怎麼賺錢養家呢？」我們很想知道。

「只要生孩子，以色列政府都會給補助金[12]，並不是只有正統派家庭才有，只是他們孩子生得多，然後就打算靠這點補助金來生活，即便物質東西只擁有一點，但那是他們選擇的生活方式。」大部份極端正統派猶太家庭都是貧困家庭，靠著贈禮或慈善救助過活，只有少部分可能因為太太在高科技產業工作或從事律師業而有不同的經濟狀況，或著是先生只有讀半天的妥拉，其他時間有去上班。以色列朋友說，她有一個兒子，在高中時去唸了類似猶太神學院的宗教學校（Yeshiva），加入了極端猶太社群，成為了拉比。她補一句：「我每次到我兒子家，我都會買幾箱孩子愛吃的零食過去，我也不是偶爾才去，他們就住附近，我想去的時候就去了，我看到他們的生活狀況，我也很想幫忙。極端正統派男人的工作就是讀妥拉，他們也會拿到少許補助，但絕對不夠家庭開銷。所以妻子就需要出去工作，當然她們也會受到比較多的社會教育。雖然說結婚合約上寫的是男生要提供家庭溫飽，但事實上是讓男人讀妥拉，女人出去工作，以色列只有八十二天的產假。」這的確是很特殊的社會現象，一個二十幾歲的女人，可能已經是幾個孩子的媽，也因為不節育，一個家庭至少會有一打孩子。除了工作還要照顧家庭，根本是超人中的超人，而且媽媽也不會有幫手。

「妳不會看到大孩子，因為他們十三歲之後就會送去住校。極端正統派的孩子基本上是脫離以色列社會一般學校制度，到專門念希伯來文聖經的宗教學校接受宗教教育，他們英文、數學都不學，完全只念妥拉！導致長大完全沒有競爭能力、連生活常識都沒有！」

「那這樣出生在極端正統派家庭長大的孩子，如果長大後不想當極端正統派猶太人怎麼辦呢？畢竟這信仰是他父母為他選擇的啊！」一旦錯過學習的黃金期或寶貴的青春，沒有技能，到底該如何在一般社會找到工作？後來我知道，有些機構就是特別為這些離開極端正統派猶太人所設立的，希伯來大學也有給他們的特殊課程，其實他們的學習能力和記憶力特別強，但更難的是如果被極端正統派團體撇棄的話，會有嚴重的憂鬱症。

「但這還不是最令人擔憂的，每年到了夏天我就很擔心，因為這些孩子都不知道淹死是什麼！每年我們都有這樣去世的孩童……我也很擔心我孫子孫女長大後會變成什麼樣……」

我一直感覺到猶太媽媽挺為難的，她心裡應該不認同這種為了追求宗教精神的生活，因為全家人都過得太苦、又沒社會地位，她自己是左派的猶太人，她沒有預期她兒子會變成一個宗教人士，而她作為母親只能支持卻不能干涉，這的確很難。

我想，在宗教與政治之間的拿捏，是以色列真正的難題。

---

1 見撒母耳記下第二十四章。

2 在閃族語系包含希伯來文的字根（q-d-s）意思都是神聖。

3 例如：「在 Bayt al-Maqdis 裡的盤石是全宇宙的中心。」——Muqatil Ibn Sulayman al-Balkhi（八世紀）、「每週一和週四早上，僕人進入到澡堂淨身，他們脫掉衣服，換上有刺繡的絲綢衣服，束上帶金的腰帶，然後用香水擦那塊磐石。然後在金銀製的香爐裡點香，守門的人會將窗簾放低一點，這樣香氣才會附著在磐石上。——Sibtibn al Jawzi（八世紀）。

4 哈里發的意思是宗教與政治統治者。

5 銘文的內容：「奉慈善的神阿拉的名，Nuba 這個地區及邊界以及整個地區，都是因 Bayt al-Maqdis 之盤石（Rock）以及阿克薩清眞寺而建立。爲了偉大的阿拉，忠心的 Umar iben al-Khattab 獻上此銘文。」

6 見希伯來書 12:22：「你們乃是來到錫安山，永生神的城邑，就是天上的耶路撒冷。」

7 第九條規定：「以色列尊重約旦哈希姆王國在耶路撒冷穆斯林聖地中的特殊角色。進行永久狀況的談判時，以色列將高度重視約旦在這些聖地中的歷史角色。」

8 原來的意思是「停」，實際上只要是捐贈給伊斯蘭的土地或產業，不能被拿回的都稱做 Waqf。

9 以色列人的所得雖然高，但是稅金也高。老師的薪水，月收入爲美金三千二百元，當中就要付掉不少扣繳款，包含所得稅三百美元、健保一百五十美元、社會保障一百五十美元、退休金二百五十美元和存款九十美元，也就是說一個老師能實際收到的錢爲二千二百六十美元。賺很多錢的高科技產業，月收入爲美金九千五百，但要付高很多的所得稅二千四百美元、健保四百美元、社會保障三百二十美元、退休金和存款六百美元，只會剩下四千九百一十美元。

10 在以色列境外，如最近很紅的 Netflix 影片《出走布魯克林》(Unorthodox)，紐約的猶太人，或許因爲沒有以色列愛國份子，所以這個族群就直接稱爲「正統派猶太教」（Orthodox），就沒有被冠上「極端」兩字。

11 他們反對當兵、世俗化教育制度、上網和世俗化的東西、堅持保守的穿著。

12 一直補助到十八歲。二〇〇三年之前出生的孩子，每月補助第一胎一百五十二NIS、第二至第四胎一百九十一 NIS、第五胎之後一百五十一 NIS……二〇〇三年之後出生的孩子，第一胎一百五十二 NIS、第二胎和第三胎一百九十一 NIS、第四胎三百四十 NIS、第五胎之後三百五十九 NIS。明顯可以看出，政府有鼓勵婦女生至少四胎，因爲從第四胎開始，每月補助三百四十 NIS！

37

以色列國獨立宣言

在十月七日戰爭開始之後，人民開始把獨立宣言貼在學校或商業大樓外面，提醒以色列存在的意義。以下是以色列國的獨立宣言：猶太民族是在以色列地形成的。在這片土地上，猶太民族的精神、宗教和民族特性得到了塑造；在這片土地上，猶太民族曾過著自由而獨立的生活；在這片土地上，猶太民族創造了一種具有民族和世界意義的文化，並把永恆的《聖經》奉獻給了世界。

在被暴力驅逐出以色列故土後，流散到世界各地的猶太人對故土忠心耿耿，始終不渝地希望返回故土，在那裡重新獲得政治自由，從沒有為此停止過祈禱。

基於這一歷史和傳統聯繫，世世代代的猶太人為加強他們與古老家園的聯繫一直奮鬥不息。在最近的幾代人中，他們大批地返回以色列故土。

無論是作為拓荒者和保衛者的老兵，還是作為突破封鎖的新抵達者，這些猶太人使荒地變成了良田，復活了希伯來語，興建了城市與村莊，並創建了一個具有自身經濟、文化的不斷發展的社會。他們希望和平，但也做好了保衛自身的準備。他們為該地區所有居民帶來了進步的佳音，並決心獲得政治上的獨立。

在西奧多·赫茨爾建立猶太國思想鼓舞下，第一屆猶太復國主義者代表大會於猶太曆五六五七年（公元一八九七年）召開，並公開宣布：猶太民族具有在自己的國土上恢復自己國家的權利。

這一權利為一九一七年十一月二日的《貝爾福宣言》所承認，後來又為國聯的委任統治所肯定。而委任統治就是對猶太民族與以色列故土的歷史聯繫，以及對猶太民族有權在那裡重建民族之家要求給予的國際承認。

在我們這個時代發生的導致歐洲幾百萬猶太人慘遭殺害的大屠殺再一次表明，為解決猶太民族無家可歸和缺乏主權這一問題，有必要重新建立一個猶太人的國家。這個猶太人的國家將對所有猶太人敞開大門，並且確保猶太民族在國際大家庭中享有平等的地位。

儘管面對種種艱難困苦和危險，在可怕的納粹大屠殺中倖存下來的歐洲猶太人，與其他國家中的猶太人一道，從未放棄回歸以色列故土的努力，從未放棄在其民族土地上享有尊嚴、自由和誠實勞動、生活的權利。

在第二次世界大戰期間，以色列故土的猶太人全力以赴，參加了愛好自由人民反對罪惡納粹勢力的鬥爭。他們以自己戰士的鮮血，以自己對戰爭勝利的貢獻，贏得了創立聯合國諸民族一員的權利。

一九四七年十一月二十九日，聯合國大會通過了一項要求在以色列故土建立一個猶太人國家的決議，並號召這一地區的人民主動採取一切必要措施來貫徹這項決議。聯合國對猶太民族建立自己國家合法權利的承認是不容改變的。

像所有其他民族一樣，在自己的主權國家裡自己決定自己的命運是猶太民族的天然權利。

為此，我們，全國委員會的委員，代表以色列故土的猶太人民和猶太復國主義運動，在英國委任統治結束之日，在這裡集會，根據我們天然的和歷史的權利以及聯合國大會決議，宣告在以色列故土上建立一個猶太人的國家——以色列國。

我們決定：從今天午夜，猶太曆五七〇八年以珥月六日，即一九四八年五月十五日零時委任統治結束之時起到根據憲法產生的國家機關接管政權為止（不遲於一九四八年十月一日），全國委員會將行使國家臨時委員會的職權，它的執行機關——全國行政委員會將行使猶太人國家臨時政府的職權。這一猶太人國家取名為以色列國。

以色列國將向散居世界各國的猶太人敞開移居的大門，將全力促進國家的發展以造福所有的居民。

以色列國將按照以色列先知所憧憬的自由、正義與和平原則作為立國基礎，將保證全體公民，不分宗教、信仰、種族和性別，享有最充分的社會和政治平等權，將保證宗教、信仰、語言、教育和文化的自由，將保證保護所有宗教的聖地，並將恪守聯合國憲章的各項原則。

以色列國準備同聯合國的專門機構和代表合作，履行一九四七年十一月二十九日大會決議，並且為建立整個以色列地的經濟一體化而努力。

我們請求聯合國協助猶太民族建立他們的國家，並接納以色列加入國際大家庭。

儘管幾個月來我們一直遭到猛烈的攻擊，我們仍號召生活在以色列地的阿拉伯居民起來維護和平，並在享有平等公民權利以及在各種臨時和永久的國家機關中擁有相應代表權的基礎上為國家的發展建設貢獻出他們的力量。

我們向所有鄰邦及其人民伸出和平、和睦、友邦之手，敦請他們與已經在自己故土上獨立的猶太民族以互助精神合作。以色列國準備為整個中東的進步而共同努力中作出自己的貢獻。

我們號召散居在世界各國的猶太人團結在以色列的猶太人周圍，協助我們完成移居和重建的使命，並同我們一道為實現世代以來的夢想——重振以色列——而奮鬥。

懷著對以色列磐石的信念，我們在今天，在安息日的前夕，在猶太曆五七〇八年以珥月五日，即一九四八年五月十四日，在祖國的土地上，在特拉維夫城，在國家臨時委員會的這次會議上，為宣言簽名作證。

38 沒有憲法的國家

一九四八年五月十五日，是英國結束託管，離開巴勒斯坦的日子。那天剛好是個週六，是猶太人的安息日。因此，在前一天五月十四日的下午四點，趕著安息日開始前，即便阿拉伯人即將與阿拉伯國家聯合攻擊，即便他知道猶太人手上並沒有足夠資源和武器，而且美國總統的態度不支持猶太人建國，但作為一個領袖，本古里安做了一個艱難的決定。

他果斷宣布，以色列國獨立以及進入戰爭狀態。

一切都十分倉促，在緊張的政治和軍事環境下，在這歷史性的時刻，本古里安和其他內閣成員在經過激烈的辯論，但沒有確定獨立宣言內容的情況下，匆忙簽署了獨立宣言，宣告以色列建國。

一個流浪將近兩千年的民族，重新有了自己的國家。

獨立宣言內容包含三個部分，猶太建國與貝爾福宣言（Belfour Declaration）的關聯、大屠殺，再來就是建國精神包含不分種族的平等權益，最後呼籲聯合國的支持、呼籲和平以及呼籲流亡中的猶太人大力支持。以色列在建國時，就是要成為一個「猶太民主國家」（Jewish and Democratic state），但民主兩個字沒有用過，因為在當時並不想要被所謂「民主」的定義所限制。

雖然獨立宣言裡有提到憲法，但因為以色列一建國就在打仗，根本沒有時間慢慢開會，要先把國家建立起來的同時，加上還有「大多數猶太人還沒回來」，再者本來管理巴勒斯坦的英國本身也沒有憲法，以及意見分歧會使得以色列最需要團結時分裂等等原因，臨時的國家委員會發表了以色列國家的獨立宣言並選舉了「制憲大會」的成員後就解散。

制憲大會通過了一九四九年的「過渡法」後，成為了第一屆國會，但因為各種政治意見的不同，一九五一年，以色列國會通過了哈拉里決議（Harari Decision），給不同的機構權力制定基本法（Basic Laws），用這種方式來建立國家的法律基礎，最終會形成整體憲法的初稿。

本古里安說：「每部法律都是時代的產物，沒有永恆不變的法律。我們有什麼權力來束縛那些將在一年或五年後當選國會議員的人？我們並不比後來的人更有智慧。我們為什麼要擔心之後的人不會對這個國家有一樣的忠誠，不會像我們一樣理解國家的需求？」

第一屆國會沒有擬定憲法草稿，而是把立法制憲權轉交給第二屆國會，但一直到現在有第二十五屆國會了，以色列仍是一個沒有憲法的國家。

自一九五八年以來，以色列有十三個基本法，包括《基本法：議會》（一九五八年，於一九八七年進行修訂）、《基本法：以色列土地》（一九六〇年）、《基本法：國家總統》（一九六四年）、《基本法：政府》（一九六八年，於一九九二年和二〇〇一年進行修訂）、《基本法：國家經濟》（一九七五年）、《基本法：軍隊》（一九七六年）、《基本法：耶路撒冷為以色列首都》（一九八〇年）、《基本法：司法》（一九八四年）、《基本法：國家審計長》（一九八八年）、《基本法：職業自由》（一九九四年）、《基本法：人的尊嚴與自由》（一九九二年）、《基本法：公投》（二〇一四年）、《基本法：猶太民族國家法》（二〇一八年）。

基本法是一系列獨立的法律文件，每一條都涵蓋一個特定的領域，在不同的時間、不同的議會通過。基本法的角色類似憲法，也同樣會約束政府權力和保障公民權利，但基本法又比憲法靈活，可以讓以色列能夠根據需要和情勢的變化，通過國會的投票來新增或修改。

然而，修憲的過程需要更嚴格，可是基本法只需要國會過半數就可以修訂，可能會在政治上受到濫用，導致基本法的變動不是基於真正的法律需要，而是出於特定的政治動機。例如十月七日戰爭爆發之前，連續九個月，以色列民眾上街頭參加反司法改革的抗議示威活動。他們主要擔心，這樣的改革會使國會權力過度影響到司法獨立性。而缺乏整合過的憲法還有一個缺點，就是部門之間會沒有效率。

所以，光從沒有憲法這一點，可以看到以色列想要的「隨性」和自由。他們不想要被正式的條文或規定綁住，他們相信的是人，他們相信每個人都可以有意見，而有意見並不是一個問題。在以色列要辦事情很不容易，因為問不同的人，就會有不同的答案，這就是以色列的隨性。

我的教授解釋以色列人潛意識裡不願意受約束，是因為大屠殺的鬼魂時不時會影響以色列人的情緒。他自己有一次在美國的博物館，突然有個警衛叫大家排隊，那時他突然的反應就是：「你們已經送猶太人到集中營了，還不夠嗎？」他自己說完就摀嘴巴，連他都不能解釋為什麼警衛的態度會讓他感受到像在集中營的納粹，猶太人已經沒有被囚禁在集中營了，但卻好像仍有流傳下來，對制度的抵抗。

或許，這能解釋為什麼以色列人享受一團亂（balagan），大家喜歡在一團亂中找到秩序，或者是在公車站你也不會看到以色列人排隊上車。以色列的街道也很少紅綠燈，即便有，人們也是很隨性的，想過就過。

在公車或火車上，有可能會看到以色列人把腳放在椅子上，而且可能車上人很多，還會有人的大背包就佔了一個座位，但是不會有人去制止。就跟以色列人坐火車或長途巴士沒位置時，會乾脆很隨性的坐在走道上面，也不會有人說什麼。

因為隨性是被接納、是被鼓勵的。

（但如果你開口要任何一個人挪開腳或包包，這也是完全沒有問題的，因為有意見也是被接納、被鼓勵的。）

39 以色列應該成為猶太國家，還是以色列共和國？

二〇一八年通過的《基本法：猶太民族國家法》，讓國際吵得沸沸揚揚。

在這個基本法中，整合了獨立宣言的內容，包含以色列地是猶太人歷史上的故土，是以色列國的所在地、以色列是猶太人實現民族自決的地方、國名為「以色列」、國歌為《希望》、國旗樣式、國徽圖案、首都為完全並統一的耶路撒冷、官方語言為希伯來語、官方曆法為希伯來曆、安息日是國定假日、開移民的門給流散中的猶太人、會保護以色列人和猶太人等。

這個法案其實在一百二十席次的國會，只以六十二票通過，雖然勉強過半，但是換句話說也是有快要一半的人不同意這個內容。

以色列的選舉制度中，人民選的是政黨，而不是代表某政黨候選人。國家會把所有選票除以一百二十，就是該年獲得一席所需的數量，一個小黨至少需要贏得四席才能進入國會。這種選舉制度的優點，是給各政黨都有機會在國會中有席次，確保多元的政治代表性。獲得最多席次的最大黨，必須在限定時間內成功的聯合到其他政黨，加總需要超過至少要六十一席，才算成功組成「聯合政府」。這使得大黨必須要和小黨合作，讓國家內各族群的聲音都能被聽見。

以色列的特色是有琳瑯滿目的小黨。但這個制度也有缺點，為了拉攏小黨，會使得大黨被迫做出讓步，使得政策不一致，或是使得政府不穩定。

以色列從二〇一九年開始，在五年的時間內，已經有五次的國會選舉，也是數一數二。而關於以色列國家的性質，早在以色列復國前就開始討論。究竟以色列是猶太公民的專屬「猶太」國家，還是服務所有公民的以色列共和國？

猶太復國主義領導人最初提出的「比爾特莫爾計劃」（Biltmore Program），是要建立一個「猶太聯邦」，即以色列共和國，而非猶太國家。這個計劃主張更注重多元文化主義，尊重和平等對待少數民族和不同文化，強調所有公民的權利，而不僅僅是猶太人的權利。

以色列是世界上唯一的猶太國家，透過猶太建國會（The Jewish Agency），猶太人可以申請移民。一九五〇年以色列國會特別挑在七月五日，也就是錫安之父赫茲爾的忌日通過「回歸法」（The Law of Return），聲明：「每個猶太人都有權利做這個國家的新移民。」

然而，莫什．貝倫特博士則在《一個跟其他國家一樣的國家：邁向以色列共和國的建立》

書中指出，今天的以色列不同於其他國家，因為它融合了猶太民族主義和宗教，以色列僅為猶太公民建立家園，這形成了自由民族主義的障礙。

赫茨爾在一八九七年第一屆猶太錫安主義大會後提出了「政治上的錫安主義」，即在以色列建立民族家園的政治想法。他主張在巴勒斯坦建立一個屬於猶太人的家園，以實現猶太人的自決權，並將他們的歷史聖地重新確立為他們的國家。

這是大部分人知道的錫安主義，但很少人知道，錫安主義領導人阿哈德・哈姆反對赫茨爾，他主張「屬靈上的錫安主義」，因為只有透過宗教教育或強化猶太生活，猶太人才能實現身份，而這在流亡時期也能實現，不需要建立在猶太復國上。哈姆說：「猶太民族不應成為一個像其他民族的民族，或者建立一個正規的民族國家，對於一個古老的民族來說，它是萬國之光，作為回報，不可能滿足於如此之少。」

錫安主義不應成為新的猶太宗教或文化，猶太人的身份不應建立在一個民族的存在之上。因為猶太問題不是關於猶太人的生存，而是關於「猶太教」的生存。

我有次走在特拉維夫，竟看到一個世俗的猶太人，對一個戴猶太小帽的路人大罵。我覺得超級莫名其妙，明明都是猶太人，有什麼問題嗎？但顯然，他不喜歡太「猶太教」的猶太人，或許他認為要做「以色列人」。這可能是太極端的例子，久久見一次，但是很多以色列人不喜歡耶路撒冷的原因，莫非是因為她「太宗教」，他們也不想要一個越來越「猶太教」的國家。

有一位「後錫安主義者」希勒爾．庫克（Hillel Kook），他認為錫安主義在現代以色列成立後就結束，雖然他建立伊爾貢（Irgun），幫助了歐洲數千名猶太人遷入這片土地，但他也主張以色列的非猶太少數民族應享有相同的權利。庫克早在一九七五年就呼籲實行國教分離，建立一個「世俗」以色列共和國。以色列建國時，對於誰是猶太人並沒有一個嚴格的規定。由於當時以色列人口不多，本古里安總理對新移民採取非常開放的態度，他並不覺得猶太人是血統，或是這個人媽媽的宗教信仰，任何人只要接受猶太教育和認同猶太國家，就會是猶太人。他自己的兒子，就娶了一個非猶太人的太太。對他來說，最重要的不是宗教，而是可以為國家上戰場。本古里安對 Bnei Barak 的拉比說：「若有人認為自己是猶太人，並且屬於猶太族群和猶太歷史，那他就是猶太人。」

關於誰是猶太人的問題，從一九五八年開始，在有越來越多宗教的猶太人的堅持之下，偏向猶太教。本古里安說：「浸禮在我眼裡是一件荒唐的習俗，但它沒有傷害性，為了安寧我願意接受多數人的意見，就是跨族通婚（mixed marriages）的家庭，小孩需要根據宗教法才能成為猶太人。」但他還是補充了一句：「如果我沒記錯的話，摩西娶了一個米甸女子。摩西也娶了古實女子，這還是在領受妥拉之後，並沒有記載她改教或是浸禮，路得也是一樣，並沒有紀錄她改信猶太教，但作者卻沒有漏掉她跟波阿斯睡了一晚。如果浸禮會決定她是不是猶太人，那作者絕對不會漏掉這個細節。」[13]

在一九七〇年時有了更清楚的定義，以血緣來說，需要有個符合正統派[14]定義的父母或祖父母，最好是有個猶太媽媽[15]，需要有足夠的證明文件，例如祖父安葬在某個猶太村的希伯來文墓碑，或是會堂拉比寫的個人推薦信等等。非猶太血統的人，需要信猶太教才是猶太人。至於改信猶太教就可以拿以色列身份，我有認識幾個原本是基督徒的人，確實因為個人原因選擇改教，成為公民。不過，這是一個在以色列建國七十五年後，值得再好好思考的問題。到底以色列建國時，是要做一個猶太人的家園，還是一個猶太教國家呢？那條界線到底在哪裡？如果強迫世俗猶太人和非猶太人，剝奪他們在安息日或贖罪日的活動或工作權，或迫使他們遵守猶太潔食、不能開車等，這種宗教限制，是不是又是民主價值的一種矛盾。如果猶太教是猶太國家存在的關鍵，那麼如果一個以色列人選擇新的宗教，離開猶太教，皈依基督教或伊斯蘭教，那是否意味著喪失這個民主國家的國籍？

我認為，阿哈德．哈姆活的年代是在大屠殺發生之前，他沒有看到反猶太主義與猶太國家的關聯。在現實中，猶太人無處可去，這使得現代以色列必須成為一個政治實體，為猶太人提供安全的家園，而不僅僅是把錫安主義的精神存留在心。而庫克提出的世俗以色列共和國觀點也很有趣，因為宗教自由確實是一個民主國家的基本價值觀，在目前以色列的回歸法（Laws of Return）中，並不是只有猶太祖父母的猶太人才能申請移民，而是皈依猶太教徒的人也有資格。

我認為要實現非猶太少數民族享有相同權利的目標，最關鍵的挑戰在於如何促使以色列境內的非猶太裔公民自願參與軍隊服役，增強對國家認同感。

軍隊被視為一個轉變世俗猶太小孩（或是海外回歸的猶太人）成為「以色列人」的場所，且在完成兵役後，他們能夠享有社交、人脈和政府補助等多方面的優勢。目前，以色列實行的徵兵制度只對滿十八歲的猶太裔、德魯茲裔和切爾克西亞裔的男性開放，而不包括宗教猶太人、基督徒、穆斯林等其他群體。儘管這可能被視為歧視，但以色列的政策上其實是鼓勵更多非猶太裔人參與兵役，自願參軍的非猶太裔可獲得高於一般猶太裔士兵的薪水和各種福利。

像許多以色列人一樣，我也認為現代以色列人就是歷史上的猶太人的政治延續，我支持以色列應該繼續作為猶太國家，不僅僅是提供猶太人居住的共和國，而是作為猶太人民和價值觀的延續。但我希望是內心的信仰精神，而不是宗教法條，並且以多元文化主義和少數民族權利的角度來講，我支持所有人應該都有平等機會，無論他們的宗教或種族背景如何。以色列的少數民族在社會上享有不同的地位，也許有一天以色列會以有少數族群代表以色列總統為傲，正如美國對歐巴馬成為第一位黑人總統感到自豪一樣。

---

13 Tsameret, Tsevi and Moshe Tlamim. "Judaism in Israel: Ben-Gurion's Private Beliefs and Public Policy." Israel Studies, vol. 4 no. 2, 1999, p. 64-89. Project MUSE, doi:10.1353/is.1999.0016.

14 猶太教教派也分很多種，例如保守（Conservative）、哈巴德（Chabad）、現代正統派（Modern Orthodox）、正統派（Orthodox）、重建派（Reconstructionist）、改革派（Reform）、傳統派（Traditional）、

極端正統派（Ultra Orthodox）、不分派（Non-affiliated）、其他（Other）。

15 雖然是血緣上要證明自己的媽媽或家人是猶太人，但其實也是跟信仰有關，媽媽是猶太人的話，才更可能耳濡目染之下受到猶太價值觀的薰陶。因爲現在的猶太人都混了各種民族的血液，五官差異也很大。歐洲、中國、伊朗、印度的猶太人都長得不一樣。若要說誰是「純種猶太人」很難，雖然在葉門有個與世隔絕的島上，發現了很純種的猶太人，科學家有特別研究他們是否有什麼獨特的猶太DNA，也許能發現什麼。但原則上並不是有猶太血液就可以做猶太人，而是必須要在文化上和信仰上都保持猶太傳統，才能眞正算是個猶太人。

40 討厭耶路撒冷的猶太人

「我討厭耶路撒冷！我不想再來耶路撒冷了！」開車送我回家的一位以色列猶太人，幾乎崩潰的說。

「我能夠了解……」

「妳了解什麼？妳喜歡住在耶路撒冷嗎？」另一個猶太以色列女孩問我。

「是啊。」耶路撒冷日結束後的晚上，莎拉奶奶邀請我去聽她為一群年輕的美國猶太人舉辦的研討會，他們正在進行尋根之旅（Taglit）。莎拉奶奶是一位八十六歲的以色列猶太祖母，她信奉猶太復國主義，一位大屠殺倖存者，我透過以色列外交部的數位外交計畫中認識了她。

莎拉奶奶邀請我一起搭計程車去大庭院飯店（The Grant Court Hotel）。我不是客氣，我只是以為我搭乘輕軌也蠻方便的，殊不知，耶路撒冷日的遊行會持續到第二天晚上。

到處都是國旗，有警察，有路障，沒人知道輕軌何時恢復。這真的是很奇怪的氣氛。

我看到一個猶太復國主義的猶太孩子，對坐在餐廳裡的無害的阿拉伯人做手勢。身為一個人，我的第一個反應是給阿拉伯人一個遺憾和無奈的表情，但後來我想起我應該要站在猶太人這邊才對，應該吧。但我想，在這場以巴衝突中，一個亞洲女孩站在哪邊並不重要。我的存在，對阿拉伯人和猶太人來說都是隱形的，或許我是無敵的。總之，這場衝突與我無關。天已經黑了。我終於走到大庭院飯店，但入口處竟然是在東耶路撒冷的那一側。我想起教授說過，透過在哪裡相見，就可以知道對方的政治立場。猶太人會去大衛王飯店，阿拉伯人會去大使飯店，而聯合國的人或外國記者會去美國殖民地飯店。那真不知道大庭院酒店算是哪個立場。

我在謝赫賈拉（Sheikh Jarrah）入口處看到騎著馬的警察、極端正統派猶太人，可能還有一些阿拉伯人。空氣中瀰漫著危險的味道，我根本不敢拍照，只是抓緊時間快速穿過。我認為莎拉奶奶不知道發生了這些事，她不會讓我冒著生命危險來聽她的分享。在這家應該是猶太人居多的旅館裡，我發現工作人員都是阿拉伯人。當外面的混亂仍在繼續時，見證「和平」是多麼諷刺（但又美妙）。由於莎拉奶奶遲到了，我被邀請在飯店的會堂，向這些猶太年輕人自我介紹，並分享我來到以色列的原因、我對以色列的愛以及我與莎拉奶奶的聯繫，他們的回應非常正面，我感到自己被接納並成為他們的一部分。莎拉奶奶花了一個半小時才到達，她充滿活力的見證大屠殺歷史，大屠殺並沒有給這位熱情可愛的奶奶留下任何負面影響。我從她嘴裡聽到的唯一批評的話就是，當她帶的歐洲地圖掉下來時，她大喊：「歐洲倒了！」她並沒有對這次活動不專業的策劃感到憤怒，她只是對東耶路撒冷的動亂發表了評論，說：「我們的警察在哪裡？」

講座結束後，莎拉奶奶要求工作人員帶我回去，因為耶路撒冷日的關係，大眾運輸沒有恢復。我們在車上有很好的聊天，直到開車的人意識到，他必須再次進入東耶路撒冷。他開始情緒崩潰的咒罵。我從來沒有見過這樣嚴重的情況。

「我不能走這條路！」他喊道。

「但我們必須送她回家！」他的朋友堅持說。

事實上，身為一個外國人，我從來沒有感覺到東耶路撒冷和西耶路撒冷有什麼不同。事實上，我不喜歡那些刻意區分東西耶路撒冷的人，好像他們試圖忽視這已經是一個統一的耶路撒冷。但令人震驚的是，它仍然對猶太人產生影響，尤其是在耶路撒冷日。我意識到猶太人在自己的國家不可能被忽視。即使這些猶太人來這裡的目的，與那些來遊行的猶太人完全不同，但他們的出現，也會讓他們被貼上主權宣言的標籤。

我平靜地告訴司機不要理導航，按照我的指示行駛。

他仍然很緊張，口氣充滿威脅。

他說他討厭耶路撒冷，他想辭職，如果他今晚死了，他會殺了我。

他不是在開玩笑。這項工作冒著生命危險。然後當他過早轉彎時，他又變得相當情緒化。

「Oh Shit! oh Shit! 他是阿拉伯人，他不會讓我擠進去的。」他的同事試圖讓他冷靜下來，說：「但是你看！有一個 Laline 汽車擴香劑，他可能是一個以色列化的阿拉伯人。」

這次事故讓我了解了媒體上很少被提及的猶太人。首先，耶路撒冷日對只想活下去的猶太人來說是一個尷尬的日子。他們沒有強烈的政治意識形態，他們不太關心巴勒斯坦人或誰擁有耶路撒冷。他們只想回家。其次，儘管耶路撒冷是首都，但對猶太人來說，來到耶路撒冷是極其困難和壓力的。這片土地上的政治太複雜了。極端分子與阿拉伯極端分子的對抗讓和平變得更加困難。

但事實是，無論猶太人在政治或宗教領域的立場如何，他都可能被殺害，他可能僅僅因為他作為猶太人出現在錯誤的地點和錯誤的時間而被殺害。

我覺得完全的局外人對以色列有很多批評，有時我同意以色列作為一個國家可以做得更好。也許這是真的，就像世界上所有國家一樣。但批評又是為了什麼？這些批評是否負責任且有建設性？一個人可能出於完全不同的原因討厭耶路撒冷或以色列，儘管它們可能看起來很相似。即使在以色列境內，身為猶太人所承受的壓力並非想像或誇大。它就在那裡。

如果你問我願不願意成為猶太人，因為我如此熱愛以色列，我會說我更願意做一個無害的台灣人。

41 一起分開住

「你們現在要練習用眼睛看。」

希伯來大學社會學教授 Gad Yair，是我最喜歡的教授之一。從第一次坐在他的課堂上，我就知道選擇在希伯來大學念以色列研究碩士課程，是我一生中最好的決定。

社會學教授把我們帶到建築物外面的觀景台，遠方就是隔離牆，但教授要我們看的其實是希大校園旁邊的阿拉伯／巴勒斯坦村莊 Iswaiya，要用心去看，光禿禿的跟希大校園差很多，彷彿有個無形的牆，劃分成兩個世界。

教授告訴我們基於安全原因，學校警告學生不要單獨前往那個村莊。我聽了覺得哪有那麼嚴重。但教授很認真的說：「一定要團體行動才能去，自己去的話就是單程票。」意思就是別想從那裡活著出來。教授繼續說：「你們可以去看看，會有以色列人搭二〇一巴士嗎？我從來不知道這輛阿拉伯/巴勒斯坦巴士開到哪，這已經超過我的認知地圖了。我們四百公尺旁的Hadassah醫院，所有嬰兒出生時都在一起，但當他們離開醫院時，就再也見不到面了。」

從教育、居住環境、工作場合和結婚對象，以色列有阿拉伯文的學校，也有希伯來文的學校。猶太人與阿拉伯人/巴勒斯坦人雖然是住在一起，卻是活在彼此各自的世界（但教授補充，課程內容是一樣的，也都是過以色列節日、讀以色列詩人的作品）。

在以色列，是至少可以分成四個「部落」（Tribes）：極端正統派猶太人、宗教錫安主義者、世俗猶太人、以色列的巴勒斯坦人。以文化來分，可以分成世俗的阿什肯納茲上層中產階級、愛國的宗教猶太人、傳統的米茲拉猶太人（東方猶太人）、正統派和極端正統派猶太人、阿拉伯人、新的俄羅斯猶太移民，以及衣索比亞猶太人（基督徒也有自己的世界，應該還可以再分出來）。

每個人都活在自己的世界，這算是種族隔離嗎？可能有點像，但都是大家自願的。

我另一堂課的教授說，希伯來大學可能是共存的一個例外，因為學校收了政府的補助，一方面要收沒有受過世俗教育的宗教猶太人做學生，另一方面還要收很多從Isawiya或其他阿拉伯村的穆斯林做學生，讓他們學希伯來文之後可以念希伯來大學。相對我們外國人要付一年約一萬美金或是本地人付一萬舍克勒的學費，他們是得到全額的補助[16]。每年約一千名學生，百分之七十五是女生。教授開玩笑說：「在疫情的時候，整個校園只有我、貓咪、和巴勒斯坦學生。」這些巴勒斯坦學生沒有告訴他們的家人學校改線上上課，因為在校園，他們可以享有自由。「你們有注意到每次過了安檢之後，巴勒斯坦女學生會換比較時髦的頭巾嗎？」其實我有注意到，而且有一次我是週四下午去圖書館時，發現校園都沒什麼學生，只有一群在約會的巴勒斯坦／阿拉伯人。

「我們以色列人有個毛病，就是我們看不到很多我們不知道的東西。」社會學的教授從來不知道橄欖山上那幾間教會叫什麼名字，因為跟他無關，但當然，我覺得人都是這樣。同樣的對教授來說，極端正統派猶太人的世界，也是一個讓他非常陌生的世界，明明只是隔一條街，卻讓他緊張得半死。

「我之前得到獎金二．五萬美金，不知道哪來的謠言說去極端正統派猶太社區，可以拿到比支票金額更高的金額，但我走到 Mea She'arim 時全身都在發抖，不是因為我帶著支票，而是我覺得我獨自一個人在他們的社區。」

就連在希大校園，教授也都指出以色列猶太學生不會跟阿拉伯／巴勒斯坦學生在一起吃飯讀書。有同學回應教授：「我去年就來了，在校園裡有看到以色列社團在招生，目的是促進以巴學生之間有更多的交流。我問他們招生順利嗎？他們說已經招到二十五名以色列猶太學生。我問他們說那巴勒斯坦人呢？他們說目前是零。」

我接著同學說：「我一直有在問以色列朋友，他們有沒有巴勒斯坦朋友？（指的是政治意識上認為自己是巴勒斯坦人的阿拉伯人）他們的回應都是只有基本的聊天，沒有辦法有深交。可是每個人都有自由意識和個性不是嗎？」

「嗯，那妳應該問我，那我有沒有巴勒斯坦朋友？」教授回應：「我有一個巴勒斯坦同事Nabeel，我印象很深刻，他聽我在台上講大屠殺後，舉手回應說他每天都很害怕睡到一半，IDF來敲門把他趕離這個國家，我嚇到了，因為他不是開玩笑的。我們雙方都忽略了對方精神上的痛苦。特別是住在以色列的巴勒斯坦人／阿拉伯人，我們也忽略了他們的掙扎和痛苦，因為猶太人要變成以色列公民很簡單，飛到本古里安機場那一刻就是了，不需要考試。可是住在以色列的巴勒斯坦人／阿拉伯人，他們的身份很複雜，其實在加薩走廊跟巴勒斯坦人一起喊以色列去死反而還不會有掙扎，跟以色列人工作就是在跟錫安主義者合作，這個情緒很複雜的。」

這個害怕，是雙方的，但雙方都忽略了對方最深的痛苦。教授提到Beit Safafa，這個村莊在六日戰爭前屬於約旦，現在屬於以色列，但村莊兩邊的村民到現在都還有分一九四八年時就成為以色列公民的人和六日戰爭後才成為居民的人。

「所以這是種族隔離嗎？我們當然不會這樣覺得，因為大家都是自願一起分開住的，We are living together separately，所以前總統才會說以色列的危機就是有各種部落（tribes）。這個問題真的很複雜。好了，大家有什麼問題嗎？」

我很感謝教授很誠懇地分享以色列社會內部結構的挑戰，以及教我們用心去看，我想即便能改變的有限，但最起碼對我來說學習不是去批評，而是很單純的，多一份對這地區和族群的理解，或許分開住的情況再二十年後會很不一樣。

我們的韓國同學舉手，然後說：「教授，我想跟你說，其實我就住在 Iswaiya。」

「啊？你為什麼會住那裡？」

「我的韓國朋友住那裡，所以我跟著住那裡。」

「那你覺得住那裡好嗎？」

「晚上的時候特別好，因為巴勒斯坦人都很願意跟我聊天。」

教授的眼睛圓了，我覺得是斷線了，然後很可愛的說：「那你千萬不要讓校方知道你住那。」

其實，外國人很難理解這種衝突。

有一次，考古教授帶同學到東耶路撒冷的洛克斐勒考古博物館實地考察，從上遊覽車開始，我就發現有點不對勁，因為教授竟然申請了一個帶槍的保鑣來保護我們！會不會太誇張！

更誇張的是，課程結束後，即便洛克斐勒考古博物館離市中心比較近，教授堅持所有的同學都必須搭遊覽車回在山上的學校，因為她必須負責我們的「安全」。我們站在博物館門口等著遊覽車回來，路上塞車，遊覽車一直不來，我看著耶路撒冷的城牆發呆，從這裡回我家只需要搭幾站輕軌就到了。其他同學還繼續跟教授抗議，我個人也感覺沒有必要這麼擔心我們的安危，因為我們對這附近都不陌生。

但我沒有爭辯。

我知道，作為一個局外人，我永遠無法完全理解身為猶太人在自己的國家生活的感覺。我這張亞洲臉，有著去大部分地方的通行證，沒有人會阻止我或誤認為我是恐怖分子。

所以，每個人都有「看」的弱點。對我們來說，我們並不是被恐懼蒙蔽了雙眼，而是被自己的傲慢蒙蔽了雙眼。外國人不是被殺的目標，我們多麼天真地認為沒有威脅。但事實並非如此。作為在這片土地上的外國人，我們來這裡不是為了批評眼前明顯可見的隔離牆，而是為了更深入地了解和理解恐懼和掙扎等情感。

---

16 我問教授以色列政府爲什麼這麼好，要給阿拉伯人免費的教育？教授給我一個「天阿，妳眞的是念政治嗎？」的表情，告訴我這都是有目的的，例如以色列的情報局可以從他們當中找到人才做間諜或情報人員。另外這些阿拉伯女生，有一天會成爲母親，作爲受過高等教育的新女性，她們可以扮演轉換社會的力量。

42 撒馬利亞大冒險

「妳選對了，多去一些觀光客不會去的地方。」

疫情期間，我的以色列朋友 Benny 一直想要我們大家一起去 Sebastia，後來我們才知道為什麼。

從耶路撒冷出發的路上，他邊開車邊指就是「那裡是拉瑪」、「那裡是伯特利」、「那裡是艾城」、「那裡是掃羅王的城市」、「那裡是示羅」。

這是一種很不可思議的感覺，到處都是聖經所記錄的地方耶！

我們先在基利心山拜訪撒馬利亞人，現在的撒馬利亞人依舊認為基利心山是聖山，他們相信以撒在這裡被獻上，也相信挪亞離開方舟後在這裡築壇，以及十二支派過了約旦河時先在這裡立下十二顆石頭。

雖然這些傳統跟聖經紀錄的有出入，但是大家都蠻有禮貌的聆聽和學習。

然後 Benny 就說要去 Sebastia，我們就真的這樣開車過去了，我、Benny 和另外三個以色列朋友。

西岸地區分為A、B、C區。A區的話屬於巴勒斯坦人控管，所以以色列人是絕對不能去的，例如示劍、伯利恆、耶利哥。C區屬於以色列人，像是伯特利、示羅、基利心山等等。

但是 Sebastia 到底在哪裡？我本來以為在C區，Benny 讓我負責導航，我們也就這樣開到了 Sebastia，然後我們看到一堆阿拉伯文和巴勒斯坦國旗，這裡其實是B區。

Benny 的朋友覺得不安全，不想下車。可是又看到一個很美的古蹟，我們還是想要下車看看。我那時候就確定，我這張友善的外國人，對他們根本就是一個保障，只要有我，我們看起來就是「遊客」。難怪 Benny 一直說服我要一起來。

「妳覺得這是什麼？」從下車開始，以色列朋友之間就自動都用英文講話了。告示牌告訴我們，這是施洗約翰的墳墓！在拜占庭時期這裡蓋了兩個教堂紀念他。在十二世紀時穆斯林在摧毀的教堂遺跡上，又蓋了一個清真寺紀念施洗約翰，現在看到的是一八九二年 Sultan abedlhamid 重建的清真寺。

等下，這也太跳 tone 了吧？為什麼施洗約翰會在這裡？

管理古蹟的人歡迎我們，並且開門讓我們下去看古老墳墓，真的就是一個大墓穴，旁邊有很多膠囊洞穴，類似在橄欖山先知墓或是拉撒路墓穴那種。看網路資料是說因為這裡也是先知以利沙和俄巴底亞的墓。

路邊的阿伯說旁邊還有一個古蹟要帶我們去看。在巷弄之間，有好大一個洞，沒有任何告示牌，但出乎意料的是兩千年前的希臘風格石棺（sarcophagus）擺在那裡，就是那種在博物館裡才會看到的。Benny 從上面遠遠的看，興奮的發現這石棺上有刻小人，上面有椰棗、豐盛的農作物和狐狸（兔子？），這些石棺一定屬於很有錢的人，推測是羅馬時期。

這整個經驗都太令人驚喜了！真的不知道我們走的街道下面還有什麼古蹟！

接著 Benny 帶我們去找上廁所的地方，這個廣場有美麗的風景可以看到山谷，藍天搭配者超大的巴勒斯坦國旗。

Sebastia 是北國以色列的首都，是原來的撒馬利亞城（Shomron/Samaria），是以色列北國的暗利花錢買下和建造的。

「暗利用二他連得銀子向撒瑪買了撒瑪利亞山，在山上造城，就按著山的原主撒瑪的名，給所造的城起名叫撒瑪利亞。」（王上 16:24）

暗利在現代以色列算是常見的名字，可是我每次聽見這個名字，都會忍不住說：「你知道暗利是個壞王嗎？」我搞不懂為什麼要用壞王的名字給小孩取名。

「但他是很有影響力的國王，只是聖經給他的評價很糟。」這是我聽過的答案。而確實，來到撒馬利亞有感受到這個國王確實打造了一個城市，一個聖經裡記載的重要城市。

「妳能想像先知們，像是以利沙，來到我們現在站的位置跟以前的以色列王講話嗎？」Benny把我們帶到了山丘的土堆，旁邊是這近幾百年種下的橄欖園，而在我們的腳下是兩三千年前的暗利王的宮殿，只是因為政治因素，不能開發。

我們一路上受到不少當地人的注目，Benny的一個朋友感覺到不安，一直希望我們快點回到C區或是離開有太多巴勒斯坦國旗的地方：「以前可以說自己是觀光客，現在呢？」

突然從遠方出現了一個男人，向我們直奔。

我們其實能保護自己的程度很有限，所以也只能見招拆招，還好Benny的朋友很神奇的會講阿拉伯文。這個人其實是想賣自家榨的新鮮橄欖油，放一年不會壞，要我買大瓶的。

「你們從哪裡來？」

他還是問了我們不敢回答的問題。

經過半秒的停頓……

「耶路撒冷。」朋友誠實的回答。

男人聽懂了，沒有用什麼表情的回答：「歡迎。」

沒事就好，但Benny偏偏還要問對方有沒有「能量飲料」，我一直說他是賣橄欖油的，你幹嘛偏要問？真的好傻眼。

結果男人說：「我有，跟我來。」

我的朋友 Benny 就這樣跟一個不認識的巴勒斯坦人走了！

我不知道他哪來的信任，這裡是荒郊野外，發生意外的話，誰來救他？我也不確定我可以幫什麼，只好一路跟過去，結果這位巴勒斯坦大叔真的有一個保冷箱，裡面裝著各式各樣的飲料。

我終於可以鬆一口氣了。

接著我們到希律王蓋的城門、劇院和街道，根據約瑟夫，後來希律王把這裡改名為 Sebastia，以紀念奧古斯都。這或許是為什麼這裡有施洗約翰的墓。

短短一個多小時，在這塊土地上我們見證了各種不同政治時期留下的產物，以色列王國、羅馬時期、拜占庭時期、馬木路克時期、以及現代。

當我們要離開 Sebastia，Benny 說等下開車出去時，旁邊就會是希律王的柱子，而且會有超過五十個。

「等等，可是你怎麼知道？」Benny 的朋友問。

「我來過兩次，都被居民用石頭打。」

「可惡欸你！」以色列朋友激動的說，意思是這種事不早講（但講了我們就不會有冒險了）。

「但那兩次跟這次很不同。那兩次都是在以色列軍方陪同之下過來，所以小孩就拿石頭砸我們。可是我知道我們這次自己開車過來，不會有事的。」

我們回程路上，津津有味回顧今天刺激的冒險，這塊土地真的有好多值得去探索的地方。

43 耶路撒冷的街邊八卦

「我是不是打擾到妳了？」

「沒事，你可以說啊。」

週五下午，安息日開始前，我坐在馬哈念耶胡達市場旁邊，一個有著本古里安髮型的猶太人，帶著大包小包的塑膠袋，看了我一眼之後，坐到了我的旁邊。我勉強的、有禮貌的從我的電腦，把注意力轉移在這個不是很帥的路人身上。

「妳喜歡哈密瓜嗎？」說著說著，路人就把哈密瓜給了我。

他看起來有可能像是流浪漢，但全身很乾淨、英文卻又比一般人流利。此時，來了一個像是極端正統派打扮的婦女來找他，她帶著買菜購物車，然後他從身上掏了一塊舍克勒給她，她說謝謝就走了。

「妳知道 Tzedakah 嗎？就是行善，施捨給有需要的人。」

「我知道啊，這是一個誡命。」
「是啊，我是做給神看的。」
「你有固定拿薪資的一部分出來做公益嗎？」
「原則上是十分之一，大部分人是直接給機構，但這種給窮人的我就沒有特別算了。」
「那你給我哈密瓜也是在行善嗎？」
「妳很好笑欸，怎麼可能？那個是禮物。只有給窮人的東西才是行善（Tzedakah）。」
「說不定我也有需要，但你不知道啊。」
「哇，妳很好笑。」
「可是她看起來並不像窮人，你怎麼知道她有需要？」
「這是很好的問題，妳要用心去看。妳知道她其實是阿拉伯人，穿得像虔誠猶太婦人嗎？」
「蛤？」
「真的，她是阿拉伯人。」
「你怎麼能確定？」
「嗯，我就是知道啊，還有她剛才說 toda raba 的時候，她是說 rrrrr（阿拉伯式發音），不是 r（希伯來式發音）。妳有看到那個人嗎？他在看妳，每個經過的男人都在看妳，妳沒有注意到嗎？他們嫉妒我跟妳講話，因為妳很漂亮。」

「他們也可能是在想你一個猶太人為什麼要跟一個亞洲女孩講話。」
「妳是這樣想的嗎?我不知道。」
「難不成是在嫉妒你跟本古里安一樣的髮型嗎?」
「哈哈,妳很好笑。」
「我沒有特別在講笑話啊。」
「妳有一種高級的幽默感,這是內建的。」

說著說著,又來了一個大包小包的女人。猶太路人要我仔細看,他說她是一個阿拉伯人。我看到她頭髮很久沒洗,但從她身上的水果和愉快的心情,看起來日子也不會過得不好。她來到我們的面前要錢,我搖搖手說 no,但當猶太路人從口袋掏出一把零錢的瞬間,她迅速的把盤子裡的錢倒進塑膠袋了。

「妳看,她很奸詐,她把錢幣都拿走是因為要看我給她多少錢。我剛給她十分,她不肯收。」

「最少要給我一舍克勒吧!一舍克勒很好,少於一舍克勒就不用了。」女人打趣的說,還伸手跟我拍了一下。

然後她問我喜歡 Pita 餅嗎?我說喜歡啊,她就拿出了一包 pita 餅,從裡面拿了一片給我。面對她的大方,我是收還是不收?但我還是收了,餅溫溫的,猶太路人跟她多要了一片餅給我。

「現在是安息日，這些都是免費的！那些食物他們都被丟掉！妳趕快去拿！」女人說。我不知道為什麼她基本英文還不錯，但我當然不會去拿啦。猶太路人希望買她要來的鳳梨給我吃，她不願意賣，竟然反過來罵他，她說鳳梨是給她孩子的。

我急忙說我不用吃鳳梨啦。

但是我看得出來，猶太路人雖然被不好的態度對待，但他下次碰到她的乞討，一定還是會給她一點零錢，因為不管對方如何，他還是會繼續行善。

她離開以後，猶太路人跟我說那個女人每天乞討可以有上千塊舍克勒，比一般人的薪水還多，然後她靠當妓女住在喬治王街，也就是很貴的地方。他小小聲的說，宗教猶太人會去找她。

「這個城市裡，有很多人都在做服裝扮演（in costumes），因為人都是從衣著來判斷一個人。別人看到我，就貼我標籤，但我不是不好的人啊。」

我其實不是對路人沒有防備心，只是很意外，他說的事情蠻深奧的。確實從敬虔的外衣，很難想像宗教猶太人會去找妓女，甚至我的教授也說過 Mamilla 公園曾經是宗教猶太人同性戀找男妓的場地，但後來土地被政府開發後，教授就不知道後來換去哪個地方。

這個路人也會阿拉伯文，剛好有一輛車子經過，他說：「他們已經是經過第二次了，他們在說為什麼一個怪胎會跟一個有氣質的女生講話。」

我們很容易會被包裝去看，特別是在一個充滿各種宗教服裝的國家，似乎用這種方法就把人做分類，分成是自己人還是外人，但我想這位路人提醒我的，就是不要只看表面，用心去與人交流與互動，而非被外貌或標籤所蒙蔽。

44 誰知道下週還有沒有國家？

在耶路撒冷希伯來大學唸書，是什麼樣的經驗？在來這裡之前，我心裡想的是，這是以色列最好的大學，因為根據上海排名，希伯來大學在世界排名第九十。

「可是我怎麼這麼容易就申請進去了呢？希伯來大學拒絕過任何人的申請嗎？」我曾經問了一位在教育顧問公司工作的以色列人，她說：「這不重要，妳只需要知道希伯來大學是一所非常好的大學，擁有很高的聲譽。」

我想知道錄取率，因為在台灣長大的我，成績不免的成為我建立自己身分的方式。為了生存，我們必須競爭，從小開始，我們的觀念是有好的成績才會到好的學校，好的學校會帶來好的工作，才會有好的家庭和未來。競爭讓人喘不過氣來，在韓國的情況更嚴重，首爾三分之一的國中生和高中生都曾想過自殺。

來自世界各地雄心勃勃的學生，選擇來到耶路撒冷希伯來大學。我們大多都相信以色列教育，畢竟，這是創新的國度，更何況五分之一的諾貝爾獎得主是猶太人，而且愛因斯坦還是希伯來大學創校董事之一，在校園各角落我們還會看到「老愛」的照片。

我們不知道的是與世界上其他學生不同，以色列學生不看書，而且更有趣的是，他們對自己沒有看過的書，還可以有自己的想法（我們覺得很好笑，但是教授覺得很無奈）。

「有人說，如果想從事學術業，那就不要來以色列，因為在以色列不教如何寫作，這是真的嗎？」班上一個同學問教授。

「妳確定只是寫作的問題嗎？是我們不讀書的問題。」教授回答。

「那麼對於那些想在學業上取得好成績的人，你會怎麼做呢？」

「我們會驅逐他們。」教授半開玩笑的說。

全班同學都不自在的笑了，大概不知道該如何反應教授說的話。

所以，希伯來大學的高排名只是糖衣嗎？我們來這裡求學，是不是投錯了財力和時間？

我注意到，當學生上課遲到時，以色列教授甚至沒有反應。這在亞洲是不可能的。我起初把這個現象解釋為同情或同理，因為以色列時不時有恐怖襲擊，或是有無人看管的行李而導致的輕軌或公車停駛，這是一個沒有可靠時刻表的國家，充滿著各式的不確定性。但我的以色列朋友告訴我：「別想太多，妳的教授只是不在乎你們。他們是研究人員，他們拿這份工作只是需要錢。」

所有這些，都讓以色列看起來像是個糟糕的學習地方。但另一方面，這正是以色列成為絕佳學習之地的原因。在學術環境之外，有一大堆可以在生活中學習的工具——獨立學習、建立人際網絡、大膽提問、不假設的好奇心、相信自己等等。

我注意到在我的社會創業課上，當一名以色列學生無法回答教授的問題時，她反而提高音量的說：「我不明白你的問題。」無論教授說什麼，以色列學生都會持有相反的觀點並開始她的論點。

我可以從以色列學生身上學到什麼？我覺得他們不那麼認真看待學術研究，反而是個優點。他們在校園裡不是負責任的學生，但他們的生活要好得多。許多以色列學生是全職學生和全職的上班族，因為他們唸大學的年紀，通常是從二十五、二十六歲才開始，而且可能都結婚生小孩了。這也是為什麼，他們想到的是生活的大局和其他優先順序，而不是考試中漏掉的一兩個分數。

為什麼他們這麼晚才唸大學？因為他們十八歲去當兵，當完兵後會打工存錢，然後去環遊世界一兩年。等到確定想唸什麼專業以後，才會申請念大學。

軍隊的經歷，教會了他們珍惜生活中重要的事。

「我們要的是幸福，而不是卓越。這是以色列的文化。」教授說。「你們上次打電話給自己的媽媽是什麼時候？以色列人會回答你：『今天』。」

了。

這點是真的，在公車上如果有人在講電話，很高的可能性是在跟媽媽說話，我看過好多次了。

以色列人在乎家庭關係，以色列的孩子，不需要有最好的成績、不需要有最好的學校和工作、也不需要最好的生活，但他們想要幸福快樂。

誰知道明天會發生什麼事？誰知道下週是否還有國家？為了生存，以色列人必須學會珍惜活著的每一天。

我想這就是我被以色列吸引的原因。

那堂課我們班的學生全部都是外國人，至少一個月沒有人有跟家人講電話。

我從未見過一種文化如此歌頌生命。

我從未見過整個城市會每週停擺一天，人們和朋友及家人共度一天，享受彼此。生活中除了讀書之外，還有很多事情，我覺得在以色列，我更體會到「活著」。

45 最以色列的事

我發現了一個秘密。

大膽、無敵、自信的以色列年輕人，其實有一個弱點——他們很在乎軍事考試，如果沒考好的話，甚至是一輩子的傷害。

在以色列是徵兵制，除非是來自宗教家庭，不然猶太人不分男女都必須當兵，男生當三年，女生當兩年。以色列文化很看重當兵，如果有能力當兵卻不當兵，那這個人大概有問題。以色列人從小的夢想，就是到一個好的單位。

在以色列國防軍服役，不像台灣是用抽籤的，而是有智力、心理和體力三方面的測驗，然後再按照能力和興趣，軍方會媒合最適合你的崗位，換句話說是以色列年輕人建立自己身分的基礎。

我認識兩個因為身體健康問題而被軍隊拒絕的女孩。她們不必參軍，但卻申請軍隊中「工作人」的職位。她們說：「我們想融入一個社區。我們需要像其他人一樣，將這兩年奉獻給自己的國家。」

當以色列人結識新朋友時，總會出現「你在哪個單位服役？哪一年？你認識○○○嗎？」的對話。這就像一個社交俱樂部，試圖在十秒之內弄清楚該把這個新朋友安置在哪裡。

這有點像是在台灣，至少在台北，大家都能認出建國中學、北一女中、師大附中等頂尖高中生的制服，甚至畢業幾年後，都還有「校服日」。外國人不太能理解這個文化，對台灣人來說，上了哪所高中就區分了你的能力，但對其他人來說，就算是成就，也是十五歲時的事，有什麼好得意的。

在以色列，服役的單位其實就是反映出你的能力。

每年大約有十萬人要服兵役，軍隊大部分的人，都不是在戰鬥的單位，而是在做支援戰鬥軍人的工作，因此被暱稱為「工作人」（Jobnik）。大概有百分之十的人會想要加入特種部隊，例如像是馬特卡爾軍團（Sayeret Matkal）、Shayetet 13、櫻桃旅（Duvdevan），專門進行逮捕恐怖分子、情報收集的反恐行動。但是，只有軍事考試的成績在前百分之二至三的人，才有加入特種部隊的資格。

以色列青少年，從成年禮之後，不是預備自己進入頂尖學校，而是為了進入以色列國防軍的特種部隊在做準備，這真是令人大開眼界。為了能有優秀的軍事考試成績，以色列小孩甚至會存錢去請教練。

「這是真的，而且這到現在都是我的優勢。當我告訴我的高中學生，我曾在馬特卡爾軍團服役，可是不能告訴他們情報人員工作的細節時，這給了他們更多的想像空間——他們認為我像詹姆斯龐德一樣工作，這讓我在他們眼裡很酷，對我來說教書更容易。」我的朋友告訴我。

我不知道是台灣的升學壓力比較大，還是以色列的軍事考試，但不同的是，軍事考試沒有重來的機會。我認為這個軍事考試的影響沒有這麼誇張，因為以色列人的字典裡沒有「不可能」或是「我不夠好」，所以我開始問身邊的人：「你有認識的朋友，因為沒進到好的部隊，而心裡有創傷的嗎？」

有人說這通常只針對男性。

「你確定嗎？因為男生不太會公開地分享他們的感受。」

「可是這不是你可以隱藏的事情。全家人都知道這個兒子為這個考試付出的努力。即使作為朋友我們也都會知道。」我認識一位與以色列人結婚的美國女生，她幾乎是帶著歉意的聲音說，她的孩子「不夠以色列化」。她說，很難解釋為什麼世界上有壞人試圖殺死我們，而我們一家人必須逃往避難所。我真的很想告訴她，即使她的兒子不參軍，不會有人說他只是半個以色列人……但我想我不能這樣說，因為軍隊就是這裡的一切。

有個以色列人來自一個非常重視軍隊服役的城市，他身邊有些朋友因為沒有進入好單位而感到非常沮喪。但作為左翼人士，他選擇不去參軍，為此他付上的代價是坐牢。

「那麼當人們發現你沒有參軍時，他們會改變對你的看法嗎？你會因此而失去朋友嗎？」我問。

「當然，但我也不需要那些因為我沒有去參軍就拒絕我的人來當我朋友。」這個回答，其實更符合我對以色列人的印象，他們不會根據別人對他的看法，來建立自己的身份。就像特拉維夫的執行長都穿人字拖一樣。下屬可以自由地與主管交談，學生挑戰他們的教授，大膽、無敵、自信。

但為什麼以色列人，會這麼在意服役的單位，為什麼要因為軍事考試不好而感到沮喪或受傷？

我想，可能個人主義和集體主義之間是有區別的。以色列人是國家人民（People's state）。上一秒，以色列人還在抱怨自己的國家，下一秒他們就公開地說「我愛我的國家」。當他們在哥倫比亞旅遊時腿斷掉，第一個會打電話給媽媽，再來會打給國家，派一架直升機來救難。

我有一個朋友分享過他親身的故事。因為當兵時間很長，以色列人退伍後，通常也不會急著去念大學，有些人會花上兩個月的時間做以色列徒步旅行（Israel National Trail），從南走到北一千公里。有些人會去打工，存錢去進行一至兩年的長期旅行。像印度、中國、尼泊爾的山區都在以色列年輕人的熱門旅遊國家清單上，一方面東方哲學發源地比歐洲有更多未知和冒險的趣味，另一方面亞洲的物價更適合長途旅行。

二〇一五年四月二十五日，尼泊爾發生了七．九級大地震，至少九千人死亡、二萬多人受傷。大地震困住了許多登山客，當中有六百個人是以色列公民，包含跑去震央附近的藍塘山區爬山的 Ofir 在內。

「那你有想過你可能會死掉嗎？」我問。

「對啊，而且我們沒剩下什麼食物。」但是他很幸運，他的以色列旅伴中有人帶衛星電話，所以第一時間他們都已經向家人報平安，過兩天以色列政府就已經派直升機來接他們。

「老實說，這是我一輩子第一次為我是以色列人感恩，其他人的政府沒有為他們做什麼，我們卻知道直升機馬上就會來接我們。」

在地震發生後，只有以色列人有衛星電話借大家用，在一片混亂中，幫忙蓋房子、幫大家打點滴的也是以色列人。終於在二十八號，天上降下了第一個救難隊的人，也是來自以色列。二十九號，大家搭以色列軍隊的直昇機到了 Dunche 村，然而這個地方距離有車經過的大馬路還有六小時的步行距離。

「我們的直升機把大家帶出山區，可是也只能帶他們到最近的小鎮，就要放他們下來，但我們卻可以坐直升機直接回加德滿都。」Ofir 說，其他大使館，例如法國、德國、澳洲、義大利等國家，並不願提供更多的協助或照顧，只是通知這些遊客待在那裡，等尼泊爾軍方去救他們。

在這個事件中，只有以色列政府在第一時間反應，不惜鉅資派直升機外加二百六十人的搜索和救援隊把這些年輕人帶回來，震後第二天就已在當地山區建好臨時醫院。也為了一個失蹤的青年 Or Assraf 動用更多的國家資源，只因為不管是生是死都要把他帶回家。

以色列每個家庭都有正在當兵或當過兵的孩子，所以那些被困在尼泊爾山區的孩子就像己的孩子，民意就是要立刻把他們帶回到父母身旁。以色列的向心力的確不一樣。這是人民與軍隊之間的默契，到了關鍵時刻，有國家當人民的後盾。

他們愛國，所以我想，他們求表現的壓力，是出於是他們對以色列的愛，也是作為一個以色列公民的驕傲。

在每種文化中，都有某些東西是我們非常重視的。當我們沒有達到社會的普遍期望時，我們會感到遺憾。就以色列而言，參軍就是人生目標。

46 以色列人怎麼那麼愛小孩？

以色列愛小孩的文化，讓我在升級為新手媽媽後，覺得整個國家都特別溫馨。

希伯來大學的畢業典禮，不管是大學還是碩士生，都是辦在課程結束後的隔年六月，剛好，我課程結束後結婚、懷孕、生寶寶、坐月子，然後帶剛滿四週的寶寶參加畢業典禮。出門前，我有點猶豫了，一方面餵奶很麻煩，另一方面也怕寶寶打擾到別人。

「不然我不去，我跟寶寶在家？」我媽說。

「可是是我的畢業典禮耶！妳當然要去。」我媽終於把我養到碩士畢業和生寶寶，這也是她的成就啊。

於是我們還是帶寶寶去畢業典禮，結果我們發現，我們一點都不奇怪。禮堂裡停著娃娃車、嬰兒車，這就是以色列的特色。教授在課堂分享過，在以色列，一般人對人生的期待是十八歲當兵，二十一歲去 Gap Year 和環遊世界，可能二十五歲唸大學，二十七歲結婚，然後到三十出頭歲時，應該就要有二、三個小孩了。

德國和美國的學者，只要是比較有名的女性研究學者，幾乎都是單身或是沒有小孩，反倒是以色列的學者被發現是三個孩子的媽時，會像是一個超自然的現象，成為大家的研究對象。

他去麻省理工實驗室看到小孩在玩在吵，不用發出聲音就知道這一定是以色列小孩，只有以色列人能讓實驗室變成以色列女博士的托兒所。教授說，以色列人並不覺得懷孕就不能攻博，也不認為攻讀博士就代表要放棄家庭，家庭對以色列人太重要了。

在畢業典禮上，我看到以色列畢業生帶他們的寶寶和小孩上台領畢業證書！我看到後驚呼「我也要！」於是我也帶寶寶上台領畢業證書，這真的是很特別的回憶。

在以色列育兒，我已經數不清楚有幾次，以色列人看到我家寶寶時，都會驚呼好可愛！而且他們也是自己有小孩，並不是沒見過小寶寶。有些會囑咐我們要好好享受寶寶。有些比較誇張的還會用手扇風，一副快要昏倒的樣子，說：「太可愛了，我受不了。」或是「我可以吃你嗎？」

不只一次，我聽到以色列人跟我的寶寶說：「你想做什麼都可以。」不像我，會去禁止寶寶抓我的頭髮、抓狗狗的毛等等。

為什麼以色列人這麼喜愛小孩？有人認為是宗教的原因，聖經說：「神就照著自己的形像造人，乃是照著他的形像造男造女。神就賜福給他們，又對他們說：要生養眾多，遍滿地面，

治理這地……」（創世記 1:27-28）

但是，宗教不是唯一解釋的觀點，就像有生養眾多的誡命，基督徒也未必因為耶穌喜愛小孩，就瘋狂喜愛小孩。（在新約聖經裡，耶穌說過：讓小孩子到我這裡來，不要禁止他們；因為在天國的，正是這樣的人。馬太福音 19:14）

從文化的角度，猶太人每週五會全家人一起過安息日，良好的家庭關係和價值觀，確實也會鼓勵以色列人喜愛小孩（以色列教授諷刺的說：「天阿！每週五都要一起吃飯嗎？」）

其實以色列不是愛小孩，而是愛「這個社會要有小孩」的觀念。

「你們要了解，我們少了六百萬，所以每個人都有六百萬萬加一的概念，也許我們只能要二個小孩，但我們說三個，以防萬一。」教授說。

因為大屠殺，少了三分之二的猶太人口，一直是到前幾年，全球猶太人口才恢復到大屠殺之前的數量。所以猶太人潛意識裡有擔心自己會被滅族的憂慮，生命的延續是關乎一個民族的延續，誰會知道什麼時候會有下一場屠殺？教授提過「X+1」，一對夫妻是兩個人，所以一定要生至少三個，才不會是一個負成長社會。

西歐社會會把小孩當成一個有權利的自我個體，在歐洲國家，有各式各樣的法律和制度來保障兒童安全和相關權利，生育補助跟育嬰假都比以色列好。

台灣人因為生活成本高而結婚不起，已婚夫婦養不起孩子，但是以色列是個更貴的國家，生育率卻是平均三個孩子（比台灣整整多三倍！）。因為以色列人養小孩前，不會去按計算機看自己能不能養得起小孩，而是出於非理性的原因，既然上帝給了，總是有方法，不需要計畫。「我認為這是真的。我們從來沒有想過要養一個孩子要花多少錢。尤其是對於極端正統的家庭來說，他們認為孩子是上帝的禮物。上帝會幫助他們的。」我的朋友告訴我。當你有兩個孩子，以色列人會很直接的問：「什麼時候生第三個？」或著是陌生人會把手放在孕婦的肚子上說：「太好了，妳懷孕了。」

以色列社會有很高的社會資本，以色列人會自動的幫忙看小孩，告訴妳：「妳的寶寶沒吃飽」、「他不會冷嗎？」、「妳可以把他放在地上爬呀。」人們彼此依賴、互相照應的社區氛圍。這個社會很包容有家庭的女性，工作場所會讓母親提早一小時下班，在希伯來大學也不會在下午兩點之後安排必修的講座。以色列社會，集體幫助以色列婦女共同完成這項使命的壓力。

因為這個社會，就是孩子至上的社會。

在以色列，會發現這個國家生氣勃勃，在咖啡廳看到的不是寫作業的學生，而是出門曬小孩的媽媽們。在輕軌上，會看到小孩爬扶手和拉拉環，也不會有人制止。

「我發現德國人的寶寶不會哭，連狗都不會叫。」教授帶著自豪的語氣說：「在以色列，六個月的寶寶就會被送去托嬰，我稱那裡是一個『哭哭學院』。」

這是稱讚，因為會哭是好事，會表達自己是好事。

以色列社會環境中，沒有既定框架、希望孩子不受拘束、表現自己、敢於挑戰、勇於冒險、無憂無慮。

47 台灣人可以學習的以色列精神

以色列和台灣的形狀看起來非常相似，由於資源有限，兩國的經濟都必須依賴技術。台灣人印象中的以色列，是一個高科技新創國家，有高科技產業和強大的軍事力量。而且台灣的書店，大多數跟猶太人有關的書籍，都是在學習如何致富和成功（雖然猶太人不見得喜歡這種「種族歧視」，但我認為這種刻板印象更像是一種恭維）。

有個以色列人問我，以色列和台灣的教育有什麼不同？我提到以色列人不害怕發表意見、不害怕犯錯、也不害怕提出問題。但是在台灣沒有人喜歡出風頭，問問題會被認為是炫耀或是在討好老師，此外，我們也不該去挑戰我們的老師，或老師所教的內容。

「這太可怕了！」對方直呼。

但實際上，我認為這並沒有那麼可怕，因為有些問題的答案可以在閱讀中找到，所以亂問問題的人，對那些希望在課堂上學到新東西的人來說，我認為是浪費時間或懲罰。我問過以色列朋友，到底以色列教育有什麼秘訣時，她實在想不出什麼。她說：「實際上我們的教育很糟糕。我們什麼也學不到，課堂很吵鬧，學生不尊重人。」在她的心目中，亞洲人比不聽話的以色列人聰明多了！

那到底以色列人是如何從煩人的孩子轉變為世界上創業國家最受歡迎的人才？可能是虎茲巴精神厚顏無恥的態度（Chutzpah），可能是以色列國防軍的訓練，也可能是猶太神學院學習討論的方式（Chavrusa），但最現實的問題就是，以色列的環境迫使他們成為今天的樣子，以色列對生存有迫切的需求。

我朋友說：「我想，我們除了成功別無選擇。我們在中東，如果我們不從無到有、不努力工作，我們就無法生存。」

為了生存，以色列人需要挑戰現況，一九五〇年代，當埃及在鼓動阿爾及利亞脫離法國時，希蒙・佩雷斯看到機會，說服了法國接受以色列做朋友，幫以色列發展核武器能力。當法國說不能賣核材料給非歐洲國家時，佩雷斯靈活的說：「你們租給我們，隨時都可以拿回去。」

這就是以色列的厚臉皮。

「因為在爭論中，即使我們不承認自己錯了，但在表達自己的想法時，我們很快就會將自己的想法修改為更好的想法。」我在旅行中遇到的另一位教授告訴我。

當然軍隊的訓練也很重要，當過兵的以色列人，很多都受過必須獨立行動的訓練。以色列軍隊希望的是創造力而非紀律，因為他們需要在極端情況下找到解決方案。並且他們也受到為自己以及他人生命負責任的訓練。我問學校裡最討厭的孩子會不會變成負責任的士兵？答案是肯定的。我不太相信，但應該是真的，因為即便只是十八歲的孩子，軍隊也會給他們一把真槍，這是多大的信任？而且以色列軍人下部隊時，也都是穿著軍服帶著槍的。

我問一位在特種部隊服役過的朋友，如果士兵判斷錯誤，發現目標不是敵人而是無辜平民怎麼辦？他說有時候會發生，但軍隊裡有一項協議，如果一個人看到目標，他不需要打電話給上司，而是需要向夥伴發出信號並參與戰鬥。當然，錯誤是會發生的，但軍隊的角色不是避免錯誤，而是佔領和採取行動。我問他，那團隊是否會再次相信這個人的判斷？答案是一個大大的肯定。我想，責任感，是以色列人被迫獨立思考和成熟的關鍵之一。因為當一個人承受著如此巨大壓力，你會了解到生命的價值，這與任何電子遊戲不同，人們會死於戰爭。

還有一個重要的理由，猶太人將自己視為一個群體，反猶主義和外來的威脅，迫使每個人都在這場生存遊戲中。高科技產業必須是最終的解決方案。

OurCrowd 的創辦人 Jonathan Medved 說，以色列之所以成為一個新創國家，是因為猶太人更容易承擔其他人不願意承擔的風險，因此他們成功的機會也更高。以色列的故事，其實是猶太人的故事。猶太人和以色列國家都生活在生存危險之中，與生命中的死亡相比，財務上的錯誤，可能不會那麼可怕。以色列人寧願失敗，也不能只留在自己的舒適圈。現實生活迫使以色列人變得成熟，無論他們喜歡與否。就像處於生存模式一樣，他們被迫最大限度地發揮自己的潛能。

這是典型的以色列人的厚顏無恥——失敗並不可恥。如果你失敗了，你只需再試一次。

戰爭教會他們合理地看待世界發生的事，如果失敗了，也不是世界末日。以色列企業家的創新，不是為了展示技術的進步，而是為了解決社會問題，他們修補世界（Tikkun Olam），讓以色列成為一個更美好的地方，讓世界變得更美好。

這也解釋了為什麼以色列人總是愛管別人的事，這種不會單掃自家門前雪的特質，跟意見很多一樣，在以色列是正面的特質。無論是有人在輕軌上掉了東西，周圍的乘客都一臉好奇，看能怎樣幫忙。當我在路上表現出猶豫時，會有人主動提出要和我一起過馬路。我在安息日之前到達公車站附近時，有人載我一程。我剛交男朋友時，朋友就說：「那我可以邀請自己到妳的婚禮上嗎？」當我真的邀請時，他告訴我，為了增加喜慶，他還要再多帶一個人（但是以色列人也是會給禮金的）。當我懷孕時，有人會告訴我：「妳懷孕了，不要動。」

也許這些事情在世界各地都會發生，但在以色列，這情況很常見，並且經常重複。人們表達的方式很直接，並且關心彼此。

我的先生是新加坡人，但他有些行為越來越像以色列人。舉例來說，我們在雅法拍ＤＩＹ的婚紗，剛好有個外觀很有古意的舊房子，我們在拍照時，突然裡面的人打開門說：「發生什麼事了？」我的第一個反應是立刻道歉。但我先生倒是開始跟這位女士聊天，她邀請我們進屋聊天，我們發現有共同朋友後，我先生邀請她來參加婚禮，而這個認識我們不到半小時的路人，竟然也答應了！

我先生告訴我，在以色列排隊的方式，就是大喊：「誰是最後一位？」然後就會有人回應說是他，這樣你就知道順序了。我說：「你大喊，別人就一定要回應你嗎？」

「一定的，一定有人會回應的。」因為在以色列，這種表達不會讓人覺得莫名其妙。

我覺得台灣人非常善於提前規劃、我們注重細節，並且非常會自我審查、要求自己謙卑。然而，這種習慣可能會讓我們碰到危機時無法應變，使我們不敢走別人沒有走過的路。但有時我們需要站在紅海前面才能看到它分開，對以色列人來說，他們有個「一切都會變好」（yihyeh beseder）的個性，他們相信船到橋頭自然直，不需要提前擔心、焦慮或是避免錯誤，而是要保持彈性和韌性。

在以色列有一個詞叫做「混亂」（Balagan），以色列人很習慣沒有制度，如果有制度的話也是要用來打破的。他們不相信制度，他們相信的是人。能影響生命的是人，不是制度。

這一點，我在這次戰爭之中，更是清楚看到這個民族的韌性。

他們經歷了這麼大的創傷，卻這麼快就團結起來，犧牲自己個人利益，保護這個國家，甚至從海外飛回來參軍。他們沒有失去他們的笑容，沒有被恐怖主義打倒，也沒有因為沒有人知道戰爭什麼時候才結束，就不去認真過好每一天。很難想像如果同樣的恐怖攻擊事件發生在台灣，那我們是否能有以色列人的樂觀，說：「一切都會變好的。」

48 相片店老闆的獨白

「妳來唸什麼？以色列研究？那很容易啊，妳現在找一個以色列男朋友，研究他，然後就什麼都知道了。

來，妳要不要喝茶？我要去泡茶。幾湯匙的糖？才一匙？我跟妳說，我以前都只加四湯匙半，妳看到的這些肥肉都是留下來的愛，但我現在為了健康的緣故，只能加一湯匙。妳有沒有覺得我們米茲拉猶太人比較溫暖？對我們米茲拉猶太人來說，賺百分之八十的錢就好，剩下是生活。

我小時候，米茲拉猶太人跟阿什肯納猶太人很不同。我們很有愛，他們可以來我們米茲拉猶太人家吃飯，我們吃的比較東方，但我們不能去他們家吃飯。小時候我感覺不到差別，別人說因為我父母經商的關係，後來在學校時我有感受到我們之間的不同，但現在又不會了。

以前我不懂，我覺得德國的東西就是最好的，但沒有人要買。後來我長大了才懂，為什麼大家不買德國的東西，可是現在也沒人介意了。

我父母不是被趕離伊拉克的，他們是逃離伊拉克的，因為有太多人死在巴格達，猶太人在這裡才有機會活下來。什麼Farhud？對，是Farhud。他們剛來時，以色列人用什麼東西噴他們的皮膚做消毒，喔對DDP，然後噴他們的頭髮，有些人還因此得癌症。

妳知道我們希伯來文沒有黑人這個詞嗎？我們稱他們衣索比亞人。是我們接他們來的，他們來的時候一無所有，還有人從馬桶喝水，可是現在他們融入了，新世代會講希伯來文，跟其他猶太人都一樣。他們有人會抗議不平等，但他們已經平等了，我不會因為他是衣索比亞人，三十塊的相框就給他們打折。

欸，妳很餓嗎？那妳要不要吃我的Pita餅？沒有配什麼啊，就這樣吃，我每天來工作就帶幾片Pita，餓的時候就剝著吃，有些人會吃蛋糕，但我吃Pita，因為我不能吃太多糖。

有一個女士，很漂亮，獨自回歸以色列。她以前幫我工作，我叫她擦玻璃，她嚇呆了，因為她是大戶人家的孩子，從來沒有做過清潔工作。她跟我借錢，五塊、十塊，我都借她，因為月初時她總是會還錢。有一次她跟我借一塊錢，我說拿十塊吧，她說一塊就好，後來我才知道她買不起一顆炸鷹嘴豆球。

有一次，她跟我說她想買一件大衣，每次經過櫥窗時她都想買，可是那件大衣要四百塊，我說妳要付房租、要吃飯，妳沒有錢買那件大衣。有一次，我剛好從家裡帶吃的到店裡，我請她吃，她說不用，我說這個食物就是給妳或是去垃圾桶，兩者的距離是一樣的，然後她才願意吃。她吃完之後謝謝我，跟我說她三天沒有吃東西了。我嚇呆了，真的，我說妳為什麼不告訴我呢？我可以幫妳啊！我只會幫妳一週，更多的忙也幫不了，但為什麼不說呢？然後我才知道她買了那件大衣，而且連六塊錢的公車都捨不得坐，半夜走一小時的路回家，她居然拿自己的命來省六塊錢。

二十幾年前，從蘇聯來了一堆猶太人，我從來不覺得這有什麼，但他們非常認真工作。有一天，有人跟我說你的十個員工怎麼都是俄羅斯猶太人？然後我才看到，真的耶！我有十個俄羅斯猶太人的員工！但我之前都沒有注意到耶！後來有一個員工跟我說她要辭職，我說妳做得很好，為什麼要走？她說在我這裡最多就是經理，但她想當醫生，所以我也祝福她。後來她成為了治療癌症的醫生，我也有帶家人去看她。

妳唸政治嗎？妳只差一兩顆炸彈，就會懂這個地區了。

我見過太多爆炸現場，當妳看到孩童飛出去的手臂，再強壯的ＩＤＦ都會有心理創傷，我建議妳如果碰到爆炸現場，最好不要靠近看，這是一輩子都會有的創傷，很難走出來。妳知道就在麵包店的轉角，二十年前發生爆炸嗎？那些人的名字就寫在牆上，大家經過卻都不知道。

其實我們米茲拉猶太人是最接近阿拉伯人的，因為我們講一樣的語言。有人分什麼左派右派猶太人，告訴你，走到阿拉伯區的時候根本沒有人管你是左派還右派。

我跟妳講這些，不是因為妳跟我買東西。

有些極端正統派猶太人來到我的店裡看我的眼神，好像我是個壞人。我只是跟他們心目中的猶太人不一樣，但我不是壞人。我對你好，不是因為我好，而是我希望你對我好，我們之間能有好的關係。可是他們直接讓我覺得我不好，妳知道從肢體動作就可以看出人的態度嗎？我問妳，有幾種拿筆給別人的方式？一種，兩種，好吧，勉強算三種，但我跟妳說其實至少十種。現在妳把筆換成錢，是不是？他們付錢的時候直接放在另一頭的桌上，我明明在這裡耶。但我其實也不是那麼介意，因為就是賺錢，可是這是我給妳的人生建議，妳可以從人的肢體動作來觀察一個人，好啦，妳現在一定在想剛才妳怎麼付錢給我的對不對？我有錄唷，我們可以來看。哈哈哈，開玩笑的，我沒有錄妳，但妳剛才是這樣給我錢的，讓我覺得很被尊重。

好了，妳回家吧，快去吃飯，我們以後見！」

49 以色列人討厭德國人？

「妳為什麼會來以色列呢？」

安息日過後在哭牆前，一個拿著相機的路人跟我搭訕，我們都在看猶太人結束安息日時的禱告，吃完第三餐，安息日就結束了。不過我們看著天空，好像象徵安息日結束的三顆星也都還沒出來，所以我也就跟這個英文很好的路人聊天。

「我在希伯來大學唸碩士，研究關於以色列的歷史、政治、社會、考古，也包含大屠殺。」

「但是為什麼一個台灣人要研究以色列呢？」

「以色列很特別，因為我是基督徒啊。」

「台灣有很多基督徒嗎？」

「百分之五吧！」

我們很自然聊到台灣的宗教信仰、歷史和政治，然後聊到在我有機會跟以色列人談話之前，根本不知道大屠殺的影響。很神奇的是，這個路人看起來像遊客，卻是當地人。他父母是德國猶太人，差點被送去集中營，還好在最後一刻有機會逃離。

「妳知道在第一次世界大戰，德國猶太人為德國打仗的耶，我們是德國的一份子。我們怎麼會想到，我們竟然會被鄰居背叛。」

「但至少德國有向猶太人道歉和賠償，不像其他歐洲國家。」我說。

一九五二年，西德賠償以色列三十四・五億德國馬克，相當於今天的二十四億美元或八百億台幣。

最近的一次以色列電視台 Channel 11 報導指出，以色列人對德國的看法比德國人對以色列的看法更為正面。根據二〇二二年的民調，百分之六十三的受訪以色列人對德國持正面形象，而僅有百分之四十六的德國人對以色列持正面形象。目前有超過兩萬五千名以色列人居住在德國，主要集中在柏林。這些人大多是年輕、受過教育、世俗且持左翼觀點的以色列人，他們來到德國是為了尋求更好的機會，有些人甚至與德國人結為配偶。

西德賠給以色列的金額，也有賠給大屠殺受害者。我調查了超過二十個以色列猶太人對德國的看法，有人說：「我從德國得到的錢讓我能夠生活。我對德國看法的改變很簡單，年輕一代不需要對上一代負責。」

但也有人說不是那麼容易拿賠償金：「我的父母在前往德國並證明他們擁有一家商店後獲得了賠償。他們沒有文件，我父親找到了曾在他店裡當過售貨員的婦女作為證人。但妳認為我父親會原諒謀殺二百五十名近親嗎？有些人拒絕拿任何錢。我父母用這筆錢給我們留下了遺產，拿錢是一個實際的步驟。」、「我不知道其實我媽媽多年來一直在接受賠償，但我記得要獲得賠償並不容易。你必須證明很多事情。我不知道多少錢，但絕對不夠吃。這更多是為了原則，而不是為了真正的經濟幫助。所以我認為她申請是因為她覺得自己應得的。我父親沒有接受，因為他不想與官僚主義打交道。」

以及也有不願意拿賠償的猶太人：「我父親不想接受它，因為它不符合猶太教規。但我爸也沒有加入貝京的抗議行列。」

而他們對德國的看法大多是中立或積極的，並不存在憤恨或「集體罪行」的指責，反而他們向現任以色列政府表達更多的擔憂。

「我不認為金錢等於寬恕。我從未要求過德國護照，我也未曾想去拜訪德國，以色列是我的家。」

「當我還年輕時，我對德國感到憤怒，我不用德國車。但有一天，我明白你不能怪罪整個國家。這是意識形態。如果說我們從大屠殺中學到了什麼，不包含學到新的仇恨。每個人身上都有一些善良的地方。你不能利用孩子或他們的孫子來做他們父母所做的事情。這不是他們的責任。指責整個國家，也是種族主義。說所有德國人都是殺人犯，是種族主義，這是我們從德國學到的一件事。我父親在俄羅斯軍隊服役。俄羅斯人佔領了一個村莊，一名俄羅斯士兵對我父親說：『輪到你了。』但我父親並不想對德國人的生命報仇。他首先是一個人，他也將德國人視為人。」

「錢並不重要。我寬恕了德國，因為耶穌希望我們寬恕。我愛德國。我本來無法愛德國，但有一天上帝把對德國人的愛放在了我的心裡。神呼召我加入和解事工，所以我去德國告訴他們我原諒他們。」

「近年來，我對德國人的看法有所改變，因為新一代人請求寬恕前幾代人的罪惡。但錢並不重要。那些想要原諒的人會原諒，不想原諒的人則不會來德國。搬到柏林的年輕人主要是出於經濟和教育原因。」

「在以色列長大，不可避免地對德國有一些仇恨。退伍後，我去德國旅行，尋求在那裡工作的可能性。有一對六十多歲的德國夫婦幫助了我。他們真的很好，然後那個男人透露他的父親是納粹分子。我不敢相信這個了不起的人會與納粹有任何聯繫，從此我明白了『愛無國界』。那次之後，所有對德國人的敵意都消失了。客觀地說，德國是世界上最好的國家之一，聰明、先進、自由。你不應該根據父母來判斷一個人。給賠償意味著你是認真的，如果德國不補償，那麼要以色列人接受德國就更難了。我仍然有朋友不想要德國護照，但我不介意。」

「我希望有更多的國家能夠賠償戰爭受害者。德國人不是納粹。你不能將耶穌的死歸咎於所有猶太人。」

「我們不會原諒，我們不會忘記，但我們知道我們這一代是不同的。我們需要從過去繼續前進，但我們也不可能完全原諒德國。他們也不是想用錢買我們的寬恕，他們感到內疚，而讓你傷害的人康復的唯一方法就是幫助他們。他們捐錢讓以色列能夠繁榮，如果德國什麼都不提供，那我也不會說什麼，但是這筆錢給了我們重新建立關係的理由。」

「這是不同的世代。每個社會都存在著少數法西斯主義者，甚至在猶太社會也是如此。我們需要小心，不要讓少數變成多數。」

分析師史蒂芬・華夫爾指出，以色列人通常能夠區分納粹和德國新政府，但德國人主要透過衝突來看待以色列。

一九六六年，前西德總理阿登納訪問以色列時，這個年輕國家的發展給他留下了深刻的印象，他的訪問也受到了以色列人的歡迎和讚賞。一九六七年六日戰爭後，令人驚訝的是，德國對以色列採取了同情行動，購買以色列債券、捐贈物品和血液以及從事其他志願工作。但這種情況在二〇〇二年第二次起義後再次發生了變化。現在以色列的形象，特別是在約旦河西岸，就像是巴勒斯坦人的壓迫者。

同一個民調顯出，只有百分之二十七的德國人認為他們仍然對以色列負有特殊責任。這可能是因為德國人視大屠殺為針對人類的種族滅絕，而以色列人則視大屠殺為針對性的種族清洗。有一位德國人居住在以色列，他表示，自己從未因為告訴以色列人自己的出身而感到不自在，也從未遭受到以色列人的排斥。實際上，他第一次來以色列是為了參加猶太朋友的婚禮。

「我對德國的情緒是很複雜的，一方面他們提供了我們很好的武器，但另一方面，政府的道歉又如何，我們是被鄰居背叛，我不知道我要怎麼能信任德國人。」

「那當你看見一個德國的年輕人，你會覺得他要承擔納粹的罪過嗎？」

「我不會認為他需要承擔納粹的罪，但是他需要感到愧疚，他需要知道他的祖父母在納粹大屠殺中扮演了什麼角色。妳知道一年有兩個大屠殺紀念日嗎？對，妳知道很多，德國學校會講到大屠殺，也會有儀式，但重點是這只是個流程，年輕人並不會去關心他們祖父母做的事，好像這歷史已經跟他們無關了。」

「你會知道這些，是因為你會德文，你知道德國是怎麼做大屠殺的教育嗎？」

「對啊，我還是講德文，而且我都會去看德國的新聞。我爸媽已經好幾代是德國人。妳知道現在有三個很恐怖的新論點嗎？」

「不知道。」

「在德國，一個是說納粹其實是來自另一個星球的人，第二個是說德國已經受了很多苦，第三個是說納粹德國也做了些好事。這些都讓我很擔憂。」

這些說法也讓我很擔憂，然後他告訴我一個叫做 The Flat 的紀錄片，在講德國人不小心挖掘到祖父母輩的故事。路人強調一定要知道歷史，而且要知道的，不是被政治宣傳蒙蔽的歷史。我覺得這是我很欣賞猶太人的地方，他們很在乎過去發生的事，即便是悲劇、是痛苦、是羞愧。

但我最後問他：「這可能是很糟糕的問題，但我想知道你的想法，以色列年輕人是不是也要知道他們祖父母所做過的事？」

「當然！不只他們的祖父母，也包含他們的父母，我們一定要知道歷史，才會成長。」

50 農場志工逃難記

「妳會不會覺得以色列人很沒禮貌？」在農場上認識的以色列朋友 Michali 問我，我感覺得到，在她內心深處，台灣人就是很棒，雖然我是她唯一認識的台灣人。

「妳很在意嗎？」

「就想知道妳的看法。」

「我是覺得以色列人沒有耐性，特別是開車的時候。一綠燈，沒有立刻起步，後面就狂按喇叭。不過你們看到行人都會停下來欸，這點我很驚訝。」

「是啦，這點沒問題。」

「那你們在路上在急什麼？」

「啊，我們就是這樣。像我外婆明明人很溫柔，但一坐到駕駛座，就變成了一個人，會很著急的按喇叭，還會兇其他駕駛。但後來我考到駕照，有天我也意識到，當我坐到駕駛座，我也變成了另一個人，開始對別人說『Rega Rega！』」誠實的Michali苦笑著。

「Rega」的意思是等一下，以色列人會搭配手心向上，五個手指頭聚攏，用力晃一下。這個動作在以色列很常見，而且之前朋友跟我說，晃一下很ok，但最好不要晃超過三下，因為這樣代表你超不爽。

Michali一直希望她可以不要那麼直接，但有一天，我在廚房找Michali，她剛好一手在講電話，另一手就反射動作跟我比了「Rega」的動作，瞬間，羞愧感寫在她可愛的臉上，「喔不，妳等我一下，天啊，我太抱歉了。」她掛完電話以後，又跟我道歉一次。

以色列人真的沒禮貌嗎？土身土長的以色列人稱為Sabra，就是仙人掌的果實。我覺得他們確實就像仙人掌一樣，外面帶刺，內心卻很柔軟，只是需要時間慢慢撥開。一般的朝聖客，眼睛看到的是聖地，只有少數且短暫與猶太人相處的機會，或許有些話，真的就是夠熟了才有機會說（就像我自己，雖然我個性已經夠直接了，有些話我也不會馬上說）。

有一次，我們一起做安息日辮子麵包（Challah）。最後一個步驟是塗蛋黃，有個女生拿出一把刷子，看到我納悶的表情，她立刻說：「這是新的刷子，從來沒有用過的！」我馬上大笑了，然後她又馬上解釋：「我們沒有那麼髒，第一天妳進來房間，然後開始擦桌子，我就想說妳一定覺得以色列人很髒，但通常不是這樣的。」

但其實，我什麼話也沒講啊！這就是人吧！說穿了，猶太人也是人，我們都是人。

後來，也成了幾乎要一起逃難的臨時家人。

在還沒在農場當農夫之前，任何天災的新聞對我來說，只是在預先告知消費者蔬果會變貴。但當你成了靠天吃飯的一員時，會發現難怪「老天爺」賞臉是那麼重要。

那幾天的以色列都超過四十度的熱。而且，聽說是因為部分猶太人慶祝「篝火節」（Lag BaOmer），造成了星火燎原，於是以色列森林開始失火，政府已經努力救火了，卻不斷有新的地方突然燒起來。

那天農場主人 David 去送貨了，他吩咐我們給植物澆水，因為滴灌技術在特殊情況下是不夠的。我們走進田裡的路上，發現對面的山居然都在冒煙，伴隨著在空中偵察的直升機。這一切變得很詭異，更糟糕的是，因為封路了，David 那個晚上沒有回來。社群媒體上，大家的策略是關窗關門，不要讓煙飄進來。

隔天，我們還是認真六點準備開始工作，其實我是想偷懶啦，但其他以色列女孩很勤勞，真是奇怪，按照刻板印象，我不是耐勞的亞洲人嗎？David 突然從某個小路跑回來，看起來完全沒睡好。

「快點打包，帶妳的相機和護照。」

「啊？」

「帶重要的東西就好，然後把包包都集合到這裡。」

我趕緊去找另外兩個女生，沒想到有一天我也會跟猶太人一起進入逃難模式。

「什麼是重要的東西？」一個女生問。

「應該是貴重物品吧。」我說，反正對我來說，就是護照、電腦、硬碟、相機吧！

「我是覺得我們回不來了。」另一個女生說。於是我突然意識到，如果火真的燒過來，那這間房子就成為回憶了耶，好可怕。但讓我驚訝的是，其中一個女生竟然要帶書！我很驚訝，我們不是要逃難嗎！

「對啊，書很重要。」她邊裝三本書，邊掙扎了一下，沒有把剩下的書裝進包包。

這是讓我第一次意識到，猶太人有多麼的愛書。

我們把包包帶到交誼廳，我還帶了一包食物，因為我最怕的應該是餓到，這次應該是符合了刻板印象。

據最新消息顯示，距離我們走路二十分鐘的村子昨晚已經撤退了，此時此刻，天空中有四架飛機，不斷在盤旋和撲火，煙霧是粉紅色的。

「若要走的話，要提醒我打開雞籠，和放狗。」農場主人說，他養了四條狗 Laila、Chiko、Puppy 和 Nana，動物應該都能找到自己的生存之道吧，比較麻煩的是脆弱的人類。

「那我們會逃到哪裡？」我問。

「會有別村的居民幫助我們，但他們可能需要花時間安排，所以食物和水還是……天啊！只有台灣人知道逃難要帶水和食物嗎！」農場主人看了我們帶的東西，驚呼了一下，我瞬間不好意思了。

「但如果燒過來，你不就會損失很多錢？」我轉移話題的問說。

「我會失去一切。」農場主人冷靜的回答。

一切？真的所有的投資，可以完全毀於一旦。但他似乎是已經準備好了最壞打算，或許流亡接近兩千年，他們已經習慣了損失和重新開始。這是在ＤＮＡ裡，多麼有韌性的民族，可是我的腦袋要爆炸了，我開始焦慮，我不想要這樣的事情發生。

那晚是安息日，我們一方面等著撤離通知，一方面卻知道該進入安息日了。

當年贖罪日戰爭，猶太人也是碰到一樣的掙扎吧？

最後，似乎是火轉向了，我們開心的一起吃安息日晚飯。原來，平安這麼重要。

「如果火真的燒來了，你最想帶走什麼？」我問農場主人的爸爸。

「什麼都不帶！我早就預備好了，對我最有價值的是照片，所以我已經上傳雲端了。」

「所以這些燒掉了都沒關係？」

「我當然還是會難過啊，這屋子裡有很多回憶，所以我只是說，如果是那樣的話也沒關係，家人平安就好。」

「所以你最想帶走的是 David 和 David 的媽媽。」

「也是啦……如果可以的話我也想帶書。當時我父母也是為了我們離開波蘭，當時的謠言是說應許之地沒有鍋碗瓢盆。」

「鍋碗瓢盆！」我驚呼，怎麼可能會沒有鍋碗瓢盆！

「對啊，所以我爸只好放棄不帶書，這真的是他最後悔的一件事，常常拿這件事唸我媽。」

「哈哈哈哈哈……」不知道順利逃難到應許之地後，發現流奶與蜜之地其實有鍋碗瓢盆後，到底是喜還是悲。

猶太民族為何流亡兩千年，卻沒有忘記自己是誰？

我想，他們沒有眷戀在物質事物上，他們最在乎的事，終究還是精神層面的寶藏，也就是書。難怪，世世代代的逃難中，猶太人都不忘記妥拉，也難怪，不論是什麼樣的災難，或大或小，都打不倒這個民族。

51 戈蘭高地德魯茲人的故事

「在新加坡是不是當完兵，政府就會送一套房子？」

在戈蘭高地的黑門山腳下，在德魯茲人的城市，有一個熱情的大叔跟我先生搭話，我的先生來自新加坡，我來自台灣，他對新加坡比較有興趣。大叔看起來就是跟一般以色列看到的人差不多，但其實他是德魯茲人，而跟他一起吃飯的兩個人，有一個是猶太人，另一個也是德魯茲人，但三個人都沒有戴帽子。

「可是你的帽子呢？不是應該要戴帽子嗎？」我說，因為照片中的德魯茲男人都會戴大白帽。

「妳瘋了嗎？我戴帽子幹嘛？」路人說，然後指我，拍拍他旁邊的座位：「妳，過來，我講給妳聽。」他是世俗化的德魯茲人。

他的朋友說他是百萬富翁，他說：「希望是真的」「妳要相信妳聽到的每件事」，他朋友笑笑的說，這當然是諷刺。這個德魯茲大叔說他以前也在耶路撒冷的希伯來大學唸書，後來還是回來了，因為他還是想專心種地當農夫，然後說他其實是敘利亞人，這裡是被佔領的土地，然後指著他的猶太朋友說：「他是佔領者。」

他朋友說：「喔對我佔領了你。」

然後我指著他的猶太朋友，開玩笑的說：「難怪剛才是他結帳的。」

他們也覺得蠻好笑的。

在六日戰爭後，以色列打贏了敘利亞後，戈蘭高地就一直屬於以色列。對外界的人來說，這裡仍然是「爭議的土地」，但現實生活中，包含這位大叔可以去希伯來大學唸書，就知道外界很多謠言都不見得是真的。就跟他們真心認為新加坡人當兵就可以免費得到房子一樣，有點太誇張。

德魯茲人是一個很謎樣的民族，他們在全世界約有一百二十至兩百萬人，分散在不同國家。以色列有約十二萬名德魯茲人、敘利亞有七十萬、黎巴嫩有二十五萬、約旦有二萬等等。以血緣上他們是阿拉伯人，但是「德魯茲教派」雖然源於伊斯蘭教的什葉派，但是因為教義改很多，他們不被穆斯林承認，這很合理，因為德魯茲人相信靈魂不會滅亡，而會轉世！這個民族以對他們所代表的國家忠誠，因此在以色列，德魯茲男人也是有義務當兵的[17]！我不知道他們碰到敘利亞或黎巴嫩的德魯茲人時，會不會尷尬或是忘記自己先是以色列人，但以色列軍隊很信任德魯茲人，甚至，我的教授分享過一個很奇特的故事。

大概是二十年前，在還沒有任何網路的年代，他的部隊裡有一個二十幾歲的德魯茲人士兵，有一天他做了一個讓人難以置信的夢：他夢見自己前世是一位敘利亞的空軍飛行員，在贖罪日戰爭中不幸被以色列擊落。夢中，他得知了前世的名字、家鄉村莊，甚至還知曉自己留下了寡婦和孤兒。這樣的敘述聽起來實在匪夷所思，一位以色列士兵竟然想要跨越邊境，親自去尋找前世的家人？上級長官沒有阻止他，以色列和敘利亞邊境檢查站士兵也沒有阻止他。

這位以色列的德魯茲人士兵，真的跑到敘利亞，找到了那棟房子，一位德魯茲中年婦女正悠閒地忙碌，他很確定，她就是當年贖罪日戰爭中失蹤的壯年丈夫的遺孀。為了證明自己的身分，他告訴他們只有真正的男主人才知道的秘密，他告訴他們在房間地底下二十多年，由「他」埋下的東西。「老婆」震驚又感動，那位曾經失去的丈夫竟然活生生地站在她眼前。而他們的孩子，當初是在懷抱中失去了父親，如今已經長成了一名二十多歲的年輕人。面對這位「回歸者」，即便是以色列人，孩子毫不猶豫地稱他為「爸爸」，彷彿時光倒流，穿越戰火，一家人重新團聚。

我的教授說，當兵的三年，這個德魯茲人常常從以色列跑「回」敘利亞看家人。雖然我不相信靈魂轉世，但先不論這個故事為什麼有這麼多巧合，光是一個以色列人可以安全地來回敘利亞，就是一個令人跌破眼鏡的故事。

---

17 在以哈戰爭中，也有德魯茲士兵爲以色列打仗和犧牲生命，例如Salaman chabka。

52 用肉眼就能看到黎巴嫩

在以色列北部有一個叫做 Misgav Am 的奇布茲，意思是人民的堡壘，從地圖上看起來離黎巴嫩非常的近。我和先生 Kenny 充滿好奇心，誤打誤撞的來到這裡[18]，我們在這裡看到白雪皚皚的黑門山美景和一些小鎮，可是還是不知道黎巴嫩會在哪裡。

剛好，Buddy 剛好出現了，他的角色就是專門擔任奇布茲的解說員，原來常常有遊客來這裡想了解當地的歷史與政治：「我不會跟妳講在維基百科上可以查到的戰爭歷史，但我會跟妳說我住在這裡所觀察到的，妳也不用相信我。」

他告訴了我們許多有趣的第一手內幕消息。

在我們所在的觀景台前方，有個小山丘，散佈著一些整齊的民宅。我一度以為黎巴嫩應該在這個山丘的背後，或許需要轉個彎才能一窺黎巴嫩。但沒想到，這些房子就是黎巴嫩的居民村（應該是叫 Kfarkela）。一九四五年，在以色列建國之前，猶太人向這個村莊的穆斯林購地，興建了我們現在所站的奇布茲。

在這個村莊裡，原本居住著遜尼派穆斯林和基督徒，然而，他們卻遭到黎巴嫩真主黨的趕離，因為這個村莊被真主黨選做基地。為了吸引什葉派居民搬來，真主黨提供了免費的住房和薪水，這些居民只能用二樓，因為一樓要保留給真主黨自己作為基地，所以每一棟豪宅其實都是真主黨基地，藏在平民當中。不過，美國經濟制裁伊朗後，什葉派居民因為沒有收到薪水就陸續搬走了（但真主黨也可能把境內的敘利亞難民放過來當人肉盾牌）。

「我從來就沒看過他們曬衣服，很偶爾會曬曬被單，可是從來就沒有正常居民的衣服襪子。」Buddy 說，從觀景台的距離，不需要用望遠鏡就看得到對面的居民生活。只是真主黨還是維持讓邊境城市看起來像是平民的城市。這樣的手段，是一種戰略上的優勢，真主黨會去攻擊以色列，因為一旦以色列反擊，他們可以宣稱以色列在攻擊平民，進而在媒體上引起更多的關注。在肉眼的不遠之處的 Metula 是被黎巴嫩以ㄇ字型圍繞起來的以色列城市：「妳能想像真主黨若把 Metula 拿下來，就算只是插上真主黨的國旗幾個小時，對以色列會有多大的影響嗎？」[19]

以色列在這裡挖到黎巴嫩真主黨留下的隧道，隧道裡面放的就是炸藥跟用來綁架以色列人或輸出武器的通道。以色列封住以後就是帶外交人員或聯合觀察員去看真的有隧道，因為這是一個有力的證據。今天的鄰居不是敵人，那可能有不同的局面，這也是為什麼以色列在幾年前才在跟黎巴嫩之間蓋了一個實體的圍牆。

有趣的是，在二〇二〇年貝魯特港爆炸後，真主黨卻在圍牆上畫了磐石清真寺跟巴勒斯坦國旗，意思是忽略自己內部財政、能源、戰亂、停電、貧窮、貪腐、物價飛漲等問題，繼續強調他們才是唯一帶給巴勒斯坦人希望的選擇。

黎巴嫩真主黨，跟哈瑪斯一樣，同樣是由伊朗資助的恐怖組織，以殲滅以色列為目的，但因為他們有更精準的導彈，比加薩的哈瑪斯是更強大的敵人。

遠方有黑門山的美麗風景，雖然我知道黑門山是橫跨以色列和敘利亞，且最高峰是在敘利亞境內，這對我本來是兩個獨立且不相關的資訊。Buddy 特別說明時，我才發現黑門山這麼小，一個視線裡面有三個國家。其實只有第一個山峰是屬於以色列的黑門山，山的其他部分都是敘利亞，而黑門山腳的村莊是黎巴嫩的村莊。

即便許多人在網路上透過媒體對以巴衝突或以阿衝突有各式各樣的想法，但遠遠不及親自的拜訪，才能更真實地理解以色列所面臨的處境。以色列的土地和鄰國是相連的，而且比想像的近許多，以色列人並沒有餘地，鄰國也不會提供協助。以色列的女總理 Golda Meir 說過一句話：「我們的秘密武器就是，我們沒有其他地方可去。」猶太人屬於這塊土地，但同時也是因為在其他地方，他們若要保持信仰，就永遠都格格不入。Buddy 說：「我看到斯洛伐克、匈牙利、Moldova 接受和吸收烏克蘭的難民，但如果戰爭發生在以色列，我們的鄰居國家不會幫助我們，我們只能跑去找地中海的魚鄰居了。」

18 這個小鎮，也在這次的以哈戰爭爆發後，被黎巴嫩攻擊。

19 這可以解釋，爲什麼十月七日的戰爭，是一場改變以色列世代的戰爭。如果只是恐怖份子跑進以色列，這就已經是個很恐怖的畫面，但是在十月七日，圍牆被突破、前哨站的士兵被殺、坦克被炸壞，哈瑪斯恐怖份子跑到以色列境內，也模仿 ISIS，利用社交媒體來發布影片，用視覺的畫面來加強恐懼。甚至他們成功殺害超過一千二百名以色列人、綁架超過二百四十名人質，主要受害者都是平民，這個邪惡的攻擊的規模根本超過以色列人可以想像。

後記　我們又躲到防空洞了！伊朗攻擊以色列，兩天後我跑去了加薩邊境

「你們對這次伊朗攻擊以色列，有什麼心得？」以色列朋友問。

老實說，我們不太相信伊朗會真的打以色列，我的朋友也說他也聽了四十五年，伊朗要打以色列。更何況，這次還有新聞消息，預告我們接下來二十四至四十八小時內會被伊朗攻擊。伊朗攻擊那晚，國土安全部先提前取消教育活動，但是人民要正常上班。我們因為帶寶寶，晚上十點就睡覺了，然而那些十一點多還沒睡的朋友，看到新聞說伊朗已發射導彈，再兩三個小時之後就會抵達。

對大部分以色列人來講，這太令人焦慮，我們朋友因為家裡沒有防空洞，所以穿著鞋子睡覺。有人看了新聞後再也睡不著，清醒著等飛彈。

我們則是半睡半醒中，在半夜一點四十五分聽到空中傳來爆炸聲。我先生 Kenny 拍拍我說：「我覺得我們應該要去防空洞。」突然，警鈴聲響起，我們趕緊起身，踉蹌的跑去防空洞。

戰爭已經過了半年多了，我們也沒有訪客，那間房間堆了寶寶的東西，壞掉的燈泡也還沒換。早上起床，以色列鐵穹系統攔截了百分之九十九的導彈和無人機攻擊，大人「正常」上班，當然戰爭中的正常也不正常。

這幾個月，我遇到好多的人，我說：「我很怕世界上的人忘記十月七日，所以我們持續地講。」

路人的寶寶在十月七日前兩週出生，因為丈夫在軍隊，基本上寶寶的父親都是缺席的。她說：「是嗎？不過我其實想要忘記，那樣會比較容易。我還是很難相信這麼可怕的事情會發生在以色列，我如果不忘記的話，我沒有辦法正常運作。」

這就是以色列人戰爭中的生活吧。

一點都不容易，這樣子的例子好多好多。

我們會碰到從加薩回來休息的士兵，有些只有一天休假還要出來溜娃；有年輕媽媽，寶寶是在十月七日之後出生，因為丈夫在當兵，她大多時間是搬回娘家住；有帶雙胞胎的爸爸，寶寶跟我們家小孩差不多大，但他說他這幾個月都不在家，因為當兵的關係，沒有機會好好認識和陪伴他的孩子；有一群老人家，跟我談論他們的孫子如何跟我的寶寶差不多大，但實際上，他們都有孩子在軍隊當兵。

難過的日子，不正常的日子，他們笑笑的過，直到正常的日子來到，或許他們才能哭。

伊朗攻擊以色列的兩天後，透過以色列外交部的安排，我出現在加薩四公里旁的 Be'eri 奇布茲，這就是新聞上出現的地方，在十月七日時發生了慘不忍睹的大屠殺。

「碰！」

才進到 Be'eri 奇布茲，從空中傳來砲聲，雖然是以色列國防軍 IDF 發射的砲聲，但突然來的響聲，還是會讓人嚇一跳。以色列人已經習以為常，但事實上，一個國家被捲入一場不是他們挑起的戰爭，在戰爭中生活，這一點都不正常。

奇布茲的居民自從黑色星期六早上受到攻擊以後，在週六晚上和週日早上在最短的時間被迫撤離自己的家，住到死海旅館或其他地方。這一點都不正常。

而且半年過去了，他們還沒回家，這一點都不正常。

Nitzan 是這個奇布茲的居民，她那天奇蹟似的在安全室，躲過哈瑪斯恐怖份子的屠殺，她為參訪團做解說並說：「我很怕有一天十月七日變成歷史事件。」

Be'eri 奇布茲本來有五百二十個會員，但就有一百人被殺，對她來說，這不是一個數字，這是一個個熟悉的面孔。

Be'eri 奇布茲是一九四六年就建立，兩年後以色列才建國，猶太人在這裡生活，因為這裡的風景非常美，因為這裡是家，在哈瑪斯出現以前，他們就住在這裡。過去的氣氛也不像今天這樣，在七〇年代都還有去加薩買東西、用餐、甚至是註冊車子（因為便宜很多）。

在十月七日早上約六點半，武裝的哈瑪斯恐怖份子突破邊境的圍牆，跑進 Be'eri 奇布茲社區。每個奇布茲都有第一時間的防衛隊，原則上就是撐住前面關鍵的十分鐘，直到 IDF 國防軍從附近的營地前來支援。但是十五、三十分鐘過去了，軍隊都沒有來。Be'eri 奇布茲的第一時間的防衛隊只有十一個人，他們根本擋不下（後來發現哈瑪斯恐怖份子的屍體，至少有三百個）。

哈瑪斯恐怖份子進入到平民百姓的家裡去一個個殺人，一開始是把以色列人的屍體綁架到加薩去，但後來當他們意識到根本沒有軍隊來抵擋後，他們除了殺人之外，也綁架活人到加薩，包含老人、孩童。

「我也是事後才知道，一百人被殺，包含被綁架到加薩。我一開始不肯相信這種事會發生，我以為是有人太歇斯底里而誇大事實。」Nitzan 告訴我們。

沒有人能想到這樣的事情可以發生在以色列。

時間像靜止了一樣，有些房子都還留著住棚節的裝飾。

我走進這些燒毀的房屋，洗碗機裡面都還有週五晚上使用的碗盤，櫃子裡有沒吃完的花生醬。這裡曾經是以色列人生活，並充滿快樂回憶的地方。

「我躲在防空洞，大概十二點半時，我聽到恐怖份子進來的聲音，他們在我的冰箱翻找喝的東西，他們接近我的防空洞，射了兩槍，我保持完全的安靜，然後他們就走了。我們之前都不知防空洞是不能從裡面反鎖的，所以很多人就是因為抓著把手，哈瑪斯朝門開槍，他們中彈，然後哈瑪斯就開門，把藏在裡面的人殺光。我之所以活下來，就是因為我沒有抓著門把，他們以為裡面沒人。」Nitzan 告訴我們，並且還有另一個奇蹟。她說：「他們放火燒了我鄰居的家，那個火已經蔓延到我家，從浴室那裡燒過來。我沒有辦法滅火。但神奇的是那個火並沒有繼續蔓延到其他地方，它就停止了。」

Nitzan 一直躲在防空洞的房間裡，沒有水、沒有食物、沒有任何的光，她指著一個角落說：「我尿在那裡，在瓶子裡。」以色列 IDF 國防軍大約是一點半才出現，一直到晚上八點半，終於有個軍人敲開她的門，對她說：「妳一個人嗎？跟我來。」她只有兩分鐘拿她的錢包，而她的兩台筆電都被哈瑪斯偷走了。

這個奇布茲也是幫助加薩人民到以色列就醫的社會運動人士 Vivian Silver 的家園，我們站在她家前面，我感到難過和諷刺，這麼相信和平的人，付出這麼多的人，卻被哈瑪斯殺害，這證明什麼？只證明哈瑪斯要的不是和平和土地，而是他們證明給我們看的各種不法與邪惡。

在這麼黑暗和沈重的導覽中，Nitzan 告訴了我們奇蹟的故事。有一個 Gat 家庭，住在 Vivian Silver 家正對面，前後的房子都被攻擊，但哈瑪斯卻跳過了他們家，一個子彈都沒有。這真的無法解釋，除非是神的保護。我們的以色列導遊說，過去許多以色列人根本不會想到神，但十月七日之後，很難不去相信神存在（但當然還是有人經歷了這一切，反而說上帝怎麼會允許這麼邪惡的事情發生）。

我問參訪團的一個人，假設你的親朋好友許多都死了，你能夠在半年後回到同樣的地方，給別人做導覽嗎？他說大概不會。而以色列導遊則說：「我經歷過許多戰爭，我可以告訴妳，妳總是可以找到力量站起來。」這是我佩服以色列人的地方，發生這麼悲痛的事情，竟然還有居民想要回來，當這個地方準備好時，他們還要一起回來。

有人問 Nitzan，她還相信和平嗎？她說：「我們必須相信和平，這是我們活下去的希望。」以色列人需要告訴自己，告訴他人：「我們沒事，一切會好起來的。」Nitzan 說這可能是身體的一個保護機制，因為必須要活下去。

有人問 Nitzan，那她還願意跟加薩人相處嗎？她說這很困難，因為在她親朋好友身上發生了這些事情，到目前為止她還沒有辦法跟之前認識的加薩人聯絡，但以後會怎麼樣，她也不知道。直到今天，她都沒有辦法到十分鐘車程外的 NOVA 音樂季現場，她沒有辦法去，她沒有準備好。

在以色列人堅強、直爽、愛開玩笑、充滿活力、有時候音量太大的外表之下，這場戰爭，真的改變了很多事，在他們努力讓生活和社會回歸正常化的外表之下，他們真的不是都沒事。還有許多家庭都有兒女在戰場上，或是自己在服兵役，每個人都有認識的人在當兵，或是死在十月七日的屠殺當中，甚至還仍然是被抓去加薩的人質。

我們沿著二三二號公路馳行，哈瑪斯恐怖份子就是在這條路，對每個想要逃離攻擊的年輕人開槍。就是在這片野地，年輕人為了逃命在奔跑。這塊地太平了，很難找掩護。

出乎我意料的，有許多車輛，有許多人來拜訪這個儼然已成為紀念景點的地方，以色列人已經在這裡種樹。難道以色列人不害怕邊境再次被破壞？或是哈瑪斯再繼續發火箭炮？如果此時火箭炮射來，在這塊樹林當中，我們好像也沒有地方可以找掩護。

但是我並不會感覺到害怕，不知道是不是上帝給我的保護機制，這樣我才能持續去述說發生的事。我穿過這個曾經流無辜人血的地方，如今有紀念裝置，我看著他們一張張的臉龐，想著愛他們的家人，想著他們所經歷的事。這不是發生在歐洲的大屠殺，而是二〇二三年發生在以色列境內的大屠殺啊！

人質論壇家庭的人還在等人質被釋放，他們不過逾越節，說他們的心仍還在去年的住棚節。他們呼喊：「讓我的百姓走！」（Let our people go）這句話實在太貼切。過去法老如何苦待以色列人的祖先，即便神出手了，法老仍然不願意釋放以色列百姓。但最終，就像聖經許多的節日，最終以色列人會看見並紀念這位拯救他們的神。

我真的希望，以色列留下的證據，能夠持續向世界吶喊所發生的事。

而我也真的希望，人質早日回來，以色列人和巴勒斯坦人能夠有更多的理解，能夠有從神來的盼望、愛與平安。

在這場戰爭中，也許我們實際能做的不多，但在反猶主義高漲的社會，了解以色列的歷史、文化和宗教背景，是非常重要的一步。

這本書的誕生，真的就是為了各位而寫，謝謝各位讀了這本書，也希望你們也能把以色列的故事，說給更多的人聽！

以哈戰殤：

一場沒有贏家的戰爭，來自以色列平民的真實聲音

作　　者　以色列美角 約阿咪
責任編輯　林亞萱
內頁設計　江麗姿
封面設計　蕭旭芳

行銷主任　辛政遠
資深行銷專員　楊惠潔
總 編 輯　姚蜀芸
副 社 長　黃錫鉉
總 經 理　吳濱伶
發 行 人　何飛鵬
出 版 社　創意市集・城邦文化
發　　行　英屬蓋曼群島商家庭傳媒股份有限公司城邦分公司

香港發行所　城邦（香港）出版集團有限公司
香港九龍土瓜灣土瓜灣道86號
順聯工業大廈6樓A室
電話：(852) 25086231
傳真：(852) 25789337
E-mail：hkcite@biznetvigator.com
馬新發行所　城邦（馬新）出版集團
Cite (M) Sdn Bhd 41, Jalan Radin Anum, Bandar Baru Sri Petaling, 57000 Kuala Lumpur, Malaysia.
電話：(603) 90563833
傳真：(603) 90576622
E-mail：services@cite.my

製版印刷　凱林彩印股份有限公司
初版2刷　2024年7月初版
ISBN　978-626-7336-73-1／9786267336717（EPUB）
定　　價　新台幣500元（紙本）／350元（EPUB）／港幣167元

客戶服務中心
地址：115 臺北市南港區昆陽街16號5樓
服務電話：（02）2500-7718、（02）2500-7719
服務時間：周一至周五 9：30～18：00
24小時傳真專線：（02）2500-1990～3
E-mail：service@readingclub.com.tw

若書籍外觀有破損、缺頁、裝訂錯誤等不完整現象，想要換書、退書，或您有大量購書的需求服務，都請與客服中心聯繫。

國家圖書館出版品預行編目資料

以哈戰殤：一場沒有贏家的戰爭，來自以色列平民的真實聲音/以色列美角 約阿咪著. -- 初版. -- 臺北市：創意市集出版：城邦文化事業股份有限公司發行, 2024.05
面； 公分
ISBN 978-626-7336-73-1(平裝)
1.CST: 以色列史

735.31　　113000797